Beiträge zum Islamischen Recht VI

Leipziger Beiträge zur Orientforschung

Herausgegeben von Hans-Georg Ebert
Begründet von Günter Barthel

Band 21

PETER LANG
Frankfurt am Main · Berlin · Bern · Bruxelles · New York · Oxford · Wien

Hans-Georg Ebert
Thoralf Hanstein
(Hrsg.)

Beiträge zum Islamischen Recht VI

PETER LANG
Internationaler Verlag der Wissenschaften

Bibliografische Information der Deutschen Nationalbibliothek
Die Deutsche Nationalbibliothek verzeichnet diese Publikation in der Deutschen Nationalbibliografie; detaillierte bibliografische Daten sind im Internet über <http://www.d-nb.de> abrufbar.

Gedruckt mit Unterstützung der Gesellschaft für Arabisches und Islamisches Recht (GAIR e.V.)

ISSN 0942-2323
ISBN 978-3-631-56644-2

www.peterlang.de

VORWORT

Mit dem vorliegenden Band 21 der „Leipziger Beiträge zur Orientwissenschaft" setzt die „Gesellschaft für Arabisches und Islamisches Recht e.V." ihre Tradition fort, die auf der jeweiligen Jahrestagung gehaltenen Beiträge zu veröffentlichen. In Zusammenarbeit mit dem Institut für internationales und ausländisches Privatrecht der Universität zu Köln standen zwei Themenbereiche im Mittelpunkt der Tagung am 27. und 28. Oktober 2006: Das Internationale Privatrecht unter besonderer Berücksichtigung der arabischen Welt sowie die Rechtsentwicklung in den Vereinigten Arabischen Emiraten. Dem Direktor des Kölner Universitätsinstituts, Herrn Professor Dr. Heinz-Peter Mansel, sowie seinen Mitarbeiterinnen und Mitarbeitern sei für die Vorbereitung, Durchführung und erwiesene Gastfreundschaft herzlich gedankt.

Zu Beginn der wissenschaftlichen Veranstaltung gedachten die Teilnehmerinnen und Teilnehmer des langjährigen Vorstandsvorsitzenden und Vorsitzenden des Kuratoriums der „Gesellschaft für Arabisches und Islamisches Recht e.V.", Herrn Professor Dr. Ernst Klingmüller, der am 10. Mai 2006 in Köln verstorben ist. Herr Professor Dr. Hilmar Krüger würdigte in einem Nachruf die wissenschaftlichen und gesellschaftlichen Verdienste des Verstorbenen (vgl. www.gair.de).

In den „Beiträgen zum Islamischen Recht VI" werden zunächst ausgewählte Probleme des Internationalen Privatrechts behandelt. Herr Dr. Dr. Peter Scholz (Berlin) widmet sich dem Verhältnis von islamisch-geprägtem Erbrecht und deutschem ordre public. Mit dem interkonfessionellen Recht in Libanon beschäftigt sich Herr André Kahlmayer, MA (Brüssel). Zur Erläuterung ist der libanesische Gesetzesentwurf zur Zivilehe in arabischer Sprache im Anschluss an den Beitrag abgedruckt. Herr Professor Dr. Hilmar Krüger (Köln) gibt erstmalig im deutschen Sprachraum eine umfangreiche Einführung in das internationale Privat- und Zivilprozessrecht der Vereinigten Arabischen Emirate.

Der zweite Teil des Bandes beginnt ebenfalls mit einem Beitrag von Herrn Professor Dr. Hilmar Krüger zur Neugestaltung des Privatrechts der Vereinigten Arabischen Emirate. Herr Dr. Sven Klaiber (Köln) untersucht unter Berücksichtigung der jüngsten Gesetzesänderungen das Vertriebsrecht der Vereinigten Arabischen Emirate. Neue Entwicklungen im Handels- und Wirtschaftsrecht der Vereinigten Arabischen Emirate analysiert Herr RA Christoph Keimer (Dortmund).

Die einzelnen Beiträge widerspiegeln die Meinung der Autoren, nicht die der Herausgeber. Die Umschrift der arabischen, türkischen und persischen Termini erfolgt im Wesentlichen nach dem in der deutschen Orientalistik üblichen

System. Jedoch sind einzelne Ausnahmen aufgrund inhaltlicher oder formaler Besonderheiten möglich.

Den Herausgebern ist es ein Bedürfnis, allen denjenigen zu danken, die am Gelingen des Bandes Anteil haben. Ein besonderer Dank gilt selbstverständlich zunächst den Autoren. Aber auch den Mitgliedern des Vorstandes der „Gesellschaft für Arabisches und Islamisches Recht e.V.", allen voran dem 1. Vorsitzenden, Herrn Professor Dr. Mathias Rohe, und Herrn RA Abdul Aziz A. Al-Yaqout, sei gedankt. Ohne die dankenswerte Mitarbeit von Frau Ilse Neuhoff (Orientalisches Institut, Leipzig) und Frau Martina Polster (Lang-Verlag) hätte der Band in dieser Form nicht erscheinen können.

Leipzig, im Juli 2007 Hans-Georg Ebert/Thoralf Hanstein

INHALTSVERZEICHNIS

ISLAMISCH GEPRÄGTES ERBRECHT UND DEUTSCHER ORDRE PUBLIC

Dr. Dr. Peter Scholz, Berlin

Inhalt

I. Einführung

In den meisten Staaten des Vorderen Orients gilt islamisch geprägtes Erbrecht;[1] traditionelles islamisches Erbrecht ist mehr oder weniger stark reformiert und zumeist in staatliche Gesetze gegossen worden.[2] Führt deutsches Internationales Privatrecht zur Anwendung eines islamisch geprägten Erbrechts, stellt sich oft die Frage nach der Vereinbarkeit seiner Ergebnisse mit dem deutschen ordre public. Entsprechende Ausführungen in Literatur und Rechtsprechung sind zumeist nur kursorischer Art oder betreffen nur einzelne rechtliche Aspekte.[3] Die

---

1 In der Türkei hingegen ist das Erbrecht einheitlich im Zivilgesetzbuch geregelt, das säkulares Recht schweizerischer Prägung enthält.

2 *Scholz,* Islamisches Recht im Wandel, in: Fachbereich Rechtswissenschaft der Freien Universität Berlin (Hrsg.), Sommersemester 2002, Fachbereichstag, Berlin 2003, 46 ff; *Scholz,* Scharia in Tradition und Moderne, in: JURA 2001, 525, 533, jeweils m.w.N.; *Ebert,* Das Erbrecht arabischer Länder, Frankfurt am Main 2004, 29 ff.

3 Beispielsweise *Birk,* Art. 25 EGBGB, Rz. 114 f, in: Münchener Kommentar zum BGB, Band VII, EGBGB/IPR. 4. Auflage, München 2006; *Hohloch,* Art. 6 EGBGB Rz. 46 ff, in: *Erman*, Bürgerliches Gesetzbuch, Handkommentar. 11. Auflage, Köln 2004; IPG Heidelberg 1987/88 Nr. 42; Köln 1987/88 Nr. 43; Berlin 1987/88 Nr. 45; Berlin 1990 Nr. 45; LG Hamburg IPRspr. 1991 Nr. 142; OLG Hamm FamRZ 1993, 111 ff; OLG Hamm IPRax 1994, 54; LG Stuttgart FamRZ 1998, 1627; OLG Hamm ZEV 2005, 436, 438 = FamRZ 2005, 1705, 1709 – Vertiefter, aber ebenfalls nicht erschöpfend beispielsweise *Pauli,* Islamisches Familien- und Erbrecht und ordre public, München 1994, 153 ff.

Probleme, die mit der Anwendung der Vorbehaltsklausel des Art. 6 EGBGB auf derartige Ergebnisse verbunden sind, sollen im Folgenden allgemein wie anhand von Beispielen näher beleuchtet werden.

II. Allgemeine Probleme des ordre public

1. Prüfungsgegenstand

Bezweckt die Vorbehaltsklausel die Wahrung eines unantastbaren Kernbereichs der eigenen Rechtsordnung im jeweiligen Einzelfall, ist Gegenstand ihrer Prüfung nach überwiegender Auffassung nicht das ausländische Recht als solches, sondern lediglich das konkrete Ergebnis seiner Anwendung im entsprechenden Einzelfall.[4] Dies ist bei erbrechtlichen Sachverhalten regelmäßig das Bestehen, die Qualität und der Umfang eines konkreten erbrechtlichen Anspruchs Da aber das Ergebnis als solches grundsätzlich wertneutral ist, ist es nicht isoliert, sondern unter Berücksichtigung der ihm zugrunde liegenden Wertungen zu betrachten. Diese Wertungen ergeben sich aus den Motiven und Zwecken der einschlägigen ausländischen Rechtsnorm.[5] Grundlegende Wertungen eines jeden islamisch geprägten Erbrechts sind der patriarchalische und patrilineare Charakter der agnatischen Erbberechtigung[6] und die noch vorherrschende Lehre von der Geschlechterkomplementarität, nach der Rechte und Pflichten zwischen den Geschlechtern zwar unterschiedlich ausgestaltet, aber ausgewogen verteilt sein sollen.[7]

Der Bewertung des Ergebnisses der Rechtsanwendung kommt besondere Bedeutung zu, wenn ein Verstoß gegen ein absolutes Diskriminierungsverbot (Art. 3

4 *Blumenwitz,* Art. 6 EGBGB Rz. 46 ff, in: Staudinger, Kommentar zum Bürgerlichen Recht. 13. Auflage, Berlin 1993 ff; *Sonnenberger,* in: Münchener Kommentar, Art. 6 EGBGB, Rz. 47; *Kegel,* Art. 6 EGBGB, Rz. 9, in: Soergel, Bürgerliches Gesetzbuch, Band X. 12. Auflage, Stuttgart 1996; *Kegel/Schurig,* Internationales Privatrecht. 9. Auflage, München 2004, § 16 III 2 b; *von Bar/Mankowski,* Internationales Privatrecht, Band I. 2. Auflage, München 2003, Rz. 265; *Spickhoff,* Der ordre public im internationalen Privatrecht, Neuwied/Frankfurt 1989, 79; *Scholz,* Erbrecht, 213 f, jeweils m.w.N.; *Kropholler,* Internationales Privatrecht. 5. Auflage, Tübingen 2004, § 36 II 1; vgl. BGHZ 118, 312, 331; die einschlägige ausländische Norm als Prüfungsgegenstand ansehend, aber die Vorbehaltsklausel nur eingreifen lassend, wenn die Rechtsfolgen im konkreten Ergebnis unerträglich sind, *Dörner,* Zur Beerbung eines in der Bundesrepublik verstorbenen Iraner, in: IPRax 1994, 35; a. A. aber wohl *von Damm,* Die Einwirkung der Grundrechte des Grundgesetzes auf das nach deutschem Internationalen Privatrecht anwendbare ausländische Sach- und Kollisionsrecht, Pfaffenweiler 1993, 175 ff.

5 *Scholz,* Erbrecht, 214; *Looschelders,* Internationales Privatrecht, Art. 3-46 RGBGB, Berlin u.a. 2004, Art. 6, Rz. 12; vgl. *Dörner,* IPRax 1994, 35.

6 *Scholz,* Erbrecht, 19 f und 23 ff und 27 ff.

7 *Würth,* Geschlechterkomplementarität gegen Geschlechtergleichheit: Zur Begrifflichkeit der islamischen Apologetik. Fachbereich Rechtswissenschaft der Freien Universität Berlin (Hrsg.), Sommersemester 2002, Fachbereichstag, Berlin 2003, 42 ff.

Abs. 2, 3 GG), insbesondere dasjenige der Differenzierung nach dem Geschlecht, im Raum steht. Gleichheitsverstöße können nur festgestellt werden, wenn der zu prüfende Sachverhalt mit anderen realen oder möglichen Sachverhalten in Beziehung gesetzt und die einer Differenzierung zugrunde liegenden Wertungen berücksichtigt werden. Liegt im konkreten Fall ein realer Vergleichssachverhalt vor, ergibt sich aus dem Vergleich beider Sachverhalte, ob eine unzulässige Diskriminierung gegeben ist.[8] Dies ist beispielsweise der Fall, wenn in einem Erbrechtsfall Abkömmlinge erben, wobei die Tochter nur halb so viel wie der Sohn erbt.[9] Fehlt es aber im konkreten Fall an einem realen Vergleichsmaßstab, ist auf den möglichen Vergleichssachverhalt zurückzugreifen. Wird beispielsweise der Erbteil der Witwe an der Vorbehaltsklausel gemessen, ist darauf abzustellen, was ihr Mann geerbt hätte, wenn sie gestorben wäre. Können sich Verstöße gegen die Gleichheitsgrundrechte auch aus hypothetischen Vergleichen ergeben, müssen sie wegen der Striktheit der Grundrechtsgeltung auch geeignet sein, einen ordre-public-Verstoß zu begründen.[10]

Steht das ausländische Recht mit dem Kernbereich der inländischen Rechtsordnung im Widerspruch, muss dies nicht zwingend auch für das konkrete Ergebnis seiner Anwendung gelten.[11] Dieses ist insbesondere nicht zu beanstanden, wenn etwaige Nachteile der Anwendung ordre-public-widrigen ausländischen Rechts durch anderweitige Vorteile aufgewogen werden oder wenn sich das konkrete Ergebnis auch bei Anwendung deutschen Rechts erzielen ließe.[12]

Die Kompensation einer Benachteiligung durch anderweitige Vorteile setzt voraus, dass diese in einem sachlichen Zusammenhang zu den Nachteilen stehen.[13] Ein solcher liegt jedenfalls dann vor, wenn Benachteiligung und Begünstigung in genereller Weise einander entsprechen und die Benachteiligung gerade wegen

---

8 *Scholz,* Erbrecht, 214; *Lorenz,* Islamisches Ehegattenerbrecht und deutscher order public: Vergleichsmaßstab für die Ergebniskontrolle, in: IPRax 1993, 150; *Lorenz,* „RGZ 106, 82 ff. revisited": Zur Lückenfüllungsproblematik beim ordre public in „Ja/Nein-Konflikten", in: IPRax 1999, 430.

9 Vgl. *Scholz,* Erbrecht, 217.

10 *Lorenz,* IPRax 1993, 150; *Lorenz,* IPRax 1999, 430; *Scholz,* Erbrecht, 214 f; anderer Ansicht, aber wenig überzeugend *Pauli,* a.a.O., 170 ff.

11 *Blumenwitz,* in: *Staudinger,* Art. 6 EGBGB, Rz. 106; *Sonnenberger,* in: Münchener Kommentar, Art. 6 EGBGB, Rz. 47, *von Bar/Mankowski,* a.a.O., Rz. 266; *Spickhoff,* Der ordre public, 80 f, jeweils m.w.N.; *Scholz,* Islam-rechtliche Eheschließung und deutscher ordre public, in: StAZ 2002, 324.

12 *Sonnenberger,* in: Münchener Kommentar, Art. 6 EGBGB, Rz. 47; *Dörner,* in: Staudinger, Art. 25 EGBGB, Rz. 683; *Dörner,* Internationales Erbrecht, 84 ff; *Scholz,* Erbrecht, 216; *Scholz,* StAZ 2002, 324; *Scholz,* Tunesien, in: *Ferid/Firsching/Dörner/Hausmann* (Hrsg.), Internationales Erbrecht. 44. Ergänzungslieferung, München 2001, 14; *Scholz,* Ägypten, in: *Ferid/Firsching/Dörner/Hausmann* (Hrsg.), Internationales Erbrecht. 51. Ergänzungslieferung, München 2003, 11; vgl. *von Bar/Mankowski,* a.a.O., Rz. 266 f; vgl. *Lorenz,* Anmerkung zu OLG Hamm ZEV 2005, 436 ff, ZEV 2005, 440 f.

13 *Scholz,* Erbrecht, 216 f; *Pauli,* a.a.O., 175 ff.

der Begünstigung besteht. Um dies festzustellen, müssen die einschlägigen ausländischen Sachnormen in ihrem systematischen Zusammenhang und im Lichte der ihnen zugrunde liegenden Wertungen gesehen werden. Auch müssen die rechtlichen Vor- und Nachteile der Betroffenen umfassend analysiert sowie im konkreten Einzelfall gegeneinander abgewogen werden.[14] Hinsichtlich eines islamisch geprägten Erbrechts kommt eine Kompensation bei abstammungs- und geschlechtsbezogenen Benachteiligungen in Betracht, und zwar einerseits durch bestehende Unterhaltspflichten, die den begünstigten im Gegensatz zu den benachteiligten Erben obliegen, und andererseits durch Brautgabeansprüche erbrechtlich benachteiligter Frauen.[15] Dies wird beispielsweise für islam-rechtlich geprägte Regelungen diskutiert, nach denen zwar die Erbquote der hinterbliebenen Ehefrau nur halb so groß wie die des hinterbliebenen Ehemannes ist, jedoch die Witwe im Gegensatz zum Witwer grundsätzlich keinerlei Unterhaltsansprüchen ihrer Abkömmlinge ausgesetzt ist.[16]

Lässt sich das konkrete Ergebnis der Anwendung ausländischen Rechts auch bei Anwendung deutschen Rechts erzielen, vermag dies zwar den Widerspruch der ausländischen Regelung zu den wesentlichen Grundsätzen des deutschen Rechts nicht aufzuheben.[17] Allerdings erscheint dann das Ergebnis der Rechtsanwendung im konkreten Fall nicht mehr unerträglich, so dass es einen Verstoß gegen den deutschen ordre public nicht mehr zu begründen vermag.[18] Werden beispielsweise Erben im islamisch geprägten Erbrecht aufgrund ihrer Abstammung oder ihres Geschlechts diskriminiert, indem ihnen im Rahmen der gesetzlichen Erbfolge kein oder ein geringerer Erbteil zugewiesen wird, so lässt sich dieses Ergebnis möglicherweise auch nach deutschem Recht erzielen, und zwar im Wege einer wirksamen letztwilligen Verfügung. In einem solchen Fall vermag die Vorbehaltsklausel nicht einzugreifen.[19]

---

14 *Scholz,* Erbrecht, 217.

15 *Scholz,* Erbrecht, 265 ff.

16 *Scholz,* Erbrecht, 217; *Scholz,* StAZ 2002, 324; *Dörner,* Internationales Erbrecht im deutsch-islamischen Rechtsverkehr, Grundlagen, in: Deutsches Anwaltsinstitut e. V., Fachinstitut für Notare (Hrsg.), Deutsch-Islamischer Rechtsverkehr in der notariellen Praxi Bochum 2001, 46, 86 f m.w.N.

17 *Scholz,* Erbrecht, 269; vgl. *Lorenz,* Anmerkung zu OLG Hamm, ZEV 2005, 436 ff, ZEV 2005, 440; *Dörner,* IPRax 1994, 33, 36.

18 *Scholz,* Erbrecht, 269 f; vgl. *Dörner,* IPRax 1994, 33, 35.

19 *Scholz,* Erbrecht, 270; vgl. *Birk,* in: Münchener Kommentar, Art. 25 EGBGB, Rz. 114; *Hohloch, G.,* in: *Erman,* Art. 6 EGBGB, Rz. 50; *Looschelders,* Internationales Privatrecht, Art. 6 Rz. 57 und Art. 25 Rz. 33, und LG Hamburg, IPRspr. 1991 Nr. 142, die aber sämtlich nicht das Erfordernis der Feststellung herausarbeiten, dass der Erblasser auch entsprechend letztwillig verfügt hätte. Zu diskriminierenden letztwilligen Verfügungen ausführlich *Scholz,* Erbrecht, 300 ff.

2. Prüfungsmaßstab

Maßstab der ordre-public-Prüfung sind nach Art. 6 EGBGB die wesentlichen Grundsätze des deutschen Rechts.[20] Zu diesen gehören nach Art. 6 S. 2 EGBGB die Grundrechte, und zwar des Grundgesetzes und der Länderverfassungen.[21] Der Gesetzgeber hat sich dafür entschieden, ihnen lediglich indirekte Wirkung über die Generalklausel des ordre public einzuräumen und keine direkte Geltung über ein zu bildendes „internationales Grundrechtsrecht".[22] Die Reichweite des Schutzes der im Rahmen des ordre public zu berücksichtigenden Grundrechte ist allerdings nicht normiert und daher nach dem sog. Spanierbeschluss des Bundesverfassungsgerichts im Wege der Auslegung des entsprechenden Grundrechts nach seinem Wortlaut, Sinn und Zweck unter Berücksichtigung der Gleichstellung der Staaten und der Eigenständigkeit ihrer Rechtsordnungen festzustellen.[23]

Hierfür sind insbesondere folgende Aspekte relevant: Handelt es sich um ein Deutschenrecht, kommt zugunsten eines Nichtdeutschen lediglich eine Verletzung von Art. 2 Abs. 1 GG in Betracht.[24] Entspricht ein Grundrecht europäischem oder gar weltweitem Standard, spricht dies für seine uneingeschränkte Geltung in Fällen mit Auslandsberührung.[25] Schützt ein Grundrecht ein Gut oder Interesse gerade der deutschen Lebensordnung, setzt dies eine hinreichende Be-

---

20 Der Bundesgerichtshof stellt in ständiger Rechtsprechung darauf ab, ob das Ergebnis der Anwendung des ausländischen Rechts zu den Grundgedanken der deutschen Regelung und der in ihnen liegenden Gerechtigkeitsvorstellungen in so starkem Widerspruch steht, dass es von uns für untragbar gehalten wird, z. B. BGHZ 50, 370, 376; 54, 123, 130: 75, 32, 43; 118, 312, 330; BGH IPRax 2001, 586 f.

21 *Looschelders*, Internationales Privatrecht, Art. 6, Rz. 22; *Heldrich*, Art. 6 EGBGB, Rz. 7, in: *Palandt*, Bürgerliches Gesetzbuch. 65. Auflage, München 2006.

22 Zum Streit über die direkte oder indirekte Geltung der Grundrechte bei Anwendung ausländischen Rechts vor der Neuregelung des Art. 6 EGBGB siehe nur *Blumenwitz*, in: *Staudinger*, Art. 6 EGBGB, Rz. 136; *Kegel*, in: *Soergel*, vor Art. 3 EGBGB, Rz. 16 ff; *Kegel/Schurig*, a.a.O., § 16 IV, *Looschelders*, Die Ausstrahlung der Grund- und Menschenrechte auf das Internationale Privatrecht, in: RabelsZ 2001, 474, jeweils m.w.N.

23 BVerfGE 31, 58, 77. – Dies läuft aber letztlich auf die Bildung eines Verfassungskollisionsrechts hinaus, *Scholz*, Erbrecht, 219 f; vgl. *Blumenwitz*, in: *Staudinger*, Art. 6 EGBGB, Rz. 137; *von Bar/Mankowski*, a.a.O., Rz. 261; *Kropholler*, a.a.O., § 36 IV 3; *Kegel/Schurig*, a.a.O., § 16 IV; vgl. ferner *Ehringfeld*, Multikulturalität im deutschen internationalen Familienrecht, in: KJ 1996, 285 ff. Herbeizuführen ist ein Ausgleich zwischen der internationalprivatrechtlichen Gerechtigkeit einerseits und der sich am jeweiligen nationalen Recht orientierenden materiellen Gerechtigkeit andererseits, *Scholz*, Erbrecht, 220.

24 *Scholz*, Erbrecht, 220; vgl. *Kronke*, Die Wirkungskraft der Grundrechte bei Fällen mit Auslandsbezug, in: *Coester-Waltjen/Kronke/Kokott*, Die Wirkungskraft der Grundrechte bei Fällen mit Auslandsbezug, Heidelberg 1998, 33, 66.

25 *Scholz*, Erbrecht, 220 f; vgl. *Blumenwitz*, in: *Staudinger*, Art. 6 EGBGB, Rz. 61 ff m.w.N.; *Kropholler*, a.a.O., § 36 III 1 und IV 2; *von Bar/Mankowski*, a.a.O., Rz. 269 ff; *Jayme*, 44 ff.

ziehung zu jener voraus.[26] Während für die abwehrrechtliche Funktion eines Grundrechts maßgeblich ist, dass ein deutsches Staatsorgan in eine grundrechtlich geschützte Position eingreift,[27] und zwar unabhängig vom Ort des Eingriffs, haben Grundrechte in ihrer objektiven Funktion nur für die inländische Gesellschaft Bedeutung.[28] Im Übrigen kommt umso eher eine Verletzung eines Grundrechts in Betracht, je stärker der Inlandsbezug des betreffenden Sachverhalts ist und je mehr er sich auf den grundrechtsrelevanten Lebensbereich bezieht.[29]

Fragt man nach der Vereinbarkeit eines islamisch geprägten Erbrechts mit dem Kernbereich des deutschen Rechts, sind Prüfungsmaßstab vor allem die Grundrechte des absoluten Diskriminierungsverbots wegen der Abstammung, des Geschlechts und der Religionszugehörigkeit (Art. 3 Abs. 2, Abs. 3, Art. 4 Abs. 1, Abs. 2 GG), der Religionsfreiheit (Art. 4 Abs. 1, Abs. 2 GG), des Schutzes von Ehe und Familie (Art. 6 Abs. 1 GG), der Gleichstellung und des Diskriminierungsverbots nichtehelicher Kinder (Art. 6 Abs. 5 GG) und der Erbrechtsgarantie (Art. 14 Abs. 1 GG).[30] Bei diesen Grundrechten handelt es sich sämtlich um Menschenrechte mit nicht spezifisch deutschen, nicht einmal spezifisch europäischen Schutzgütern. Maßgebliche Kriterien für die Reichweite eines jeden dieser Grundrechte bei Auslandsberührung sind daher seine internationale Verbürgung, seine einschlägige Schutzfunktion und die Stärke der Inlandsberührung.

Die Vorbehaltsklausel stellt ausdrücklich auf die Beachtung lediglich der nationalen öffentlichen Ordnung ab. Dies schließt aber die Berücksichtigung europarechtlicher und völkerrechtlicher Normen nicht aus, sofern diese aufgrund von Art. 25 GG oder aufgrund eines Zustimmungsgesetzes nach Art. 59 Abs. 2 GG Bestandteil des deutschen Rechts geworden sind.[31] Der Grundsatz der Völkerrechtsfreundlichkeit verlangt sogar, den völkerrechtlichen Bindungen Deutschlands im Rahmen des ordre public Rechnung zu tragen, um eine völkerrechtliche Verantwortlichkeit Deutschlands zu vermeiden.[32] Dabei ist der Auffassung den Vorzug zu geben, die die zu innerstaatlichem Recht gewordenen europarechtlichen und völkerrechtlichen Normen unter die Grundrechte (Art. 6 S. 2 EGBGB)[33] und nicht lediglich unter die wesentlichen Grundsätze der deutschen

---

26 *Kronke*, a.a.O., 50.

27 Vgl. *Pieroth/Schlink*, Grundrechte Staatsrecht II. 22. Auflage, Heidelberg 2006, Rz. 188.

28 Vgl. *Looschelders*, Internationales Privatrecht, Art. 6 Rz. 29.

29 *Hohloch, G.*, in Erman, Art. 6 EGBGB, Rz. 19; *Kegel/Schurig*, a.a.O., § 16 IV; *Scholz*, Erbrecht, 221; vgl. *Kronke*, a.a.O., 50.

30 *Scholz*, Erbrecht, 222.

31 Vgl. *Scholz*, Erbrecht, 219.

32 *Voltz*, Menschenrechte und ordre public im Internationalen Privatrecht, Frankfurt am Main u.a. 2002, 385.

33 *Heldrich*, in: *Palandt*, Art. 6 EGBGB, Rz. 7; *Voltz*, a.a.O., 258; *Spickhoff*, Der ordre public, 121; *Coester-Waltjen*, Die Wirkungskraft der Grundrechte bei Fällen mit Auslandsberührung – familien- und erbrechtlicher Bereich, in: *Coester-Waltjen/Kronke/Kokott* Die Wirkungskraft der Grundrechte bei Fällen mit Auslandsbezug, Heidelberg 1998, 19 f;

Rechtsordnung (Art. 6 S. 1 EGBGB)[34] subsumiert, da die Relativitätserfordernisse des Art. 6 S. 1 EGBGB insoweit nicht gelten, wie noch aufzuzeigen sein wird. Der konkrete Maßstab für den ordre public ist insoweit der europäischen bzw. internationalen Rechtsprechung und Auslegungspraxis zu entnehmen.[35]

Der Grundsatz der größtmöglichen Schonung des fremden Rechts gebietet es, zunächst auf die Standards zurückzugreifen, die auch für den lex-causae-Staat bindend sind. Diese ergeben sich für die islamisch geprägten Staaten aus Völkergewohnheitsrecht und universellen Menschenrechtspakten, denen die islamischen Staaten beigetreten sind. Der nicht für sie geltende – regelmäßig weitergehende[36] – europäische Standard und die nationale öffentliche Ordnung haben dahinter zurückzustehen.[37] Eröffnet der einschlägige universelle Vertrag dem lex-causae-Staat einen Auslegungs- oder Beurteilungsspielraum, hat jener Staat einen Vorbehalt erklärt oder handelt es sich um einen Nichtvertragsstaat, ist der entsprechende völkerrechtliche Mindeststandard maßgeblich.[38]

Betrachtet man den universellen Menschenrechtsschutz, der Bestandteil des deutschen Rechts geworden ist, findet der für ein islamisch geprägtes Erbrecht relevante Grundrechtsschutz jedenfalls von der Regelung her seine weitgehende Entsprechung auf internationaler Ebene.[39] International gewährleistet sind die Diskriminierungsverbote wegen der Abstammung, des Geschlechts und der Religionszugehörigkeit, die Religionsfreiheit im Übrigen, die Ehe hinsichtlich der Freiheit der Eheschließung und der Eheschließung aufgrund beiderseitigen freien Willens sowie der Familie vor allem vor willkürlichen Eingriffen und hinsichtlich der Freiheit ihrer Gründung. Die Erbrechtsgarantie ist allenfalls im Rahmen des Eigentumsschutzes international gewährleistet. Einschlägig sind insoweit folgende Erklärungen, Übereinkommen, Grundsätze und gewohnheitsrechtliche Gewährleistungen:

- Internationaler Pakt über Bürgerliche und Politische Rechte vom 19.12.1966[40]
- Internationaler Pakt über Wirtschaftliche, Soziale und Kulturelle Rechte vom 19.12.1966[41]

Stöcker, Internationaler ordre public zum Schutz der Menschenrechte, in: StAZ 1981, 16 ff.

34 *Sonnenberger,* in: Münchener Kommentar, Art. 6 EGBGB, Rz. 50; *Hohloch,* in: *Erman,* Art. 6 EGBGB, Rz. 7; *Looschelders,* Internationales Privatrecht, Art. 6, Rz. 22.

35 *Voltz,* a.a.O., 385.

36 *Voltz,* a.a.O., 270.

37 *Voltz,* a.a.O., 270 f und 283 f.

38 *Voltz,* a.a.O., 277 f und 280 f.

39 Die gebotene genaue Analyse des jeweiligen Schutzgehalts unter Berücksichtigung auch der Auslegung und Anwendung der völkerrechtlichen Bestimmungen kann in diesem Rahmen leider nicht vorgenommen werden.

40 Art. 2 Abs. 1, 3, 17, 18 Abs. 1, 23 Abs. 1, 2, 3 und 4, 24, 26, 27.

- Übereinkommen zur Beseitigung jeder Form von Diskriminierung der Frau vom 18.12.1979
- Übereinkommen über die Rechte des Kindes vom 20.11.1989[42]
- III. Genfer Abkommen über die Behandlung der Kriegsgefangenen vom 12.8.1949[43]
- IV. Genfer Abkommen zum Schutze der Zivilpersonen in Kriegszeiten vom 12.8.1949[44]
- Allgemeine Erklärung der Menschenrechte vom 10.12.1948[45], deren menschenrechtlicher Gehalt teilweise als bindendes Völkergewohnheitsrecht eingestuft wird[46]
- Völkerrechtlicher Grundsatz der Achtung wohl erworbener Privatrechte[47]
- Gewohnheitsrechtliche Geltung wird zumindest teilweise zugesprochen: dem Verbot der Diskriminierung aufgrund des Geschlechts und der Religionszugehörigkeit[48], der Religionsfreiheit[49] und dem Schutz des Eigentums[50]

Die gebotene genaue Analyse des jeweiligen Schutzgehalts der universellen Menschenrechte unter Berücksichtigung auch der Auslegung und Anwendung der völkerrechtlichen Bestimmungen kann in diesem Rahmen leider nicht vorgenommen werden.

Ein Menschen- bzw. Grundrechtseingriff und ein entsprechender ordre-public-Verstoß[51] scheiden aus, wenn der Träger des Rechts auf dessen Geltendmachung wirksam verzichtet hat oder der Eingriff gerechtfertigt ist.[52] Ob auf die Geltendmachung eines Menschen- oder Grundrechts verzichtet werden kann, hängt von der Schutzrichtung und der Funktion des jeweiligen Rechts ab.[53] Rechtliche

---

41 Art. 2 Abs. 2, 3, 7, 10 Nr. 1, Nr. 2, Nr. 3 1, 11 Abs. 1.

42 Art. 2 Abs. 1, 14 Abs. 1, 16.

43 Art. 34.

44 Art. 24 Abs. 1, 27 Abs. 1, 38 Nr. 3 und 93 Abs. 1.

45 Art. 2, 14 Abs. 1, 16 Nr. 1 und 2, 17 Nr. 1, 18.

46 *Dreier,* Vorbem. Rz. 25 m.w. N., in: *Dreier* (Hrsg.), Grundgesetz, Kommentar, Band I. 2. Auflage, Tübingen 2004.

47 *Streintz,* Art. 25 Rz. 69, in: *Sachs*, (Hrsg.), Grundgesetz, Kommentar. 3. Auflage, München 2003.

48 *Voltz,* a.a.O., 248.

49 *Hofmann,* Art. 25 Rz. 13, in: *Umbach/Clemens* (Hrsg.), Grundgesetz, Mitarbeiterkommentar und Handbuch, Band I. Heidelberg 2002.

50 *Streintz,* in: *Sachs*, Art. 25 Rz. 69.

51 Vgl. *Dörner,* IPRax 1994, 33, 35.

52 *Scholz,* Erbrecht, 221.

53 Hierzu ausführlich *Sachs,* Verfassungsrecht II Grundrechte. 2. Auflage, Berlin u.a. 2003, A 8 Rz. 34 ff; *Pieroth/Schlink*, a.a.O., Rz. 131 ff; *von Münch,* Staatsrecht II. 5. Auflage, Stuttgart u.a. 2002, Rz. 285 ff; *Robbers,* Der Grundrechtsverzicht. Zum Grundsatz „volenti non fit iniuria“, in: JuS 1985, 925 ff; zum Grundrechtsverzicht kritisch *Ipsen,* Staatsrecht II. 7. Auflage, Neuwied u.a. , Rz. 71 m.w.N.; zum Grundrechtsverzicht in Fällen mit Auslandsberührung ferner *Looschelders,* RabelsZ 2001, 488.

Grundlage dafür ist das grundrechtlich verankerte Selbstbestimmungsrecht des Menschen.[54] Schützt ein Grundrecht primär Individualinteressen wie Art. 4 und Art. 14 GG, spricht dies für seine Verzichtbarkeit. In erster Linie gemeinschaftsbezogene Grundrechte wie die Gleichheitsrechte sind hingegen verzichtsfeindlich.[55] Die Verzichtbarkeit eines Individualinteressen schützenden Grundrechts findet dort ihre Grenzen, wo dessen objektiv-rechtlicher Schutzgehalt wie die Institutsgarantie oder die objektive Wertentscheidung dies erfordert.[56] Bei Grundrechten, die sowohl personalen als auch gemeinschaftsbezogenen Gehalt von erheblichem Gewicht haben, kommt es auf den Schwerpunkt im konkreten Einzelfall an.[57] Das gilt beispielsweise für Art. 6 GG, der individualrechtlich die eheliche und familiäre Privatsphäre schützt und zudem Ehe und Familie unter den besonderen Schutz der staatlichen Ordnung stellt.

Rechtfertigend wirken bei auslandsbezogenen Eingriffen in Menschen- und Grundrechte vor allem verfassungsimmanente Schranken, insbesondere Menschen- und Grundrechte anderer. Eingriffe in die Gleichberechtigung von Mann und Frau können allerdings wegen des engen Zusammenhangs zur Menschenwürde durch andere Menschen- und Grundrechte nur selten gerechtfertigt werden.[58] Die Menschenwürde ist völkerrechtlich in den Präambeln der UN-Charta vom 26.6.1945, der schon erwähnten beiden Pakte über die Bürgerlichen und Politischen wie über die Wirtschaftlichen, Sozialen und Kulturellen Rechte, der oben genannten Übereinkommen zur Beseitigung jeder Form der Diskriminierung der Frau und über die Rechte des Kindes, der Satzung der UNESCO vom 16.11.1945 sowie in der Präambel und den Art. 1 und 22 der Allgemeinen Menschenrechtserklärung geschützt. Gebietet beispielsweise die Religionsausübung eine Schlechterstellung der Frau, gebührt dem Grundrecht des Art. 3 Abs. 2, Abs. 3 GG wegen des engeren Bezugs zur Menschenwürde regelmäßig der Vorrang vor der Religionsfreiheit des Art. 4 Abs. 1 GG.[59]

3. Relativität

Die Einzelfallorientierung des deutschen ordre public erfordert die Berücksichtigung der konkreten sachlichen, räumlichen und zeitlichen Umstände und begründet damit die entsprechende Relativität des deutschen ordre public.[60] Die örtliche Relativität findet im grundsätzlich erforderlichen Inlandsbezug des

---

54 *Spieß,* Der Grundrechtsverzicht, Frankfurt am Main u.a. 1997, 225.
55 *Spieß,* a.a.O., 177 ff, 227.
56 *Pieroth/Schlink,* a.a.O., Rz. 135 m.w.N.; *Spieß,* a.a.O., 227.
57 *Spieß,* a.a.O., 189 f, 227.
58 *Scholz,* Erbrecht, 221 f.
59 *Scholz,* Erbrecht, 222; *Looschelders,* RabelsZ 2001, 487.
60 *Blumenwitz, in: Staudinger*, Art. 6 EGBGB, Rz. 123 ff; *Sonnenberger, in:* Münchener Kommentar, Art. 6 EGBGB, Rz. 78; *Kegel/Schurig,* a.a.O., § 16 III 2 b; *Scholz,* StAZ 2002, 324.

Sachverhalts zum Zeitpunkt der Entscheidung ihren Ausdruck.[61] Die Anwendung inländischen Rechts hängt nach allgemeinem Völkerrecht davon ab, dass dafür ein sachlicher Grund besteht.[62] Sind Grundrechte aufgrund ausländischer Rechtsanwendung berührt, ist der Inlandsbezug für die Klärung der Frage von Bedeutung, ob und inwieweit der Schutzbereich des jeweils betroffenen Grundrechts auch Sachverhalte mit Auslandsberührung erfasst. Es ist anhand von Wortlaut, Sinn und Zweck des betroffenen Grundrechts das im Einzelfall gebotene Maß an Inlandsbeziehung zu bestimmen, das den Schutzbereich des Grundrechts berührt sein lässt.[63] Hierbei ist nach der Funktion der Grundrechte wie folgt zu differenzieren:[64]

In internationalprivatrechtlichen Fällen sind deutsche Grundrechte als Abwehrrechte betroffen, wenn deutsche Behörden und Gerichte zur Anwendung ausländischen Rechts gelangen und auf dessen Grundlage zum Nachteil einer Person entscheiden. Hinsichtlich des islamisch geprägten Erbrechts geschieht dies regelmäßig zulasten des Erblassers oder eines aktuellen oder potentiellen Erben oder Vermächtnisnehmers. Dabei ist für die Reichweite des Grundrechtsschutzes entscheidend, dass die einschlägigen Grundrechte des absoluten Diskriminierungsverbots wegen der Abstammung einschließlich deren Ehelichkeit, des Geschlechts und der Religionszugehörigkeit (Art. 3 Abs. 2, Abs. 3, Art. 4 Abs. 1, Abs. 2, Art. 6 Abs. 5 GG), der Religionsfreiheit (Art. 4 Abs. 1, Abs. 2 GG) und des Schutzes von Ehe und Familie (Art. 6 Abs. 1 GG) sämtlich international weit über Europa und die sog. westliche Welt hinaus geschützt sind.[65] Zudem sind die Differenzierungsverbote Konkretisierungen der ebenfalls international geschützten Menschenwürde, soweit es um Eigenschaften geht, von denen sich das Individuum grundsätzlich nicht lösen kann oder die seine Persönlichkeit ausmachen.[66]

---

61 *Scholz*, Erbrecht, 224 f; *Blumenwitz*, in: *Staudinger*, Art. 6 EGBGB, Rz. 154; *Sonnenberger*, in: Münchener Kommentar, Art 6 EGBGB, Rz. 82 ff; *Kegel*, in: *Soergel*, Art. 6 EGBGB, Rz. 27; *Spickhoff*, Der ordre public, 97 ff, jeweils m.w.N.; *Kegel/Schurig*, a.a.O., § 16 II, III 2 b; *Kropholler*, a.a.O., § 36 II 2; *von Hoffmann/Thorn*, Internationales Privatrecht. 8. Auflage, München 2005, § 6 Rz. 152; vgl. BGHZ 63, 219, 226; 120, 29, 34.

62 *Scholz*, Erbrecht, 225; *von Bar/Mankowski*, a.a.O., Rz. 263 m.w.N.

63 *Scholz*, Erbrecht, 226; vgl. BVerfGE 31, 58, 86; *Blumenwitz, in: Staudinger*, Art 6 EGBGB, Rz. 13, 104; *Looschelders*, Internationales Privatrecht, Art. 6 Rz. 26 ff; *Kegel/Schurig*, a.a.O., 471; *Kropholler*, a.a.O., § 36 IV 1, jeweils m.w.N.; *Spickhoff*, Eheschließung, Ehescheidung und ordre public, in: JZ 1991, 323, 325. A. A. aber insbesondere *Lüderitz*, Internationales Privatrecht. 2. Auflage, Neuwied u.a. 1992, Rz. 209.

64 *Looschelders*, Internationales Privatrecht, Art. 6 Rz. 28 ff; *Looschelders*, RabelsZ 2001, 484 ff m.w.N.

65 Vgl. *Scholz*, Erbrecht, 227; *Stern*, Das Staatsrecht der Bundesrepublik Deutschland, Band III/1: Allgemeine Lehren der Grundrechte, München 1988, 1224 ff.

66 Ähnlich *Looschelders*, RabelsZ 2001, 486 f.

Ein weit über reine Inlandsfälle hinausgehender Schutz dürfte insoweit dem Schutzzweck des Grundgesetzes zumindest heute auch entsprechen. Die Internationalisierung der genannten Schutzgüter begann bereits vor der Schaffung des Grundgesetzes mit der Allgemeinen Erklärung der Menschenrechte und hat sich seitdem stetig fortentwickelt. Die Bundesrepublik Deutschland hat diesen Prozess seit ihrem Beitritt zu den Vereinten Nationen konsequent mitgetragen. Er findet seine Parallele auf europäischer Ebene in der Schaffung der Europäischen Menschenrechtskonvention vom 4.11.1950,[67] der auch Deutschland beigetreten ist und deren menschenrechtliche Gewährleistungen die genannten Güter ebenfalls umfassen.[68] Bedenken bestehen lediglich insoweit, als einzelne Schutzgewährleistungen von Ehe und Familie (Art. 6 Abs. 1 GG) von den Menschenrechtspakten möglicherweise nicht erfasst sind und der Erbrechtsgarantie (Art. 14 Abs. 1 GG) als Teil der Eigentumsgarantie international nur unvollkommener Schutz zuteil wird. Soweit die verfassungsrechtlichen Güter auch international geschützt sind, bedarf es eines Inlandsbezugs lediglich dafür, eine Anwendung des Grundgesetzes als Kontrollmaßstab überhaupt zu rechtfertigen. Dabei genügt regelmäßig bereits die internationale Zuständigkeit der deutschen Gerichte.

Sind Grundrechte als Schutzrechte berührt, wie es beispielsweise bei diskriminierenden letztwilligen Verfügungen und letztwilligen Verfügungen unter diskriminierenden Bedingungen von einer modernen Auffassung vertreten wird,[69] ist für den erforderlichen Inlandsbezug zunächst wiederum maßgebend, dass die für das islamisch geprägte Erbrecht einschlägigen Grundrechte weitgehend international anerkannte Güter schützen.[70] Sodann muss die Inlandsbeziehung so beschaffen sein, dass die deutsche Staatsgewalt auch Schutz gewähren kann; denn nur dann vermag sie eine Schutzpflicht auch zu treffen.[71] Dies ist im grenzüberschreitenden Privatrecht unproblematisch, da die Schutzgewährung durch Anwendung der ordre-public-Klausel seitens deutscher Behörden und Gerichte erfolgt. Die grundrechtliche Funktion der Schutzpflichten führt somit zu keinen anderen Anforderungen an die Inlandsbeziehung als die Abwehrfunktion der Grundrechte.[72]

Sind Grundrechte als objektive Wertentscheidungen oder Institutsgarantien betroffen, kommt der Inlandsberührung erheblich mehr Bedeutung zu. Zwar sind in kollisionsrechtlichen Fällen in aller Regel subjektive Grundrechtspositionen berührt und eine Verletzung objektiver Positionen wegen der Einzelfallbezogenheit des ordre public die Ausnahme. Beispielsweise ist die Neutralitäts- und Pa-

---

67 Vgl. *Voltz,* a.a.O., 75 ff

68 Art. 8, 9, 12, 14 EMRK.

69 *Scholz,* Erbrecht, 300 ff, insbesondere 301 f, und 315 ff, insbesondere 316.

70 *Scholz,* Erbrecht, 228 f.

71 Vgl. *Looschelders,* Internationales Privatrecht, Art. 6 Rz. 30; *Looschelders,* RabelsZ 2001, 488 f.

72 *Scholz,* Erbrecht, 228 f.

ritätspflicht des Staates (Art. 3 Abs. 3, 33 Abs. 3 GG, Art. 136 Abs. 1, 2, 4, 137 Abs. 1 WRV i.V.m. Art. 140 GG) betroffen, wenn das Erbhindernis der Religionsverschiedenheit zwischen Muslimen, Christen, Juden und anderen Religionsangehörigen gilt, wobei letztere als religiöse Einheit angesehen werden.[73] Die objektiv-rechtliche Schutzrichtung ist insoweit bedeutsam, als sie sowohl eine Kompensation der grundrechtsrelevanten Nachteile als auch einen Verzicht auf die Ausübung des Grundrechts ausschließt. Für den Inlandsbezug entscheidend ist, dass objektive Wertentscheidungen und Institutsgarantien Grundentscheidungen für die Ausgestaltung der deutschen Gesellschaftsordnung darstellen, an der sich die deutsche Gesetzgebung, Verwaltung und Rechtsprechung zu orientieren haben.[74] Unter deutscher Gesellschaft ist, sofern es sich nicht um ein lediglich Deutschen vorbehaltenes Grundrecht handelt, das strukturierte Beziehungssystem aller Menschen zu verstehen, die in Deutschland ihren Lebensmittelpunkt haben. Ein entsprechender Grundrechtseingriff muss daher dieses Beziehungssystem berühren, was regelmäßig einen ständigen Aufenthalt der betroffenen Person oder die Belegenheit des betroffenen Gegenstands im Inland erfordert.[75]

Bei international verbürgten Menschenrechten ist weder für eine inhaltliche noch für eine räumliche Relativierung des Menschenrechtsschutzes Raum.[76] Derartige Rechte sind bereits von ihrem Inhalt und ihrer Funktion her auf eine internationale Geltung im Rahmen ihres völkerrechtlichen Umfangs angelegt, so dass für eine nationale Beschränkung in Fällen mit Auslandsberührung, wie es für ein innerstaatliches Schutzgut grundsätzlich geboten ist, kein Anlass besteht. Hinsichtlich der allgemeinen Regeln des Völkerrechts besteht dafür rechtlich auch kein Raum, da Art. 25 S. 2 GG den Vorrang jener Regeln vor den staatlichen Gesetzen und ihre unmittelbare Geltung anordnet.[77] Im Übrigen würde eine Relativierung dem Grundsatz der Völkerrechtsfreundlichkeit zuwiderlaufen, nach dem das innerstaatliche Recht im Einklang mit den völkerrechtlichen Verpflichtungen Deutschlands so auszulegen und anzuwenden ist, dass ein Völkerrechtsverstoß und eine völkerrechtliche Verantwortung Deutschlands vermieden werden[78]. Danach ist der nationale ordre public in einer Weise anzuwenden, die ein Auseinanderfallen von innerstaatlicher Rechtsanwendung und menschenrechtlichen Verpflichtungen verhindert.[79] Eröffnen allerdings die völkerrechtli-

---

[73] *Scholz,* Erbrecht, 51 ff und 287 f.

[74] BVerfGE 7, 198, 205; 39, 1, 41.

[75] *Scholz,* Erbrecht, 228; vgl. *Looschelders,* Internationales Privatrecht, Art. 6 Rz. 29 f; *Looschelders,* RabelsZ 2001, 488 f.

[76] Im Ergebnis ebenso *Blumenwitz, in: Staudinger,* Art. 6 EGBGB, Rz. 68, 76 f, 161 m.w.N.; *Kegel/Schurig,* a.a.O., § 16 III 2 b; *von Bar/Mankowski,* a.a.O., § 7 Rz. 269; a. A. *Sonnenberger,* in: Münchener Kommentar, Art. 6 EGBGB, Rz. 80; *Spickhoff,* Der ordre public, 98 f m.w.N.; vgl. *Kronke,* a.a.O., 52 f, m.w.N.

[77] Vgl. *Voltz,* a.a.O., 292 ff, allerdings nur zum Inlandsbezug.

[78] BVerfGE 74, 358, 370; *Voltz,* a.a.O., 262 ff, m.w.N.

[79] *Voltz,* a.a.O., 265.

chen Verpflichtungen selbst Spielräume, wie es beispielsweise bei vertraglich erlaubten Vorbehalten der Fall ist, ist der völkerrechtliche Mindeststandard maßgebend.[80]

4. Rechtsfolgen

Rechtsfolge eines ordre-public-Verstoßes ist nach Art. 6 EGBGB, dass die eigentlich berufene ausländische Norm nicht zur Anwendung gelangt. Dies gilt aber entsprechend dem Prinzip des geringstmöglichen Eingriffs in die fremde Rechtsordnung nur insoweit, wie das Ergebnis der Rechtsanwendung mit der deutschen öffentlichen Ordnung nicht zu vereinbaren ist.[81] Wie die durch die Anwendung des ordre public entstandene Regelungslücke ausgefüllt werden soll, lässt sich der Norm nicht entnehmen; der Gesetzgeber wollte auf diese Weise flexible und differenzierte Lösungen ermöglichen.[82] In der rechtswissenschaftlichen Diskussion werden zu dieser Frage unterschiedliche Lösungsansätze vertreten.[83] Die grundsätzliche internationalprivatrechtliche Entscheidung zugunsten der fremden Rechtsordnung spricht dafür, die Lösung auf materiellrechtlicher Ebene, und zwar primär in der eigentlich berufenen Rechtsordnung zu suchen.[84] Dagegen lässt sich allerdings einwenden, dass die so zu entwickelnde Lösung nur scheinbar dem fremden Recht entnommen wird, weil der eigentlichen Lösung des fremden Rechts die Geltung versagt wird.[85] Im Übrigen kommt dem deutschen Rechtsanwender eine einzelfallbezogene Befugnis zum Eingriff in fremdes Recht nicht zu.[86] Richtigerweise sollte daher von der Bildung neuer Sachnormen unter Berücksichtigung der grundsätzlichen Berufung ausländischen Rechts ausgegangen werden.[87] Bei der Bildung neuer Sachnormen kann es je nach den Umständen angemessen sein, sich auch an Rechtsordnungen, die mit dem ausländischen Recht verwandt sind, oder ersatzweise an

---

80 Vgl. *Voltz,* Menschenrechte, a.a.O., 268 und 307 f. Speziell zum menschenrechtlichen Mindeststandard vgl. *Looschelders,* RabelsZ 2001, 483 f.

81 *Sonnenberger,* in: Münchener Kommentar, Art. 6 EGBGB, Rz. 91; *Kropholler,* a.a.O., § 36 V.

82 *Blumenwitz,* in: *Staudinger*, Art. 6 EGBGB, Rz. 164; *Looschelders.* Internationales Privatrecht, Art. 6, Rz. 31.

83 Zu diesen ausführlich *Schwung,* Die Rechtsfolgen aus der Anwendung der ordre-public-Klausel im IPR, Mainz 1983, und *Schwung,* Das Ersatzrecht bei einem Verstoß des ausländischen Rechts gegen den ordre public, in: RabelsZ 1985, 407 ff.

84 *Blumenwitz,* in: *Staudinger*, Art. 6 EGBGB, Rz. 169, 171; *Heldrich,* in: *Palandt,* Art. 6 EGBGB, Rz. 13; *von Hoffmann/Thorn,* a.a.O., § 6 Rz. 154; *Kropholler,* a.a.O., § 36 V; *Spickhoff,* Der ordre public, 107; BGHZ 28, 375, 387; 120, 29, 37; vgl. *Sonnenberger,* in: Münchener Kommentar, Art. 6 EGBGB, Rz. 92, jeweils m.w.N.

85 *Kegel/Schurig,* a.a.O., § 16 VI.

86 *Von Bar/Mankowski,* a.a.O., Rz. 285.

87 *Scholz,* Erbrecht, 232; *Kegel/Schurig,* a.a.O., § 16 VI, jeweils m.w.N.

der lex fori zu orientieren, wenn das berufene ausländische Recht unergiebig ist.[88]

Für die praktische Handhabung ergeben sich daraus folgende Leitlinien: Lässt der deutsche ordre public nur eine Lösung zu, nämlich diejenige des deutschen materiellen Rechts, ist für eine vom deutschen Sachrecht abweichende und sich am ausländischen Recht ausrichtende Sachnorm kein Raum; vielmehr entspricht die neu zu bildende Sachnorm der deutschen Sachnorm.[89] Handelt es sich hingegen um eine „Alternativnorm", d. h. eine eine bestimmte Rechtsfolge anordnende oder nicht anordnende Rechtsnorm, lässt die ordre-public-Klausel die ausländische Norm ersatzlos entfallen; die ausländische Rechtslage ohne die betreffende Norm geht mit dem Kernbereich des deutschen Rechts konform, da feststeht, dass nur das Gegenteil der entfallenden Rechtsfolge mit dem deutschen ordre public vereinbar ist.[90] Derartige „Alternativnormen" stellen vor allem Verbots- oder sonstige beschränkende Normen[91] wie beispielsweise die Erbhindernisse der Religionsverschiedenheit[92] und der Apostasie[93] dar. In den übrigen Fällen, insbesondere bei „quantitativen" Konflikten[94] wie beispielsweise bei Verschollenheitsfristen[95], ist eine sachliche Lösung auf Tatbestands- oder Rechtsfolgenseite zu entwickeln, die einerseits soweit wie möglich der Regelung oder zumindest den Grundsätzen des ausländischen Rechts Rechnung trägt, aber andererseits im Einzelfall zu einer für den deutschen ordre public noch tolerablen Lösung gelangt.[96]

III. Wichtige Anwendungsfälle des ordre public

Aus der Vielzahl möglicher Anwendungsfälle des ordre public in Bezug auf ein islamisch geprägtes Erbrecht sind für die hiesige Erläuterung solche ausgesucht worden, die von grundsätzlicher Bedeutung und auch nicht offensichtlich mit dem deutschen ordre public vereinbar sind. Da die gebotene genaue Analyse des jeweiligen Schutzgehalts der einschlägigen universellen Menschenrechte unter

---

88 *Scholz,* Erbrecht, 232.

89 *Scholz,* Erbrecht, 232; *Kegel/Schurig,* a.a.O., § 16 VI; vgl. *Sonnenberger, in:* Münchener Kommentar, Art. 6 EGBGB, Rz. 95; *Looschelders,* Internationales Privatrecht, Art. 6, Rz. 32; *Kropholler,* a.a.O., § 36 V; *Schwung,* RabelsZ 1985, 421.

90 *Scholz,* Erbrecht, 232; *Schwung,* Die Rechtsfolgen, 109 ff; *Schwung,* RabelsZ 1985, 421; vgl. *Lorenz,* IPRax 1999, 431.

91 *Scholz,* Erbrecht, 232; vgl. *Sonnenberger,* in: Münchener Kommentar, Art. 6 EGBGB, Rz. 94 m.w.N.; *Looschelders,* Internationales Privatrecht, Art. 6, Rz. 33; *Kropholler,* a.a.O., § 36 V.

92 *Scholz,* Erbrecht, 282 f.

93 *Scholz,* Erbrecht, 289 ff.

94 *Looschelders,* Internationales Privatrecht, Art. 6, Rz. 31; *Lorenz,* IPRax 1999, 431.

95 Hierzu siehe *Scholz,* Erbrecht, 277 ff.

96 *Scholz,* Erbrecht, 233; *Kegel/Schurig,* a.a.O., § 16 VI; vgl. *Kropholler,* a.a.O., § 36 V; *Schwung,* RabelsZ 1985, 422 ff.

Berücksichtigung auch der Auslegung und Anwendung der völkerrechtlichen Bestimmungen in diesem Rahmen leider nicht vorgenommen werden kann, soll lediglich auf die relevanten grundrechtlichen Bestimmungen des Grundgesetzes abgestellt werden.

1. Beschränkungen der Testierfreiheit

Islamisch geprägtes Erbrecht kennt eine gewillkürte Erbfolge nicht. Die auf dem Koran basierende islam-rechtliche Erbfolge wird als eine auf Gottes Willen beruhende und damit nicht abdingbare gerechte Verteilung des Nachlasses unter den Familienangehörigen angesehen.[97] Das Fehlen einer gewillkürten Erbfolge könnte im Einzelfall wegen Verletzung der Erbrechtsgarantie des Art. 14 Abs. 1 GG zu einem Verstoß gegen den deutschen ordre public führen. Die als Menschenrecht ausgestaltete Erbrechtsgarantie des Art. 14 Abs. 1 GG schützt in Verbindung mit der Eigentumsgarantie die private Vermögensordnung, indem sie den Übergang des Privateigentums nach dem Tode des Rechtsträgers auf einen Rechtsnachfolger gewährleistet.[98] Es handelt sich um ein Individualrecht und eine Institutsgarantie,[99] deren zentrales Element die Testierfreiheit ist, d. h. die persönliche Freiheit des Eigentümers, über sein Vermögen auch über den Tod hinaus zu verfügen.[100] Diese Freiheit ist aber nur in ihrem Kernbestand verfassungsrechtlich geschützt; gemäß Art. 14 Abs. 1 S. 2 GG ist der Gesetzgeber gehalten, die Testierfreiheit rechtlich auszugestalten und darf ihr auch Schran-

---

97 *Scholz,* Erbrecht, 16 m.w.N.

98 *Depenheuer,* Art. 14 Rz. 516, in: *Stark/von Mangoldt/Klein* (Hrsg.), Kommentar zum Grundgesetz, Band 1, 5. Auflage, München 2005; *Berkemann,* in: *Umbach/Clemens*, Art. 14 Rz. 712; *Wendt,* in: *Sachs*, Art. 14 Rz. 193; vgl. BVerfGE 91, 346, 358; 93, 165, 173 f; BVerfG ZEV 2005, 301, 302.

99 Vgl. BVerfGE 19, 202, 206; 67, 329, 340; 91, 346, 358; 93, 165; 99, 341, 350; BVerfG ZEV 2005, 301, 302; *Papier,* Art. 14 Rz. 295, in: *Maunz/Dürig* (Hrsg.), Grundgesetz. Loseblatt, Stand: 43. Ergänzungslieferung, München Februar 2004; *Kimminich,* Art. 14 Rz. 125 ff und 128, in: *von Dolzer* u.a. (Hrsg.), Bonner Kommentar zum Grundgesetz. Loseblatt, Stand: 112. Aktualisierung, Heidelberg Juli 2004; *Bryde,* Art. 14 Rz. 46, in: *von Münch/Kunig*, Grundgesetz-Kommentar, Band I. 5. Auflage, München 2000; *Depenheuer, in: von Mangoldt/Klein,* Art. 14 Rz. 511; *Berkemann,* in: *Umbach/Clemens*, Art. 14 Rz. 713 f; *Wieland,* Art. 14 Rz. 65, in: *Dreier* (Hrsg.), Grundgesetz, Kommentar, Tübingen 1996; *Wendt,* in: *Sachs*, Art. 14 Rz. 194 f; *Sieckmann,* Art. 14 Rz. 214, 216, in: *Friauf/Höfling*, Berliner Kommentar zum Grundgesetz. Loseblatt, Stand: 2006, Berlin; *Rittstieg,* Art. 14/15 Rz. 143, in: *Denninger/Hoffmann-Riem/Schneider/Stein* (Hrsg.), Kommentar zum Grundgesetz für die Bundesrepublik Deutschland. 3. Auflage, Neuwied u.a. 2001; *Jarass,* Art. 14 Rz. 91, in: Jarass/Pieroth, Grundgesetz für die Bundesrepublik Deutschland. 7. Auflage, München 2004; *Leipold,* Erbrecht, Rz. 65.

100 BVerfGE 91, 346, 358; 99, 341, 350; *Depenheuer,* in: von Mangoldt/Klein, Art. 14 Rz. 512, 515; *Berkemann,* in: *Umbach/Clemens*, Art. 14 Rz. 713 und 723; *Bryde,* in: *von Münch/Kunig*, Art. 14 Rz. 47; *Wieland,* in: *Dreier*, Art. 14 Rz. 65 und 67; *Wendt,* in: *Sachs*, Art. 14 Rz. 194, 195, 197; *Sieckmann,* in: *Friauf/Höfling*, Art. 14 Rz. 214, 216; *Jarass,* in: *Jarass/Pieroth*, Art. 14 Rz. 91; *Leipold,* Erbrecht, Rz. 69.

ken ziehen.[101] Neben der Testierfreiheit umfasst die Erbrechtsgarantie nach zutreffender Auffassung auch das Ehegatten- und Verwandtenerbrecht.[102] Grundrechtsträger sind insoweit der Erblasser und der gesetzliche Erbe, letzterer jedenfalls nach Eintritt des Erbfalls.[103] Bei der Regelung der gesetzlichen Erbfolge muss sich der Gesetzgeber am objektivierten Erblasserwillen orientieren, woraus folgt, dass er das Eigentum grundsätzlich in privaten Händen belassen muss und der Staat nur subsidiär in den Genuss des Nachlasses kommen darf.[104]

Das gesetzliche Erbrecht an Ehe und Familie hat sich am verfassungsrechtlichen Schutz von Ehe und Familie in Art. 6 Abs. 1 GG auszurichten.[105] Dieser zielt von seiner Funktion her auf die Sicherung der Reproduktion und Sozialisation des Menschen.[106] Daher ist mit Familie jede enge und feste Bindung zwischen Kindern und Erwachsenen gemeint, in denen Kinder von Eheleuten aufwachsen. Dabei beschränkt sich die Familie ihrer Funktion nach – entgegen einer gewichtigen Meinung[107] – nicht nur auf die Kleinfamilie, sondern erfasst auch gelebte Großfamilien[108], was in der Praxis vor allem hinsichtlich der Großeltern von Relevanz ist. Im Rahmen des Verwandtenerbrechts kann sich das gesetzliche Erbrecht grundsätzlich nur auf leibliche Verwandte beziehen. Inwieweit außer den leiblichen Kindern und Eltern des Erblassers noch weitere Verwandte wie die Großeltern geschützt sind, obliegt der typisierenden und generalisierenden Entscheidung des Gesetzgebers, der dabei die soziale Häufigkeit von gelebten

---

101 *Depenheuer*, in: *von Mangoldt/Klein*, Art. 14 Rz. 522; *Jarass*, in: *Jarass/Pieroth*, Art. 14 Rz. 91; vgl. BVerfG ZEV 2005, 301, 302.

102 Zum Verwandtenerbrecht BVerfGE 91, 346, 358 f; 93, 165, 173; *Bryde*, in: *von Münch/Kunig*, Art. 14 Rz. 48; *Depenheuer*, in: *von Mangoldt/Klein*, Art. 14 Rz. 517 ff; *Papier*, in: *Maunz/Dürig*, Art. 14 Rz. 295; *Sieckmann*, in: *Friauf/Höfling*, Art. 14 Rz. 218; *Berkemann*, in: *Umbach/Clemens*, Art. 14 Rz. 727; *Wendt*, in: *Sachs*, Art. 14 Rz. 195 und 198; *Jarass*, in: *Jarass/Pieroth*, Art. 14 Rz. 91; *Leipold*, Erbrecht, Rz. 71; *Lange/Kuchinke*, Erbrecht. 5. Auflage, München 2001, § 2 IV 2; a. A. *Wieland*, in: *Dreier*, Art. 14 Rz. 67. – Zur Erfassung auch des Ehegatten vgl. *Depenheuer*, in: *von Mangoldt/Klein*, Art. 14 Rz. 518 und 521; *Bryde*, in: *von Münch/Kunig*, Art. 14 Rz. 48; *Papier*, in: *Maunz/Dürig*, Art. 14 Rz. 300 f; *Wendt*, in: *Sachs*, Art. 14 Rz. 198; *Leipold*, Erbrecht, Rz. 71.

103 *Berkemann*, in: *Umbach/Clemens*, Art. 14 Rz. 715; *Jarass*, in: *Jarass/Pieroth*, Art. 14 Rz. 91; vgl. BVerfGE 91, 346, 360; 93, 165, 174.

104 Vgl. *Depenheuer*, in: *von Mangoldt/Klein*, Art. 14 Rz. 518; *Bryde*, in: *von Münch/Kunig*, Art. 14 Rz. 49.

105 Vgl. *Depenheuer*, in: *von Mangoldt/Klein*, Art. 14 Rz. 518; *Bryde*, in: *von Münch/Kunig*, Art. 14 Rz. 48; *Papier, H.- J.*, in *Maunz/Dürig*, Art. 14 Rz. 300 f; *Wendt*, in: *Sachs*, Art. 14 Rz. 198.

106 *Gröschner*, in: *Dreier*, Art. 6 Rz. 37.

107 BVerfGE 48, 327, 339; *Schmitt-Kammler*, in: *Sachs*, Art. 6 Rz. 16 m.w.N.; *Umbach*, in: *Umbach/Clemens*, Art. 6 Rz. 29; vgl. BVerfGE 76, 1, 43; vgl. *Coester-Waltjen*, in: *von Münch/Kunig*, Art. 6 Rz. 11.

108 Wie hier *Pieroth*, in: *Jarass/Pieroth*, Art. 6 Rz. 4; *Richter*, in: *Denninger/Hoffmann-Riem*, Art. 6 Rz. 15 a; *Gröschner*, in: *Dreier*, Art. 6 Rz. 77 m.w.N., ferner *Scholz*, Erbrecht, 239.

Großfamilien zu berücksichtigen hat. Danach haben außer dem hinterbliebenen Ehegatten auch Kinder, Eltern und – je nach Ausgestaltung des Gesetzgebers – insbesondere auch Großeltern einen gesetzlichen Anspruch auf Beteiligung am Nachlass von Verfassungsrang.[109]

Der verfassungsrechtliche Gehalt des Verwandtenerbrechts geht nach zutreffender Ansicht über dessen Verständnis als subsidiäres gesetzliches Erbrecht hinaus und stellt eine Mindestbeteiligung naher Angehöriger am Nachlass sicher[110], ohne allerdings dessen rechtliche Ausgestaltung vorzugeben. Das hat das Bundesverfassungsgericht kürzlich für die Kinder des Erblassers ausdrücklich anerkannt.[111] Der verfassungsrechtliche Schutz von Ehe- und Familie ist nicht nur zu beachten, wenn eine letztwillige Verfügung über den Nachlass fehlt, sondern auch, wenn eine solche vorhanden ist. In diesem Fall sind die verfassungsrechtlich geschützten Prinzipien der Testierfreiheit und des Ehegatten- und Verwandtenerbrechts derart miteinander zum Ausgleich zu bringen, dass einerseits das Ehegatten- und Verwandtenerbrecht unter dem Vorbehalt der Testierfreiheit steht, andererseits die Testierfreiheit eine Schranke in der Beteiligung des hinterbliebenen Ehegatten sowie der engeren Verwandten hat, die der Gesetzgeber näher auszugestalten hat.[112]

In internationalprivatrechtlichen Sachverhalten kann die Erbrechtsgarantie sowohl als subjektives Recht als auch in seiner objektiv-rechtlichen Funktion einschlägig sein. Der Schutzbereich des Grundrechts erfasst in beiderlei Hinsicht auch Auslandssachverhalte, allerdings mit unterschiedlichen Anforderungen an die Inlandsbeziehung: Handelt es sich um einen Sachverhalt aus einer Gesellschaftsordnung, die unserer Vorstellung von der Gewährleistung privaten Eigentums zur Sicherung der persönlichen Freiheit insbesondere auch beim Tode des Rechtsträgers teilt, genügt für die subjektiv-rechtliche Komponente des Grundrechts eine geringe Inlandsbeziehung, um den grundgesetzlichen Schutz eingreifen zu lassen. Insbesondere ist bereits der einfache Aufenthalt des Betroffenen im Inland ausreichend. Betrifft der Sachverhalt eine andere Gesellschaftsordnung oder den Schutz des Instituts Erbrecht in der inländischen Gesellschaft, bedarf es eines wesentlich engeren Inlandsbezugs, in der Regel des ständigen Aufenthalts der betroffenen Person oder der Belegenheit eines betroffenen Nachlassgegenstands im Inland.[113]

---

[109] Vgl. *Bryde,* in: *von Münch/Kunig,* Art. 14 Rz. 48; *Papier,* in: *Maunz/Dürig,* Art. 14 Rz. 300 f; *Wendt,* in: *Sachs,* Art. 14 Rz. 198.

[110] *Papier,* in: *Maunz/Dürig,* Art. 14 Rz. 295; *Berkemann,* in: *Umbach/Clemens,* Art. 14 Rz. 717; *Bryde,* in: *von Münch/Kunig,* Art. 14 Rz. 48; *Wendt,* in: *Sachs,* Art. 14 Rz. 200; a. A. *Wieland,* in: *Dreier,* Art. 14 Rz. 67; *Rittstieg,* in: *Denninger/Hoffmann-Riem,* Art. 14 Rz. 148.

[111] BVerfG ZEV 2005, 301, 303.

[112] *Papier,* in: *Maunz/Dürig,* Art. 14 Rz. 302; vgl. *Bryde,* in: *von Münch/Kunig,* Art. 14 Rz. 47 f; *Wieland,* in: *Dreier,* Art. 14 Rz. 67.

[113] *Scholz,* Erbrecht, 241; insoweit zu undifferenziert *Pauli,* a.a.O., 170 und 178.

Die islamisch geprägten Staaten verfügen über Wirtschaftsordnungen, die auf privatem Eigentum aufbauen oder privates Eigentum zumindest zulassen.[114] Dies entspricht den traditionellen Vorstellungen einer islamischen Gesellschafts- und Wirtschaftsordnung. Nach der traditionellen islamischen Wirtschaftslehre, die der christlichen Auffassung nahe kommt, darf der Mensch als Stellvertreter Gottes auf Erden über die irdischen Güter verfügen, aber nur unter Beachtung des göttlichen Willens. Privateigentum wird demnach zur Befriedigung legitimer Bedürfnisse gebilligt, und zwar nach ganz überwiegender Auffassung auch an Produktionsmitteln und Boden.[115] Dieses Privateigentum wird auch im Falle des Todes seines Eigentümers geschützt, wenngleich dem Ehegatten- und Verwandtenerbrecht eine wesentlich stärkere Stellung als der Testierfreiheit im Vergleich zum deutschen Erbrecht eingeräumt wird. Besteht demnach insoweit zumindest eine Werteähnlichkeit zu unserer Gesellschaft, vermag der grundgesetzliche Schutz des Art. 14 Abs. 1 GG als Abwehrrecht einzugreifen, sofern nur eine geringe Inlandsbeziehung die Anwendung deutscher Grundrechte rechtfertigt.[116]

Dem Erblasser ist zwar in einem islamisch geprägten Erbrecht eine letztwillige Erbfolge verwehrt, nicht jedoch die Aussetzung eines Vermächtnisses. Die Position des Vermächtnisnehmers ist in den islamisch geprägten Rechtsordnungen gegenüber derjenigen des Erben kaum schlechter, da das Vermächtnis im Gegensatz zum deutschen Recht keine schuldrechtliche, sondern dingliche Wirkung entfaltet und es zu erfüllen ist, bevor der verbleibende Nachlass an die Erben verteilt wird.[117] Die Möglichkeit, ein Vermächtnis auszusetzen, kann somit das Fehlen einer gewillkürten Erbfolge grundsätzlich kompensieren. Allerdings kann der Erblasser in vielen Rechtsordnungen lediglich über ein Drittel seines Vermögens letztwillig verfügen und verbleibt es im Übrigen bei der gesetzlich vorgesehenen Erbfolge grundsätzlich zugunsten des überlebenden Ehegatten und seiner Verwandten.[118]

Auch wenn diese Beschränkung der Verfügungsfreiheit beträchtlich ist, so ist zu berücksichtigen, dass die Testierfreiheit des Art. 14 Abs. 1 GG durch das gleichfalls dem Schutz der Erbrechtsgarantie unterfallende Ehegatten- und Verwandtenerbrecht beschränkt wird. Dieses erfordert angesichts des Schutzes von Ehe und Familie in Art. 6 Ab 1 GG eine angemessene Beteiligung des überlebenden Ehegatten und naher Verwandter am Nachlass, wobei die Beteiligung nicht notwendigerweise mit der Einräumung einer Erbenstellung verbunden sein muss.[119]

---

114 *Scholz,* Erbrecht, 241.
115 *Scholz,* Erbrecht, 241; *Nienhaus,* 62 f, 89 f.
116 *Scholz,* Erbrecht, 242.
117 *Scholz,* Erbrecht, 144 f und 164 ff.
118 *Scholz,* Erbrecht, 137 ff.
119 *Scholz,* Erbrecht, 243.

Diese grundrechtlich erforderliche Beteiligung wird im deutschen Recht über das zwingende Pflichtteilsrecht einfachrechtlich gewährleistet, das aufgrund des grundgesetzlichen Schutzes von Ehe und Familie in Art. 6 Abs. 1 GG in seiner Ausgestaltung schon bisher allgemein als verfassungskonform,[120] nach neuester Rechtsprechung des Bundesverfassungsgerichts sogar als grundrechtlich gewährleistet angesehen wird.[121] Dabei kann sich der Pflichtteil bzw. die Summe der Pflichtteile auf die Hälfte des Nachlasswertes erstrecken, nämlich wenn der Erblasser nur Pflichtteilsberechtigte hinterlässt (vgl. § 2303 BGB).

Aber auch eine Erstreckung der Pflichtteile auf zwei Drittel des Nachlasswertes würde verfassungsrechtlich noch keinen Bedenken begegnen. Die Erbrechtsgarantie schützt die private Vermögensordnung über den Tod der privaten Eigentümer hinaus. Der Bestand dieser Vermögensordnung ist gesichert, wenn privater Nachlass grundsätzlich in privater Hand verbleibt und nicht an den Staat fällt. Dem Aspekt der Privatautonomie, die erbrechtlich in der Testierfreiheit ihren Ausdruck findet, kommt dementsprechend nur eine zweitrangige Bedeutung zu. Den Bestand der privaten Vermögensordnung vorrangig über das Ehegatten- und Verwandtenerbrecht zu gewährleisten, ist daher jedenfalls dann nicht zu beanstanden, wenn die Testierfreiheit noch in nennenswertem Umfang gewahrt bleibt. Das ist bei einem Drittel frei verfügbaren Nachlasses der Fall.

Die Beschränkung der Testierfreiheit in einem islamisch geprägten Erbrecht auf bis zu einem Drittel des Nachlasses begegnet demnach grundgesetzlich dann keinen Bedenken, wenn sie sich zugunsten des erbenden hinterbliebenen Ehegatten sowie solcher Erben auswirkt, die zu den engen Familienangehörigen i. S. d. Art. 6 Abs. 1 GG wie den Abkömmlingen, den Eltern und den Großeltern gehören.[122] Dann wird man entsprechend dem deutschen Pflichtteilsrecht die Beschränkung der Verfügungsbefugnis auf lediglich ein Drittel des Nachlasses

---

120 BVerfGE 91, 346, 359 f; *Bryde*, in: *von Münch/Kunig*, Art. 14 Rz. 48. Zur bisherigen Diskussion, ob das Pflichtteilsrecht grundrechtlich gewährleistet ist, siehe beispielsweise *Berkemann*, in: *Umbach/Clemens*, Art. 14 Rz. 717; *Depenheuer*, in: *von Mangoldt/Klein*, Art. 14 Rz. 520; *Bryde*, in: *von Münch/Kunig*, Art. 14 Rz. 48; *Wieland*, in: *Dreier*, Art. 14 Rz. 67, jeweils m.w.N.

121 Nach BVerfG, NJW 2005, 1561 ff = ZEV 2005, 301 ff = FamRZ 2005, 1441 ff wird die grundsätzlich unentziehbare und bedarfsunabhängige wirtschaftliche Mindestbeteiligung der Kinder des Erblassers an dessen Nachlass durch die Erbrechtsgarantie des Art. 14 Abs. 1 S. 1 i.V.m. Art. 6 Abs. 1 GG gewährleistet. Zustimmend die Anmerkungen von *Otte*, Die Nichtigkeit letztwilliger Verfügungen wegen Gesetzes- oder Sittenwidrigkeit, in: JZ 2005, 1007 ff, *Schöpflin*, Verfassungsmäßigkeit des Pflichtteilsrecht und Pflichtteilsentziehung, in: FamRZ 2005, 2025 ff, *Gaier*, Die Bedeutung der Grundrechte für das Erbrecht, in: ZEV 2006, 2 ff; kritisch *Kleensang*, Familienerbrecht versus Testierfreiheit – Das Pflichtteilsentziehungsrecht auf dem Prüfstand des Bundesverfassungsgericht, in: ZEV 2005, 277 ff, und *Stüber*, BVerfG zum Pflichtteilsrecht: Kein Beitrag zu mehr Klarheit, in: NJW 2005, 2122 ff.

122 *Scholz*, Erbrecht, 236 ff.

hinzunehmen haben.[123] Im Übrigen aber, insbesondere wenn gesetzliche Erben lediglich Seitenverwandte sind, lässt sich eine Beschränkung der Testierfreiheit nicht rechtfertigen. Lässt sich nicht feststellen, dass der Erblasser mit dieser Beschränkung einverstanden ist, liegt eine Verletzung der Erbrechtsgarantie vor, die mangels Kompensation den ordre public eingreifen lässt.[124]

Die Testierfreiheit in den islamisch geprägten Rechtsordnungen sunnitischer Ausrichtung[125] unterliegt zumeist noch einer weiteren Einschränkung: Letztwillig verfügt werden kann lediglich in Bezug auf andere Personen als die gesetzlich berufenen Erben, es sei denn, die betroffenen Erben stimmen einer entsprechenden Verfügung des Erblassers zu.[126] Das bedeutet, die erbrechtliche Position eines gesetzlichen Erben im Verhältnis zu den anderen Erben kann in keiner Weise einseitig letztwillig beeinflusst werden; ein Erbe kann weder von der Erbfolge ausgeschlossen oder sein Anteil gegenüber den anderen Anteilen einseitig verringert werden, noch kann der Erblasser ihm einen größeren Anteil am Nachlass als den anderen Erben letztwillig zukommen lassen.[127] Dementsprechend hat die weitere Betrachtung zwischen der relativen Verschlechterung und Verbesserung der Position eines Erben zu unterscheiden:

Soweit es sich um den hinterbliebenen Ehegatten oder enge Familienangehörige handelt, deren hinreichende erbrechtliche Beteiligung gemäß Art. 14 Abs. 1 GG i.V.m. Art. 6 Abs. 1 GG verfassungsrechtlich geschützt ist, begegnet es keinen Bedenken, dass der Erblasser deren gesetzliche erbrechtliche Position letztwillig im Verhältnis zu den anderen Erben nicht einseitig verschlechtern kann. Zwar kann der Erblasser im deutschen Recht die engen Angehörigen durchaus letztwillig auf einen gegenüber dem gesetzlichen Erbteil geringeren Anteil, nämlich bis zum Umfang des Pflichtteils setzen. Jedoch hält sich auch ein Ausschluss einer solchen Reduzierungsmöglichkeit im Rahmen des dem Gesetzgeber für einen Ausgleich der Testierfreiheit einerseits und des Ehegatten- und Verwandtenerbrechts andererseits zukommenden gesetzgeberischen Spielraums Folglich ist eine derartige Einschränkung der Testierfreiheit angesichts des grundgesetzlichen Schutzes der Familie durch Art. 6 Abs. 1 GG noch mit Art. 14 Abs. 1 GG

---

123 *Scholz,* Erbrecht, 244; *Dörner,* in: Staudinger, Art. 25 EGBGB, Rz. 697; *Dörner,* Internationales Erbrecht, 88; *Eule,* Probleme der praktischen Anwendung des islamischen Erbrechts. in: Deutsches Anwaltsinstitut e. V., Fachinstitut für Notare (Hrsg.): Deutsch-Islamischer Rechtsverkehr in der notariellen Praxis, Bochum 2001, 94 ff, 102; *Stöcker,* Der internationale ordre public, in: RabelsZ 1974, 119; *Scholz,* Tunesien, a.a.O., 14; *Scholz,* Ägypten, a.a.O., 11. Zu Recht wurde auch in LG Hamburg, IPRspr. 1991 Nr. 142, ein ordre-public-Verstoß verneint.

124 *Scholz,* Erbrecht, 244.

125 Zur schiitischen Auffassung siehe *Ebert*, Erbrecht, 141.

126 *Scholz,* Erbrecht, 135 ff.

127 *Scholz,* Erbrecht, 244.

vereinbar, ohne dass Art. 6 Abs. 1 GG eine derartige Absicherung der Kernfamilie verfassungsrechtlich gebieten muss.[128]

Hinsichtlich der entfernteren Verwandtschaft, die nicht vom Schutzbereich des Art. 6 Abs. 1 GG umfasst wird, lässt sich eine Beschränkung der von Art. 14 Abs. 1 GG geschützten Testierfreiheit hinsichtlich des Ausschlusses oder der Reduzierung ihrer Erbanteile nicht begründen. Der Erblasser kann ein berechtigtes Interesse daran haben, sein Vermögen anderen Personen als seinen entfernten Verwandten zukommen zu lassen, weil ihm diese Personen im Leben wesentlich näher standen, er möglicherweise mit ihnen zu Lebzeiten gemeinsame Aktivitäten begonnen hat, deren Fortsetzung nach seinem Tod er mit der Zuwendung seines Vermögens sicherstellen will. Daher muss er entfernte Verwandte grundsätzlich von der Erbfolge ausschließen oder ihre Anteile reduzieren können.[129]

Diese Auslegung muss aber für Auslandssachverhalte nicht zwingend sein. Der überregionale internationale Schutz des Eigentums erscheint als zu wenig ausdifferenziert, um ihm eine entsprechende Gewährleistung entnehmen zu können. In den meisten islamisch geprägten Gesellschaften kommt der Familie auch über die Kernfamilie hinaus noch eine deutlich stärkere Bedeutung zu. Zwar ist auch hier die Kernfamilie auf dem Vormarsch, weitergehende Familienbande spielen aber rechtlich wie sozial noch eine wesentlich stärkere Rolle, was sich auch in der Ausgestaltung des Familien- und Erbrechts niederschlägt. Daher wird man insoweit die Art und Stärke der Inlandsbeziehung dafür maßgeblich sein lassen müssen, ob und inwieweit der Schutzbereich der Testierfreiheit bei Auslandssachverhalten durch die erbrechtliche Stellung von Verwandten teleologisch eingeschränkt wird. Ist die Inlandsbeziehung schwach oder beruht sie nicht auf einer Integration in die inländische Gesellschaft, ist der Erblasser mithin noch in den traditionellen heimischen Familienstrukturen verhaftet oder orientiert er sich an ihrem Leitbild, berührt es den verfassungsrechtlichen Schutzbereich der Testierfreiheit nicht, wenn Verwandte – auch entfernte – erbrechtlich nicht ausgeschlossen oder ihre Erbanteile nicht reduziert werden können. Andernfalls ist der Schutzbereich berührt, so dass bei entfernten Verwandten der ordre public eingreifen kann.[130]

Soweit ein Vermächtnis nicht zugunsten eines Erben ausgesetzt, also dessen Anteil am Nachlass nicht im Wege des Vermächtnisses erhöht werden kann, ist ein Eingriff in den verfassungsrechtlich geschützten Kernbereich der Testierfreiheit im Einzelfall unter mehreren Aspekten möglich:

---

128 *Scholz,* Erbrecht, 244 f.
129 *Scholz,* Erbrecht, 245.
130 *Scholz,* Erbrecht, 245 f.

Erstens lässt sich eine entsprechende Beschränkung hinsichtlich der durch Art. 6 Abs. 1 GG geschützten engen Familienangehörigen nicht vereinbaren; gerade bei diesen mag der Erblasser ein besonderes Interesse daran haben, ihnen über den Erbteil hinaus noch Vermögen zuzubilligen. Will der Erblasser beispielsweise seiner schwer kranken und nicht vermögenden Ehefrau Vermögen zum Zwecke ihrer Behandlung und Betreuung zuwenden und genügt der der Ehefrau zustehende Erbteil von einem Viertel dazu nicht aus, hat er ein schützenswertes Interesse daran, ihr noch ein Vermächtnis in Höhe des verfügbaren Drittels zuzuwenden.[131] – Zweitens ist es aus der Sicht des Erblassers nicht sachlich begründbar, warum er zwar einem Nichterben ein Drittel seines Nachlasses soll zuwenden können, nicht aber einem seiner Erben, wenn dessen Erbteil kleiner als ein Drittel ist. Der das islamische Erbrecht prägende Gedanke einer göttlichen und damit unabänderlichen Verteilung des Nachlasses unter dem hinterbliebenen Ehegatten und den Verwandten ist dem deutschen Recht fremd. Er vermag auch unter dem Gesichtspunkt der Religionsfreiheit des Art. 4 Abs. 1, 2 GG keine Beachtung finden, da das islamische Erbrecht lediglich das Verhältnis zwischen den Menschen und nicht zu Gott betrifft, es mithin nicht der Religionsausübung zugerechnet werden kann.[132] – Im Übrigen könnte der Erblasser die Beschränkung auch regelmäßig umgehen, indem er dem Erben, den er begünstigen will, vor seinem Ableben Vermögen in Form einer Schenkung zukommen lässt.[133]

Aus diesen Erwägungen heraus ist von einem Eingriff in den Schutzbereich des Art. 14 Abs. 1 GG jedenfalls dann auszugehen, wenn der Erblasser ein besonderes legitimes Interesse hat, einem bestimmten Erben Vermögen zuzubilligen und diesem Interesse der dem Erben gesetzlich zustehende Erbteil in keiner Weise gerecht wird. Mangels Rechtfertigung des Grundrechtseingriffs und mangels Kompensation würde dann der ordre public wegen Verletzung der Erbrechtsgarantie eingreifen.[134]

Rechtsfolge von Verstößen gegen die in Art. 14 Abs. 1 GG geschützte Erbrechtsgarantie durch die dargelegten Beschränkungen der Testierfreiheit ist deren ersatzloser Fortfall, da es sich bei ihnen um sog. „Alternativnormen" handelt. Bei diesen ist nur das Gegenteil der entfallenden Rechtsfolge mit dem deutschen ordre public vereinbar.[135]

---

[131] *Scholz,* Erbrecht, 246.

[132] *Scholz,* Erbrecht, 246; vgl. *El Baradie,* Gottes-Recht und Menschen-Recht, Baden-Baden 1983, 44.

[133] *Scholz,* Erbrecht, 247; zu Schenkungen des Erblassers siehe *Scholz,* Erbrecht, 197 m.w.N.

[134] *Scholz,* Erbrecht, 247.

[135] *Scholz,* Erbrecht, 248.

2. Abstammungs- und geschlechtsbezogene Differenzierungen

a) Eingriffe in grundrechtliche Gewährleistungen

Sunnitisch geprägtes Erbrecht islamischer Staaten geht entsprechend dem traditionellen Erbrecht der sunnitischen Rechtsschulen von Erben unterschiedlicher Kategorien aus, denen abstammungsbezogene Differenzierungen zugrunde liegen, die sich zumeist aber auch geschlechtsunterscheidend auswirken. Die koranische Erbfolge begünstigt bestimmte Angehörige der Kernfamilie, vor allem Ehegatten und enge weibliche Verwandte, die allein aufgrund ihrer agnatischen oder kognatischen Stellung als erbrechtlich nicht hinreichend bedacht gelten.[136] Die agnatische, d. h. an männlichen Verwandten der männlichen Linie orientierende, Erbfolge fußt auf patriarchalischem Denken und schließt Frauen weitgehend aus[137]. Die nur teilweise zu findende letztrangige kognatische Erbfolge betrifft sonstige Verwandte.[138] Darüber hinaus wird innerhalb der einzelnen Kategorien abstammungs- und geschlechtsbezogen differenziert. Was die Abstammung angeht, so wird zwischen Vollbürtigkeit, Halbbürtigkeit väterlicherseits und Halbbürtigkeit mütterlicherseits, zwischen Abstammung von koranischen, agnatischen und kognatischen Erben sowie zwischen väterlicher und mütterlicher Linie angehörig differenziert.

Die sich aus diesen Differenzierungen ergebende Unterschiedlichkeit der Erbfolge von Verwandten kann – dies bedarf jeweils der Einzelfallprüfung – zu Ergebnissen führen, die angesichts der grundrechtlichen absoluten Verbote der abstammungs- und geschlechtsbezogenen Differenzierung (Art. 3 Abs. 2, Abs. 3 GG) die Vorbehaltsklausel eingreifen lassen. Soweit wegen der Abstammung bzw. des Geschlechts differenziert wird, kommen unmittelbare Grundrechtseingriffe in Betracht. Soweit sich abstammungsbedingte Differenzierungen auch als geschlechtliche Unterscheidungen auswirken, kommt neben dem unmittelbaren noch ein mittelbarer Grundrechtseingriff in Betracht, der gleichfalls zur Anwendung der ordre-public-Klausel zu führen vermag.

Die grundrechtlichen Differenzierungsverbote aus Art. 3 Abs. 2, Abs. 3 GG werden heute weitgehend und zutreffend als absolute Verbote verstanden, nach denen die dort aufgezählten Merkmale grundsätzlich nicht als Anknüpfungspunkt für eine rechtliche Ungleichbehandlung verwendet werden dürfen, auch wenn eine Regelung vorrangig andere Ziele verfolgt.[139] Es handelt sich sowohl um subjektive Grundrechte als auch um objektive Rechtsprinzipien.[140] Ihre Be-

---

[136] *Scholz,* Erbrecht, 57 ff.

[137] *Scholz,* Erbrecht, 79 ff.

[138] *Scholz,* Erbrecht, 102 ff.

[139] BVerfGE 85, 191, 206; *Sacksofsky,* in: *Umbach/Clemens*, Art. 3 Rz. 307, 312; vgl. *Heun,* in: Dreier, Art. 3 Rz. 118; a. A. *Osterloh,* in: *Sachs*, Art. 3 Rz. 239 ff.

[140] *Osterloh,* in: *Sachs*, Art. 3 Rz. 233 f; vgl. *Jarass,* in: *Jarass/Pieroth,* Art. 3 Rz. 105.

einträchtigung setzt eine Benachteiligung in Abhängigkeit von einem der genannten Differenzierungsmerkmale voraus.[141] Nach bestrittener Auffassung erfasst Art. 3 Abs. 3 GG lediglich unmittelbare Benachteiligungen.[142] Mittelbare Benachteiligungen hinsichtlich des Geschlechts werden mehr und mehr Art. 3 Abs. 2 GG zugeordnet.[143] Erbrechtliche Regelungen im Wege der teleologischen Reduktion bereits aus dem Tatbestand des Grundrechts auszuschließen,[144] hieße den Grundrechtsschutz von vornherein zu verkürzen, ohne dass der Wortlaut des Grundrechts dafür einen Anhaltspunkt liefert.[145]

Die absoluten Diskriminierungsverbote der Art. 3 Abs. 2, Abs. 3 GG sind vom Grundgesetzgeber als Menschenrecht ausgestaltet. Sie stehen in besonderer Nähe zur in Art. 1 Ab 1 GG geschützten Menschenwürde, da die in Art. 3 Abs. 3 GG genannten Merkmale die Identität der Menschen wesentlich prägen und teilweise grundsätzlich unveränderlich oder das Ergebnis der Ausübung eines verfassungsrechtlich geschützten Freiheitsrechts sind.[146] Die Diskriminierungsverbote entsprechen – wie bereits oben dargelegt wurde – internationalem Standard, da sie Gegenstand auch des Völkergewohnheitsrechts und internationaler Abkommen sind.[147] Aus diesen Gründen gelten die Diskriminierungsverbote des Art. 3 Abs. 3 GG uneingeschränkt auch in Fällen mit Auslandsberührung.[148] Eines Inlandsbezugs bedarf es mithin lediglich, um eine Prüfung des Auslandssachverhalts am deutschen Recht überhaupt zu rechtfertigen. An ihn sind folglich nur geringe Anforderungen zu stellen; regelmäßig genügt es bereits, wenn die internationale Zuständigkeit der deutschen Gerichte gegeben ist.[149]

Unmittelbar abstammungsbedingte und gegebenenfalls auch mittelbar geschlechtsbedingte Benachteiligungen in sunnitisch-islamisch geprägtem Erbrecht sind beispielsweise folgende:[150] Bei den Kindern wird zwischen den koranisch erbberechtigten Töchtern (Erbanteil von der Hälfte bzw. zwei Drit-

---

141 *Jarass*, in: *Jarass/Pieroth*, Art. 3 Rz. 88.

142 *Heun*, in: *Dreier*, Art. 3 Rz. 103; *Sacksofsky*, in: *Umbach/Clemens*, Art. 3 Rz. 315 m.w.N.; a. A. *Osterloh*, in: *Sachs*, Art. 3 Rz. 255 ff; *Jarass*, in: *Jarass/Pieroth*, Art. 3 Rz. 107.

143 *Heun*, in: *Dreier*, Art. 3 Rz. 108; *Sacksofsky*, in: *Umbach/Clemens*, Art. 3 Rz. 362 ff; *Gubelt*, in: *von Münch/Kunig*, Art.3 Rz. 86; vgl. BVerfGE 87, 1, 42.

144 So *Osterloh*, in: *Sachs*, Art. 3 Rz. 256.

145 *Scholz*, Erbrecht, 255.

146 *Scholz*, Erbrecht, 254; *Sacksofsky*, in: *Umbach/Clemens*, Art. 3 Rz. 291; vgl. *Heun*, in: *Dreier*, Art. 3 Rz. 116; *Neuner*, JZ 2003, 57, 62.

147 Hierzu näher *Huster*, in: *Friauf/Höfling*, Art. 3 Rz. 9 ff; *Sacksofsky*, in: *Umbach/Clemens*, Art. 3 Rz. 284; *Neuner*, JZ 2003, 57, 59 f.

148 *Scholz*, Erbrecht, 254; ähnlich *Looschelders*, RabelsZ, 2001, 486 f; vorsichtiger hingegen OLG Hamm ZEV 2005, 436, 438 = FamRZ 2005, 1705, 1709.

149 A. A. *Pauli*, a.a.O., 178, der die deutsche Staatsangehörigkeit der benachteiligten Frau oder ihren gewöhnlichen Aufenthalt im Inland verlangt.

150 *Scholz*, Erbrecht, 259 ff.

teln) sowie den agnatisch erbberechtigten Söhnen (Resterben nach Abzug der koranischen Erbanteile) unterschieden.[151] Zu Benachteiligungen kommt es, wenn nur eine oder mehrere Töchter oder nur ein oder mehrere Söhne vorhanden sind und deren Erbanteile geringer sind, als wenn sie das jeweils andere Geschlecht hätten.[152] Sind Töchter und Söhne gleichzeitig vorhanden, ist jedenfalls eine abstammungsbezogene Ungleichbehandlung ausgeschlossen, da die Töchter von den Söhnen agnatisiert werden.[153] Was die Eltern angeht, so ist die Mutter immer koranische Erbin (Erbanteil von einem Drittel bzw. einem Sechstel), während der Vater koranischer Erbe (Erbanteil von einem Sechstel), agnatischer Erbe oder beides sein kann.[154] Dies kann zu einer Benachteiligung der Mutter führen,[155] während eine mögliche Benachteiligung des Vaters insbesondere deswegen ausgeschlossen ist, weil der Vater die Mutter in bestimmten Fällen agnatisiert.[156]

Unmittelbar geschlechtsbedingt benachteiligt sind Frauen vor allem dadurch, dass ihnen nur ein halb so großer Erbanteil wie dem entsprechenden Mann zusteht: So erbt die hinterbliebene Ehegattin als koranische Erbin nur halb so viel (ein Viertel oder ein Achtel) wie der hinterbliebene Ehegatte (die Hälfte oder ein Viertel).[157] Werden koranische Erbinnen durch entsprechende männliche Verwandte agnatisiert, teilen sie sich den agnatischen Erbanteil in der Weise, dass die Frauen nur halb so viel wie die Männer bekommen.[158] Auch unter den kognatischen Erben werden mit Ausnahme der Erben der ersten Klasse Erbanteile zwischen Männern und Frauen im Verhältnis 2 zu 1 verteilt.[159]

---

151 *Scholz,* Erbrecht, 67 f und 81 f.

152 Eine Benachteiligung einer oder mehrerer Töchter, deren Erbteil die Hälfte bzw. zwei Drittel beträgt, liegt vor, wenn es keine oder wenige weitere koranische Erben gibt, so dass ein oder mehrere Söhne mehr als die Hälfte bzw. zwei Drittel des Nachlasses als agnatische Resterben erben würden. Ein oder mehrere Söhne sind hingegen benachteiligt, wenn mehr als die Hälfte bzw. ein Drittel des Nachlasses an andere koranische Erben geht (*Scholz,* Erbrecht, 67 f und 83 ff).

153 *Scholz,* Erbrecht, 67 f und 83 ff.

154 *Scholz,* Erbrecht, 75 f und 81 f.

155 Wird der Vater – eigentlich ein agnatischer Erbe – bei miterbenden Abkömmlingen zum koranischen Erben, steht ihm im Gegensatz zur Mutter neben dem koranischen Erbanteil auch noch der nach Abzug der koranischen Erbanteile verbleibende Rest als agnatischer Erbe zu, wenn der Abkömmling eine Tochter ist (*Scholz,* Erbrecht, 75 f und 81 f).

156 Wenn der Vater mangels Abkömmlingen nur agnatischer Erbe ist, scheidet ein faktischer Ausschluss des Vaters von der Erbschaft durch andere koranische Erben aus, weil diese neben dem Vater oder neben der Mutter nicht erben (*Scholz,* Erbrecht, 75 f und 81 f).

157 *Scholz,* Erbrecht, 66 f.

158 *Scholz,* Erbrecht, 67 f und 71 f und 83 ff.

159 *Scholz,* Erbrecht, 102 ff.

b) Untragbarkeit der Ergebnisse der Rechtsanwendung

Auf das Ergebnis der Rechtsanwendung schlagen die grundrechtsrelevanten Benachteiligungen durch, wenn diese nicht anderweitig kompensiert werden oder sich das Ergebnis nicht auf rechtmäßige Weise auch nach deutschem Recht erzielen ließe.

Ein vermögensmäßiger Ausgleich der erbrechtlichen Benachteiligungen könnte durch bestehende Unterhaltspflichten der begünstigten Erben oder durch Brautgabeansprüche erbrechtlich benachteiligter Frauen gegeben sein.[160] Allerdings fehlt es hierfür oft an der erforderlichen kollisionsrechtlichen Berufung des islamisch geprägten Rechts auch hinsichtlich der Begünstigungen.[161] Der zudem notwendige „innere Zusammenhang" zwischen der Benachteiligung und der Besserstellung[162] liegt aber vor. Die erbrechtliche Benachteiligung wie die genannten unterhalts- und brautgaberechtlichen Begünstigungen beruhen nämlich regelmäßig gleichermaßen auf der Vorstellung von der Geschlechterkomplementarität, nach der der Frau andere, aber gleichwertige Rechte und Pflichten wie dem Mann zustehen.

Eine Kompensation durch Unterhaltspflichten erfordert weiter, dass der erbrechtlich Bevorzugte auch tatsächlich Unterhaltsansprüchen in entsprechender Höhe ausgesetzt ist oder war. Dies setzt die Existenz eines Unterhaltsberechtigten, dessen Bedürftigkeit und die Leistungsfähigkeit des Begünstigten voraus.[163] Weiter muss hinzukommen, dass die in der alleinigen Unterhaltspflichtigkeit liegende Benachteiligung des erbrechtlich Begünstigten ebenfalls vor dem deutschen ordre public Bestand hat. Dies ist lediglich dann der Fall, wenn die unterhaltsrechtliche Benachteiligung ihrerseits anderweitig vermögensmäßig kompensiert wird, insbesondere durch die erbrechtliche Besserstellung des Unterhaltsverpflichteten. Es ist somit ein umfassender Vergleich der Vermögenslage des Begünstigten und des Benachteiligten durchzuführen, um zu ermitteln, ob sich die gegenseitigen Benachteiligungen aufheben und daher vor dem deutschen ordre public Bestand haben können.[164]

Komplizierter noch verhält es sich bei einer Kompensation durch einen Brautgabeanspruch, da die Brautgabe multifunktionalen Charakter[165] hat. Hier ist eine

---

160 *Scholz,* Erbrecht, 265 ff; vgl. *Dörner,* in: *Staudinger*, Art. 25 EGBGB, Rz. 683; *Dörner,* IPRax 1994, 36 f; hinsichtlich Unterhaltspflichten offen lassend IPG Göttingen 1983 Nr. 32, und OLG Hamm IPRax 1994, 53.

161 Hierzu siehe *Scholz,* Erbrecht, 265 f.

162 *Scholz,* Erbrecht, 267; *Pauli*, a.a.O., 175 ff, unter Hinweis auf die Vorteilsausgleichung im Schadensrecht.

163 Vgl. Art. 115 ff Mud, 37 ff PSG, 74 ff AFG.

164 *Scholz,* Erbrecht, 268.

165 *Scholz,* Erbrecht, 266; vgl. *Krüger,* Ehe und Brautgabe, in: FamRZ 1977, 114 f; *Heldrich,* Das juristische Kuckucksei aus dem Morgenland, in: IPRax 1983, 64 ff; *Heßler,* Isla-

vermögensmäßige Gesamtbetrachtung zum Zwecke der Feststellung durchzuführen, ob sich die aus den unterschiedlichen Rechten und Pflichten resultierenden vermögensmäßigen Vor- und Nachteile der Ehegatten, zu denen auch die erbrechtliche Begünstigung des Mannes und seine Benachteiligung durch die Brautgabe gehören, aufwiegen. Ist dies der Fall, vermag auch die geschlechtsbedingte Benachteiligung eines Ehegatten außerhalb des Erbrechts, insbesondere bei der Brautgabe, nicht den ordre public unter dem Gesichtspunkt des Art. 3 Abs. 2, Abs. 3 GG eingreifen zu lassen. Dabei ist im Rahmen der vermögensmäßigen Gesamtbetrachtung zu berücksichtigen, dass das System unterschiedlicher Rechte und Pflichten unter den Ehegatten auf einer traditionellen Arbeitsteilung unter den Ehegatten – Mann verdient im Beruf den Lebensunterhalt, Frau kümmert sich um Haushalt und Kinder – beruht, so dass von einer Kompensation der Vor- und Nachteile um so weniger ausgegangen werden kann, je mehr von dieser traditionellen Arbeitsteilung abgewichen wird.[166]

Das Ergebnis der Rechtsanwendung vermag im Übrigen auch dann nicht ordre-public-widrig zu sein, wenn es zu einer entsprechenden Benachteiligung auch bei rechtmäßiger Anwendung deutschen Rechts gekommen wäre.[167] Dies könnte wegen der im deutschen Recht bestehenden Testierfreiheit der Fall sein, die abstammungs- und geschlechtsbedingte Differenzierungen in bestimmtem Umfang gestattet. Es muss feststehen, dass der Erblasser bei Geltung deutschen Rechts entsprechend der diskriminierenden Erbfolge im islamisch geprägten Recht letztwillig verfügt hätte und eine solche Verfügung wirksam wäre.[168] Dabei bedarf es der positiven Feststellung eines entsprechenden Erblasserwillens. Der Erblasser muss die konkrete Ausgestaltung der gesetzlichen Erbfolge in seinen Willen aufgenommen haben und gebilligt haben. Er darf nur deswegen nicht entsprechend testiert haben, weil er auf die gesetzliche Erbfolge vertraut hat oder ihm eine entsprechende Testierfreiheit nicht eröffnet war.[169] Wirksam ist eine entsprechende abstammungs- oder geschlechtsdifferenzierende Verfügung nach deutschem Recht nur, wenn sie nicht wegen Verstoßes gegen die Generalklausel des § 138 Abs. 1 BGB nichtig ist, nach der die im Privatrechtsverkehr

---

misch-rechtliche Morgengabe: vereinbarter Vermögensausgleich im deutschen Scheidungsfolgenrecht, in: IPRax 1988, 95 ff; AG Memmingen IPRax 1985, 230 f.

166 *Scholz,* Erbrecht, 268 f; vgl. hierzu ausführlich *Scholz,* StAZ 2002, 330 ff.

167 *Scholz,* Erbrecht, 269; vgl. *Lorenz,* Anmerkung zu OLG Hamm, ZEV 2005, 436 ff, ZEV 2005, 440 f; *Dörner,* IPRax 1994, 33, 35.

168 *Scholz,* Erbrecht, 270; vgl. *Birk,* in: Münchener Kommentar, Art. 25 EGBGB, Rz. 114; *Hohloch,* in: *Erman,* Art. 6 EGBGB, Rz. 50; *Looschelders,* Internationales Privatrecht, Art. 6 Rz. 57 und Art. 25 Rz. 33, und LG Hamburg, IPRspr. 1991 Nr. 142, die aber sämtlich nicht das Erfordernis der Feststellung herausarbeiten, dass der Erblasser auch entsprechend letztwillig verfügt hätte.

169 *Scholz,* Erbrecht, 270; *Dörner,* Anmerkung zu OLG Hamm ZEV 2005, 436 ff, ZEV 2005, 440 f; *Dörner,* in: *Staudinger,* Art. 25 EGBGB, Rz. 695; vgl. OLG Hamm ZEV 2005, 436, 441 = FamRZ 2005, 1705, 1709.

lediglich mittelbar wirkenden Grundrechte zu beachten sind. Nähere Ausführungen zu dieser Problematik können hier leider nicht gemacht werden.[170]

c) Grundrechtsverletzung im Einzelfall

Zu einer Grundrechtsverletzung, die die Vorbehaltsklausel eingreifen lässt, bedarf es darüber hinaus der Rechtswidrigkeit des Eingriffs.

Hinsichtlich einer unmittelbaren abstammungsbedingten Benachteiligung kann sich eine Rechtfertigung des Grundrechtseingriffs allein aus kollidierendem Verfassungsrecht ergeben.[171] In Betracht kommt die Erbrechtsgarantie des Art. 14 Abs. 1 GG, die auch das gesetzliche Ehegatten- und Verwandtenerbrecht schützt, das vom Gesetzgeber nach sachlichen Kriterien ausgestaltet werden darf. Demnach darf abstammungsbezogen differenziert werden, aber nur, soweit dafür ein sachlicher Grund besteht, der nicht im Widerspruch zur Verfassung steht.

Die vorliegende Differenzierung der Abstammung danach, ob sie nur über Männer oder nur oder auch über Frauen erfolgt ist – abgesehen davon, dass für sie auch kein überzeugender sachlicher Grund ersichtlich ist – ihrerseits grundgesetzwidrig, da sie gegen das Verbot geschlechtlicher Diskriminierung verstößt (Art. 3 Abs. 2, Abs. 3 GG).[172] Weder biologische Unterschiede noch anderweitiges kollidierendes Verfassungsrecht vermögen eine derartige Differenzierung zu rechtfertigen.[173] Insbesondere scheidet auch eine Rechtfertigung durch die Religionsfreiheit des Art. 4 Ab 1, Ab 2 GG aus.[174] Zum einen wird das islamische Erbrecht trotz seiner teilweisen Regelung im Koran nicht zu den Rechtsfragen gerechnet, die das Verhältnis des Einzelnen zu Gott regeln, sondern zu der Rechtsmaterie, die die Verhältnisse unter den Menschen bestimmen.[175] Zum anderen würde im Falle einer Abwägung beider Grundrechte regelmäßig Art. 3 Abs. 3 GG wegen des engen Zusammenhangs zur Menschenwürde gegenüber Art. 4 Abs. 1, Abs. 2 GG vorgehen.[176]

Soweit darauf abgestellt wird, ob die Abstammung über die väterliche oder nur oder auch über die mütterliche Linie vermittelt wird, findet darin der noch vorhandene patriarchalische Charakter des Erbrechts seinen Ausdruck. Die Unterscheidung danach, ob der Betreffende von einem koranischen, agnatischen oder

---

170 Siehe ausführlich *Scholz,* Erbrecht, 300 ff.

171 *Scholz,* Erbrecht, 271.

172 *Scholz,* Erbrecht, 272.

173 Vgl. BVerfGE 92, 91, 109; *Gubelt,* in: *von Münch/Kunig,* Art. 3 Rz. 87 f.

174 *Scholz,* Erbrecht, 272.

175 Vgl. nur *El Baradie,* a.a.O., 44.

176 *Looschelders,* RabelsZ 2001, 463, 487. – Wenig überzeugend daher der Rückgriff auf Art. 4 GG in LG Hamburg, IPRspr. 1991 Nr. 142.

kognatischen Erben abstammt, setzt die Heterogenität der Erben auf einer anderen Ebene fort. Auch sie spiegelt das durch das koranische Erbrecht abgeschwächte System patriarchalischen Erbrechts wider. Mit der Aufrechterhaltung überkommener patriarchalischer Strukturen verstoßen die Differenzierungen zumindest mittelbar gegen das Gebot geschlechtlicher Gleichberechtigung (Art. 3 Abs. 2 GG), indem sie zwar nicht unmittelbar an das Geschlecht, sondern die Abstammung anknüpfen, aber der Abstammung von einer Frau bzw. über eine Frau eine erbrechtlich mindere Qualität zuweisen, ohne dass dies sachlich gerechtfertigt ist. Lassen sich die abstammungsbezogenen Benachteiligungen somit nicht rechtfertigen, liegen folglich Verstöße gegen das Grundrecht aus Art. 3 Abs. 3 GG vor, die den ordre public eingreifen lassen.

Unmittelbar geschlechtsbedingte Benachteiligungen können gleichfalls nur aufgrund biologischer Unterschiede oder kollidierenden Verfassungsrechts gerechtfertigt sein.[177] Biologische Unterschiede, die eine erbrechtliche Benachteiligung der Frau zu rechtfertigen vermögen, sind nicht erkennbar. Die verbreitete konservative Auffassung von muslimischen Gelehrten, nach der Frauen und Männer biologisch bedingt unterschiedliche soziale Funktionen mit entsprechenden verschiedenen Rechten und Pflichten haben,[178] entbehrt jeder naturwissenschaftlichen Grundlage und wird selbst von zahlreichen muslimischen Intellektuellen nicht geteilt.[179] Kollidierendes Verfassungsrecht, das die erbrechtliche Benachteiligung der Frau zu rechtfertigen vermag, ist gleichfalls nicht ersichtlich, so dass eine Rechtfertigung des Eingriffs in Art. 3 Abs. 3 GG ausscheidet.[180]

Selbst sachliche Gründe, die zur Rechtfertigung mittelbarer geschlechtlicher Benachteiligungen ausreichen, sind nicht erkennbar. Auch insoweit liegt folglich eine Grundrechtsverletzung von Art. 3 Abs. 2 GG vor[181].

---

177 BVerfGE 92, 91, 109; vgl. BVerfGE 84, 9, 18 f; dem BVerfG folgend *Gubelt,* in: *von Münch/Kunig*, Art. 3 Rz. 87 f; *Jarass,* in: *Jarass/Pieroth,* Art. 3 Rz. 92 und 94; *Osterloh,* in: *Sachs*, Art. 3 Rz. 273 f. Zur Rechtfertigung von Ungleichbehandlungen durch Art. 3 Ab 2 GG siehe insbesondere *Osterloh,* in: *Sachs*, Art. 3 Rz. 264 ff.

178 Siehe nur *Armagan,* Zur Gleichbehandlung von Mann und Frau im islamischen Recht, in: Fachbereich Rechtswissenschaft der Freien Universität Berlin (Hrsg.), Sommersemester 2002, Fachbereichstag Berlin 2003, 18 ff.

179 *Scholz,* Erbrecht, 273; *Würth,* a.a.O., 42 ff.

180 Verstöße gegen das geschlechtliche Diskriminierungsverbot sehen denn auch grundsätzlich als ordre-public-widrig an: *Scholz,* Erbrecht, 273; *Dörner,* in: *Staudinger*, Art. 25 EGBGB, Rz. 691; *Schurig,* in: *Soergel*, Art. 25 EGBGB, Rz. 104; *Hohloch,* in: *Erman*, Art. 6 EGBGB, Rz. 50, und Art. 25 EGBGB, Rz. 8; *Looschelders,* Internationales Privatrecht, Art. 6 Rz. 57 und Art. 25 Rz. 33; *Pauli*, 164, 167 ff; *Dörner,* Internationales Erbrecht, 87; *Dörner,* IPRax 1994, 35 ff; *Lorenz,* IPRax 1993, 148; *Scholz,* Tunesien, a.a.O., 14; *Scholz,* Ägypten, a.a.O., 11; IPG Göttingen 1983 Nr. 32; in konkreten Fällen in nicht überzeugender Weise einen Verstoß verneinend OLG Hamm IPRax 1994, S, 49; LG Hamburg IPRspr. 1991 Nr. 142.

181 *Scholz,* Erbrecht, 273 f.

d) Rechtsfolgen der ordre-public-Widrigkeit

Rechtsfolge eines orde-public-Verstoßes ist nach Art. 6 EGBGB, dass die ihm zugrunde liegende ausländische Norm nicht zur Anwendung gelangt. Nach zutreffender Auffassung sollte die Lösung auf materiellrechtlicher Ebene, und zwar primär in dem eigentlich berufenen Recht gesucht werden.[182] Da dem deutschen Rechtsanwender ein Eingriff in eine fremde Rechtsordnung versagt ist,[183] hat dies zutreffenderweise durch Bildung neuer Sachnormen unter Berücksichtigung des grundsätzlich berufenen ausländischen Rechts zu geschehen.[184]

In den hiesigen Fällen hat der Benachteiligte grundsätzlich einen Erbanteil in Höhe des tatsächlich oder fiktiv Begünstigten zu erhalten.[185] Dabei sollte die neue Sachnorm die einschlägige Erbrechtskategorie möglichst nicht verändern, um dem Grundsatz des geringstmöglichen Eingriffs in das fremde Recht Rechnung zu tragen. Dementsprechend bieten sich hier folgende Methoden an:[186]

1) Bei Benachteiligung koranischer Erben gegenüber fiktiven agnatischen Erben: Erhöhung des koranischen Erbteils des Benachteiligten auf den Umfang des fiktiven Erbteils des entsprechenden agnatischen Erben.

2) Bei Benachteiligung agnatischer Erben gegenüber fiktiven koranischen Erben: Erhöhung des agnatischen Erbteils des Benachteiligten auf den Umfang des fiktiven Erbteils des entsprechenden koranischen Erben durch entsprechende anteilige Verminderung aller koranischen Erbteile.

3) Bei Benachteiligung koranischer Erben gegenüber tatsächlich vorhandenen agnatischen Erben: Agnatisierung des benachteiligten koranischen Erben durch den entsprechenden agnatischen Erben.

4) Bei Benachteiligung kognatischer Erben gegenüber koranischen oder agnatischen Erben: Dem benachteiligten kognatischen Erben wird ein koranischer Erbteil in Analogie zum entsprechenden koranischen Erben eingeräumt bzw. er wird dem entsprechenden begünstigten agnatischen Erben gleichgestellt.

5) Bei Benachteiligungen innerhalb koranischer Erben: Erhöhung des Erbteils des Benachteiligten auf denjenigen des Begünstigten; ersatzlose Nichtanwendung abstammungsbezogener Ausschlussklauseln.

6) Bei Benachteiligungen innerhalb agnatischer und kognatischer Erben: Ersatzlose Nichtanwendung abstammungsbezogener Differenzierungen.

---

182 *Blumenwitz,* in: *Staudinger*, Art. 6 EGBGB, Rz. 169, 171; *Heldrich,* in: *Palandt,* Art. 6 EGBGB, Rz. 13; *von Hoffmann/Thorn,* a.a.O., § 6 Rz. 154; *Kropholler,* a.a.O., § 36 V; *Spickhoff,* Der ordre public, 107; BGHZ 28, 375, 387; 120, 29, 37; vgl. *Sonnenberger,* in: Münchener Kommentar, Art. 6 EGBGB, Rz. 92, jeweils m.w.N.

183 *Von Bar/Mankowski,* a.a.O., Rz. 285.

184 *Scholz,* Erbrecht, 232; *Kegel/Schurig,* a.a.O., § 16 VI, jeweils m.w.N.

185 So jedenfalls im Ergebnis auch *Lorenz,* IPRax 1993, 150 m.w.N.; *Dörner,* IPRax 1994, 37 m.w.N.; OLG Hamm, IPRax 1994, 54; *Dörner,* Internationales Erbrecht, 87; *Scholz,* Tunesien, a.a.O., 14; *Scholz,* Ägypten, a.a.O., 11; vgl. *Hohloch,* in: *Erman*, Art. 6 EGBGB, Rz. 50; IPG Göttingen 1983 Nr. 32.

186 Siehe hierzu ausführlich *Scholz,* Erbrecht, 274 f.

Wendet man diese Grundsätze auf die dargelegten Fallkonstellationen an, sind die neuen Sachnormen wie folgt zu bilden: Gibt es nur Töchter, wird der koranische Erbteil der Töchter auf den größeren der Söhne erhöht, wenn sie als Söhne mehr erben würden. Sind hingegen nur Söhne vorhanden, wird der agnatische Erbteil der Söhne auf denjenigen der Töchter angehoben, indem die koranischen Erbteile entsprechend anteilig vermindert werden. Ist der Erbteil der Mutter geringer als derjenige, den der nicht mehr existente Vater erhalten würde, wächst ihr koranischer Erbteil entsprechend an, so dass beide gleichviel erben bzw. erben würden. Erben Mutter und Vater, lassen sich ungleiche Erbteile dadurch beheben, dass der Vater die Mutter immer agnatisiert und beide zu gleichen Teilen erben.

IV. Anwendungsfälle im Überblick

Im Übrigen dürften auch folgende Regelungen eines islamisch geprägten Erbrechts sunnitischer Richtung gegen den deutschen ordre public verstoßen, wobei lediglich die verletzte grundrechtliche Bestimmung angegeben wird:

- Erbrechtlicher Ausschluss nichtehelicher Kinder (Art. 6 Abs. 5 GG)[187]

- Verschollenheitsfristen von über 10 Jahren, wenn der tatsächliche oder mutmaßliche Erblasserwille berechtigterweise auf Absicherung des potentiellen Erben gerichtet ist (Art. 14 Abs. 1 GG)[188]

- Erbhindernisse der Religionsverschiedenheit und der Apostasie von Erblasser und Erbe (Art. 3 Abs. 3, Art. 4 Abs. 1, Abs. 2, Art. 33 Abs. 3 GG, Art. 136 Abs. 1, 2, 4, 137 Abs. 1 WRV i.V.m. Art. 140 GG, Art. 14 Abs. 1 GG i.V.m. Art. 6 Abs. 1 GG)[189]

- Wegen des Geschlechts, der Abstammung oder der Religionszugehörigkeit diskriminierende letztwillige Verfügungen, wenn der Erblasser mit der Differenzierung keinerlei berechtigtes Interesse verfolgt (Art. 3, Abs. 2, Abs. 3, Art. 4 Abs. 1, Abs. 2 GG)[190]

- Letztwillige Verfügungen unter wegen des Geschlechts, der Abstammung oder der Religionszugehörigkeit diskriminierender Bedingung, wenn der Erblasser mit der Differenzierung keinerlei berechtigtes Interesse verfolgt (Art. 3, Abs. 2, Abs. 3, Art. 4 Abs. 1, Abs. 2 GG)[191]

---

187 *Scholz,* Erbrecht, 248 ff.
188 *Scholz,* Erbrecht, 277 ff.
189 *Scholz,* Erbrecht, 282 ff und 289 ff.
190 *Scholz,* Erbrecht, 300 ff.
191 *Scholz,* Erbrecht, 315 ff.

Als vereinbar mit dem deutschen ordre public dürften sich im Übrigen folgende Regelungen eines (sunnitisch-)islamisch geprägten Erbrechts erweisen:

- Erbberechtigung mehrerer Ehefrauen derart, dass der der Ehefrau zustehende Erbanteil unter ihnen zu gleichen Teilen aufgeteilt wird[192]

- Höhe der Erbquoten.[193]

192 *Scholz,* Erbrecht, 290 ff.
193 *Scholz,* Erbrecht, 297 ff.

Zivilehe und Konfessionalismus im Libanon[1]

André Kahlmeyer, Brüssel

Inhalt

1. Einleitung

Der Libanon ist ein kleiner und multikonfessioneller Staat und hat sich von seinen Anfängen an mit der Frage auseinandersetzen müssen, wie sich ein Zusammenleben unter derartigen Bedingungen organisieren lässt. Während sich für das politische System nach zähem Ringen und einem langanhaltenden und blutigen Bürgerkrieg eine Lösung immerhin anzubahnen scheint, haben sich die Probleme im sozialen Bereich bislang nicht oder nur kaum entschärft. Eine der Hauptursachen ist dabei der ‚soziale Konfessionalismus'. Diese Spielart des Konfessionalismus ist maßgeblich dadurch zustande gekommen, dass es in dem für viele Libanesen so wichtigen Bereich des Familienrechts und der Personenstandsregelungen keine einheitliche Gesetzespraxis gibt. Es existiert bis heute keine Zivilehe und damit keinerlei Möglichkeit, ‚standesamtlich' zu heiraten. Fast alle Regelungen in diesem Bereich obliegen den anerkannten Religionsgemeinschaften. Dass es davon 19 verschiedene gibt, hat innerhalb des Rechtssystems zu einer Komplexität geführt, die zwangsläufig Konflikte mit sich bringt. Heiratswillige Paare aus unterschiedlichen Religionsgemeinschaften sehen sich mitunter gezwungen, außerhalb ihrer Heimat, etwa auf Zypern, zu heiraten und sich, als ein Resultat davon, der Konfrontation mit ihrer Familie auszusetzen oder eine Verstoßung in Kauf zu nehmen.

2. Die Personalstatutsregelungen

Wie in den meisten arabischen Ländern, aber auch in Pakistan, Griechenland und Israel[2], sind Personenstandsangelegenheiten im Libanon den religiösen Gemeinschaften überlassen.[3]

---

[1] Dieser Aufsatz basiert auf einem Teil der Magisterarbeit des Autors.

[2] Vgl. *Shehadeh*, The Legal Status of Married Women in Lebanon, in: International Journal of Middle East Studies (IJMES) 30 (1998), 503.

Dieses System wird maßgeblich durch Artikel 9 der libanesischen Verfassung von 1926 gestützt, der besagt:

> „La liberté de conscience est absolue. En rendant hommage au Très-Haut, l'Etat respecte toutes les confessions et en garantit et protège le libre exercice à condition qu'il ne soit pas porté atteinte à l'ordre public. Il garantit également aux populations, à quelque rite qu'elles appartiennent, le respect de leur statut personnel et de leurs intérêts religieux."[4]

Dieser Artikel bestätigte zusammen mit Artikel 10 das osmanische Millet-System in Bezug auf die Religionsgemeinschaften[5] und weist ihnen den Status einer „autonomous juristic personality"[6] zu.

Dieses System in Fragen des Personenstandsrechts ist aus dem osmanischen Millet-System hervorgegangen. Zu Beginn der Mandatszeit hat Frankreich zunächst versucht, einheitliche für alle Libanesen gültige Vorschriften in dieser Hinsicht und eine staatliche Oberkontrolle über Angelegenheiten des ‚statut personnel' einzuführen.[7] Am 07.12.1921 strich der französische Hochkommissar Artikel 156 des osmanischen Familienrechts von 1917, das den religiösen Autoritäten die Zuständigkeit in Fragen des Personalstatuts zukommen ließ. Diese Maßnahme führte zu heftigen Abwehrreaktionen der Muslime und Christen, sodass sich der Hochkommissar gezwungen sah, die von ihm getroffene Maßnahme rückgängig zu machen.[8]

Gleich im ersten Jahr nach Beginn des Mandats (1923) bestätigte dann der französische Arrêté 2851 zunächst die Zuständigkeit der religiösen Gerichte in den Bereichen Heirat, Scheidung und Apostasie.[9] 1926 versuchte der französische Hochkommissar de Jouvenel jedoch, die Personenstandsregelungen zu reformieren und die Zuständigkeit an die Zivilgerichte zu überführen. Arrêté

3 Vgl. hierzu auch: *Gannagé*, Le pluralisme des statuts personnels dans les état multicommunautaires. Droit libanais et droits proche-orientaux, Beyrouth, Bruxelles 2002, 97f; *Ḥanā*, Al-aḥwāl al-šaḫṣīya. Iǧtihādāt, nuṣūṣ, dirāsāt. Bd. 1, Ṭarābulus 1995, 5.

4 République Libanaise, Le Conseil Constitutionnel, LA CONSTITUTION LIBANAISE: Promulguée en date du 23 Mai 1926 et amandée par la suite, http://www.conseil-constitutionnel.gov.lb/fr/constitution.htm, zuletzt abgerufen am 25.04.2006; Constitution Libanaise. Textes et Commentaires et Accord de Taëf, hrsg. von *Ménassa*, Beyrouth 1995; Al-dustūr al-lubnānī al-ṣādir bi-tārīḫ 23 ayār sanat 1926 maʿa ǧamīʿ al-taʿdīlāt allatī tanāwalathu, hrsg. von *Ayyūb*, Manšūrāt al-ḥalabī al-ḥuqūqīya, Bayrūt 2004.

5 *Azar*, Construction identitaire et appartenance confessionnelle au Liban. Approche pluridisciplinaire, Paris, Montreal 1999, 69.

6 *Nasir*, The Islamic Law of Personal Status, Den Haag u.a. ^{3}2002, 36.

7 Vgl. *Kewenig*, Die Koexistenz der Religionsgemeinschaften im Libanon, Berlin 1965, 100-101.

8 *Grafton*, The Christians of Lebanon. Political Rights in Islamic Law, London, New York 2003, 96-97.

9 Ebd., 99.

261 schränkte die Autorität der Religionsgemeinschaften ein und führte die Zivilehe ein. Damit schaffte er faktisch das überkommene Millet-System ab und überschritt damit auch die Frankreich vom Völkerbund übertragenen Kompetenzen.[10] Seine Vorgehensweise stieß jedoch auf muslimische und christliche Gegenwehr. Muslimische Autoritäten weigerten sich, Zivilgerichte in diesen Fragen anzuerkennen; die christlichen Autoritäten forderten die gleichen Rechte wie die muslimischen. Nach anhaltenden Protesten wurde der Erlass suspendiert. Frankreich sah sich gezwungen, die überbrachten Regelungen beizubehalten und erkannte mit dem Arrêté 6 im Jahre 1930 die muslimischen, christlichen und jüdischen Gerichte an.[11] Der Begriff „Statut personnel" bezieht sich nach dem Erlass vom 03.02.1930 auf die Zuständigkeit der religiösen Gerichtsbarkeit in folgenden Fällen: Voreheliche Abmachungen, Eheschließung, Nichtigkeit der Ehe, Auflösung der Ehe (Scheidung, Trennung), Abstammung, Legitimation von Kindern, Sorgerecht, Unterhaltsregelungen bei Eheauflösung, Festsetzung von Entschädigungen, Aussteuer etc., Recht auf Vorschlag eines neuen Erziehungsberechtigten bei Bedarf, Kontrolle des Verwalters von religiösen Stiftungen, Absetzung und Neuernennung von Verwaltern von religiösen Stiftungen und die Festsetzung des Nutznießers der religiösen Stiftungen in bestimmten Fällen.[12]

Sehr interessant ist in diesem Zusammenhang, dass 1931 die griechisch-orthodoxe Gemeinschaft den französischen Hochkommissar Henri Posont um Intervention bei der Wahl des griechisch-orthodoxen Oberhauptes bat. Während Artikel 9 des Mandatsauftrages diese Einmischung in die inneren Angelegenheiten einer Religionsgemeinschaft verbot, so befürwortete der Völkerbund zwecks Stabilisierung und Vereinigung des Landes und der Religionsgemeinschaften die Intervention. Die religiösen Oberhäupter wurden nun zusätzlich zu ihren Religionsfunktionen auch als Träger von zivilstaatlichen Aufgaben gesehen und in diesem Bereich der obersten Autorität, also dem französischen Hochkommissar, untergeordnet. Damit war ein Präzedenzfall geschaffen. Dieses Ereignis führte letzten Endes dann zu Erlass 60/1936. Dieser Erlass ließ zwar die Personenstandsregelungen der Religionsgemeinschaften weiterhin gelten, gab der staatlichen Regierung aber das letzte Wort in der Anerkennung der Personenstandsgesetze. Dies führte erneut zur Opposition der religiösen Autoritäten.[13] Der Erlass 61/1936, der die Zuständigkeit der religiösen Autoritäten in Personenstandsfragen weiter beschränken sollte, musste wegen des starken Protestes muslimischer und christlicher Autoritäten vom Hochkommissar wieder zurückgezogen werden.[14]

---

10 *Grafton*, The Christians of Lebanon, 99.

11 Ebd.

12 Vgl. *Kewenig*, Die Koexistenz der Religionsgemeinschaften im Libanon, 103.

13 *Grafton*, The Christians of Lebanon, 97.

14 Ebd., 99.

So scheiterten die französischen Bemühungen um einheitliche Regelungen letzten Endes am Protest von christlicher und muslimischer Seite.[15] 1936 wurden dann die Religionsgemeinschaften vom Hochkommissar anerkannt. Die Verordnung vom 13.03.1936 regt die Kodifikation der konfessionellen Regelungen an, was aber erst nach dem Zweiten Weltkrieg geschehen ist.[16] Die christlichen und jüdischen Personenstandsregelungen wurden am 02.04.1951 bestätigt. Dieses Gesetz über das Personalstatut vom 02.04.1951 zielte auf eine rechtliche Gleichstellung aller Religionsgemeinschaften im Libanon, brachte aber wenig Veränderung oder gar Verbesserung.[17] Die drusischen Regelungen, die zum Teil auf hanafitischen basieren, wurden am 24.02.1948 kodifiziert und 1959 ergänzt.[18] Die sunnitischen und ǧaʿfaritischen Regelungen gründen sich auf dem osmanischen Familiengesetz von 1917 und den (klassischen) hanafitischen und ǧa'faritischen Regelungen.[19] Bei den Sunniten sind in das Familiengesetz aber auch hanbalitische und malikitische Vorstellungen mit eingeflossen.[20] Artikel 111 des Erlasses 241 vom 04.11.1942 reglementierte die Anwendung der hanafitischen Doktrin für sunnitische Personenstandsregelungen (außer für die Fälle, die durch das osmanische Familienrecht anderweitig geregelt wurden) und die ǧaʿfaritische Interpretation für schiitische Personenstandsregelungen.[21] Die Bestimmungen des Erlasses wurden am 16.07.1962 zwar aufgehoben, waren jedoch sogleich in Artikel 242 im Erlass wieder enthalten.[22] Obwohl hanafitische Bestimmungen als Quelle des Rechts aufgenommen wurden und obwohl sich das plurale System der Personenstandsregelungen als eine Fortsetzung in Anknüpfung an das osmanische Millet-System verstehen lässt, so ist doch der entscheidende Unterschied auszumachen, dass Frankreich säkulare Rechtsfiguren in das islamische System einführte, während muslimische Reformer sich weiterhin innerhalb des Interpretationsspielraums der *šarīʿa* bewegten.[23]

---

15 Vgl. *Kewenig*, Die Koexistenz der Religionsgemeinschaften im Libanon,100-101.

16 Vgl. Internationales Ehe- und Kindschaftsrecht, Länderteil Libanon, hrsg. von *Bergmann/Ferid*, Frankfurt/M., Loseblattsammlung. Stand: 1.3.1996, 6.

17 Vgl. *Kewenig*, Die Koexistenz der Religionsgemeinschaften im Libanon, 105.

18 *Zyzik*, Personal Status Law in the Arab States. Process of Codification, in: Studia arabistyczne i islamistyczne, Vol. 9, 2001, 31; *Shehadeh*, The Legal Status of Married Women in Lebanon, 504.

19 Ebd.

20 Vgl. *Ebert*, Das Personalstatut arabischer Länder. Problemfelder, Methoden, Perspektiven. Ein Beitrag zum Diskurs über Theorie und Praxis des Islamischen Rechts, Frankfurt a.M. u.a. 1996, 73, 78; vgl. auch *Basile*, Statut personnel et compétence judiciaire, 32f.

21 *Zyzik*, Personal Status Law in the Arab States, 31.

22 Ebd.

23 Vgl. *Grafton*, The Christians of Lebanon, 98.

So kam es – auch bedingt durch die große Anzahl verschiedener Religionsgemeinschaften im Libanon – zu einem „sehr zerklüftete[n] Gesetzeswerk zum Personalstatut."[24] Es gibt seitdem ein separates juristisches System für Fragen, die das „Personalstatut" berühren. Diese Angelegenheiten fallen unter religiöse Jurisdiktion. Im Falle von Konflikten zwischen Personalstatutsregelungen verschiedener Religionsgemeinschaften ist das Oberste Kassationsgericht zuständig.[25] Bis heute hat sich an der juristischen Situation in Hinsicht auf das Personalstatut nichts bzw. wenig geändert, obwohl es immer wieder Diskussionen um die Abschaffung dieser Sondergerichtsbarkeit gab und gibt und eine wachsende Anzahl von jüngeren Libanesen ‚zivil' auf Zypern oder in der Türkei heiraten, um die starren Bestimmungen zu umgehen.

Alle Religionsgemeinschaften mussten ihre entsprechenden Regelungen, die BERGMAN/FERID zu Recht als „eigentlich nur Entwürfe" bezeichnen, der Regierung vorlegen. Bis heute wurden diese Regelungen jedoch nicht offiziell anerkannt, so wie es vorgeschrieben ist. Dies scheiterte vor allem am Widerstand der religiösen Autoritäten.[26]

Zu den Regelungen, die für alle Libanesen gelten, zählen die Bestimmungen für Unmündige, Entmündigte, Geisteskranke und Schwachsinnige, die nach der osmanischen Mecelle von 1877 geregelt sind und für Muslime von den religiösen Gerichten, für die Nicht-Muslime von den zivilen Gerichten angewendet werden.[27]

Für die Muslime ist die Kodifikation des osmanischen Familienrechts vom 25.10.1917 wichtig, das bis heute für die Sunniten gültig ist. Für Muslime sind diese Gerichte für alle Fragen zuständig, die den rechtlichen Themengebieten Ehe, Scheidung, Vormundschaft und Adoption, Erbe und Vermächtnis zuzurechnen sind.[28]

Für Nichtmuslime gilt eine andere Regelung. Während Fragen der Ehe, Scheidung und Vormundschaft ebenfalls von religiösen Gerichten geregelt werden, fallen die Bereiche Erbe und Vermächtnis unter die nationale, libanesische Rechtsprechung. Die „ekklesiastischen" Gerichte, die verschiedene christliche und jüdische Unterteilungen aufweisen,[29] haben alle mehr als eine

---

24 *Ebert,* Das Personalstatut arabischer Länder, 78.

25 Vgl. *Mallat*, The Lebanese Legal System, 1.

26 Vgl. Internationales Ehe- und Kindschaftsrecht, Länderteil Libanon, 6; *Shehadeh*, The Legal Status of Married Women in Lebanon, 504; Vgl. *Ebert*, Das Personalstatut arabischer Länder, 78-79; *Nahrā*, Aḥkām al-aḥwāl al-šaḫšīya. Ladā ǧamīʿ al-ṭawā'if al-lubnānīya, Bayrūt 2002, 9-14.

27 Internationales Ehe- und Kindschaftsrecht, Länderteil Libanon, 9.

28 Vgl. *Mallat*, The Lebanese Legal System, 3; *Khodari*, Le statut juridique du mineur né de père musulman dans les unions mixtes, Paris Diss. 1996, 39.

29 Vgl. United Nations Development Programme, Artikel: „Lebanon: Judiciary".

Verfahrensstufe (Revisionsinstanzen etc.), und für die Katholiken gibt es zusätzlich die extraterritoriale Verfahrensinstanz vor einem vatikanischen Gericht.[30]

Wie viele und welche anerkannten Religionsgemeinschaften es heute gibt, ist wiederum unklar. KOCH zählt 19 Gruppen auf: Schiiten, Sunniten, Drusen, Jesiden, Ismaeliten, Alawiten, Maroniten, Griechisch-Orthodoxe, Griechisch-Katholische, Armenisch-Orthodoxe, Armenisch-Katholische, Protestanten, Syrisch-Orthodoxe, Syrisch-Katholische, Chaldäer, Nestorianer, Kopten, Lateiner und Israeliten.[31] Auch neuere Publikationen sprechen zum Teil von 17[32] oder 18[33] anerkannten Religionsgemeinschaften, und WETTIG schreibt noch 2005: „Die Quellen sind sich uneinig darüber, ob es mittlerweile 18 oder 19 Konfessionen sind, die per Gesetz anerkannt sind."[34]

Jeder Libanese gehört von Geburt zwingend einer anerkannten Glaubensgemeinschaft an[35] und folgt dabei in der Regel der Zugehörigkeit seines Vaters. Mit dem Religionswechsel des Vaters wechselt auch das minderjährige Kind die Religionsgemeinschaft.[36] KUDERNA bemerkt zutreffend die Inklusivität dieses Systems: „Niemand kann dieser Struktur entrinnen, weil das Personenstandsrecht gänzlich konfessionell geregelt ist."[37]

Religiöse Gerichte sind für die Angehörigen der jeweiligen Religionsgemeinschaft zuständig und auch dabei ausschließlich für einen eng definierten juristischen Bereich. Für alles, was ihnen nicht zugeordnet ist, ist die Zivil- und Strafgerichtsbarkeit zuständig.[38] Überschreitet ein religiöses Gericht seine Kompetenzen, kann seine Entscheidung vom obersten staatlichen Kassations-

---

30 Vgl. *Mallat*, The Lebanese Legal System, 3.

31 *Koch*, Das Ende der Koexistenz im Libanon? Neues Wahlgesetz und Senatseinführung würden die konkordanzdemokratische Vielheit verfestigen, doch die Vielfalt beschränken, in: Verfassung in Recht und Übersee. Law and Politics in Africa, Asia and Latin America, Jg. 37, 1/2004, 110; vgl. auch *Yūnis*, Al-aḥwāl al-šaḫṣīya fī-t-tašrīʿ wa-t-taṭbīq, Bayrūt 1996, 54f. Eine Beschreibung der Religionsgemeinschaften und ihrer Geschichte findet sich in *Ma'lūf*, Ilġā' al-ṭā'ifīya al-siyāsīya bayna al-mu'ayyidīn wa-l-muʿāriḍīn, Bayrūt 2005, 20f.

32 So z.B. *Grafton*, The Christians of Lebanon, 5; *Kuderna*, Beitrag „Libanon", in: Der Nahe und Mittlere Osten. Politik, Gesellschaft, Wirtschaft, Geschichte, Kultur, hrsg. v. *Steinbach* und *Robert*, Bd.2 Länderanalysen, Leverkusen 1998, 243.

33 *Shehadeh*, The Legal Status of Married Women in Lebanon, 503.

34 *Wettig*, Aufbruch in Libanon. Auf dem Weg zur Zedern-Revolution: Reportagen aus Beirut, Berlin 2005, 261.

35 Internationales Ehe- und Kindschaftsrecht, Länderteil Libanon, 7.

36 Vgl. *Bilani*, Personal Status, in: The Lebanese Legal System, Volume I, hrsg. von *El-Gemayel*, Washington D.C. 1985, 268.

37 Kuderna, Beitrag „Libanon", 243.

38 Vgl. *Bilani*, Personal Status, 267-8.

gericht rückgängig gemacht werden.[39] Der sunnitische *muftī al-ǧumhūrīya* und der schiitische *al-muftī al-ǧa'farī* erlassen nur bedingt rechtsverbindliche Rechtsmeinungen und werden von der Regierung ernannt. Die anderen Religionsgemeinschaften regeln ihre interne Organisation selbst.[40] GEMAYEL beschreibt die Kompetenzen und Aufgaben der Religionsgemeinschaften so:

> „Religious communities are generally allowed to prescribe their own laws in some areas. Included are matters dealing with family relations, inheritance, and dispositions of property by will (...) Thus, marriage law depends more on one's religion rather than geographic location, and the applicable rules are established and interpreted by one's religious doctrinal leadership and courts."[41]

Innerhalb der Kompetenzen, die aber generellen libanesischen Bestimmungen und der Verfassung nachgeordnet sind, haben die Religionsgemeinschaften weitreichende Befugnisse:

> „These legislative acts allowed each religious sect the right not only to administer its own affairs but to legislate, judge, and carry out sentences in matters pertaining to their respective congregations. All such stipulations are to conform to the Lebanese constitution, civil laws, and the rules and regulations which ensure law and order."[42]

Während 15 anerkannte Religionsgemeinschaften jeweils eigene Regelungen haben, so gibt es auch drei Religionsgemeinschaften, die kein eigenes Personenstandsrecht haben, die Alawiten, die Ismaeliten und die orthodoxen Kopten. Letztgenannte waren auch die letzten, die anerkannt wurden durch Erlass 533 vom 24.07.1996. Diese Gemeinschaften folgen den ǧaʿfaritischen bzw. den orthodoxen Regelungen.[43]

Sehr interessant ist, dass die Bestimmungen aller Religionsgemeinschaften im Libanon, mit Ausnahme der israelitischen, von *šarī'a*-Regelungen beeinflusst sind. So enthalten auch christliche Regelungen eigentlich den christlichen (Rechts)Vorstellungen fremde Rechtsfiguren wie *mahr*, *'idda* etc.[44] Dies hat nach SHEHADEH eine Vielzahl von Gründen, unter anderem die jahrhundertelange islamische Herrschaft und die dadurch entstandenen Traditionen, die Angst, sich von der muslimische Gemeinschaft zu entfremden, aber vor

---

39 Vgl. ebd., 268.
40 Vgl. *Mallat*, The Lebanese Legal System, 3.
41 *Gemayel*, Sources of Lebanese Law, in: The Lebanese Legal System, Volume I, hrsg. von *El-Gemayel*, Washington D.C. 1985, 20-21.
42 *Shehadeh*, The Legal Status of Married Women in Lebanon, 503.
43 Ebd., 517, Anmerkung 13.
44 Ebd., 511.

allem auch der Einfluss des die Frauen diskriminierenden französischen Rechts.[45]

Auf staatlicher Ebene wird ein Zivilregister geführt, in das entsprechende Personenstandsinformationen eingetragen werden. Außerdem werden zwei Spezialregister für im Libanon lebende Palästinenser geführt.

3. Eheschliessungen

Gehören beide Ehepartner zur selben Religionsgemeinschaft, sind sie beide libanesische Staatsbürger und heiraten sie religiös im Libanon, so verläuft dies in der Regel relativ problemlos. Kompliziert sind jedoch die Fälle, in denen Anhänger verschiedener Religionsgemeinschaften heiraten wollen und Ehen im Ausland oder mit Ausländern geschlossen werden.

Interreligiöse Ehen von Libanesen sind grundsätzlich, wenn auch unter Vorbehalt erlaubt, wobei diese Ehen dann üblicherweise den Regelungen der Gemeinschaft des Mannes unterstehen, es sei denn, beide Partner einigen sich auf das Recht der Religionsgemeinschaft der Frau.[46] Bei einem Religionswechsel nach der Eheschließung gelten andere konfessionelle Regelungen nur dann, wenn beide Ehepartner übertreten,[47] was in der Praxis zum Beispiel dann geschieht, wenn ein maronitisches Ehepaar, das sich scheiden lassen möchte, gemeinsam zu einer orthodox-christlichen Gemeinschaft oder auch zu einer islamischen übertritt, die eine Scheidung erlaubt.[48] Religionswechsel finden also weniger aus religiösen Überzeugungen heraus statt, sondern eher, um rechtliche und religiöse Bestimmungen zu umgehen.[49] Die libanesischen Bestimmungen besagen jedoch, dass ein Religionswechsel nach Abschluss der Ehe nur dann eine Wirkung hat, wenn beide Partner die Zugehörigkeit zu einer neuen Religionsgemeinschaft wechseln.[50] In der Praxis sind Eheschließungen zwischen Muslimen und Christen sehr selten,[51]

---

45 Ebd.

46 Internationales Ehe- und Kindschaftsrecht, Länderteil Libanon, 7; vgl. *Bilani*, Personal Status, 268.

47 Internationales Ehe- und Kindschaftsrecht, Länderteil Libanon, 7.

48 Gespräch mit *Stella Sultan*; vgl. *Bilani*, Personal Status, 272.

49 Gespräche mit *Lina Abou Habib*, Direktorin des The Collective for Research and Training on Development-Action (CRTD.A), die selber auch auf Zypern geheiratet hat, am 13.09.2005 in Beirut, Sprache: Englisch; Gespräch mit *Hassan Hammoud*, Prof. Dr., Soziologe an der Lebanese American University (LAU), am 08.08.2005 und am 28.09.2005 in Beirut, Sprache: Englisch; Gespräch mit *Marie Rose Zalzal*; vgl. *Bilani*, Personal Status, 272.

50 Vgl. *Bilani*, Personal Status, 272.

51 *Kuderna*, Beitrag „Libanon", 243.

„statistisch insignifikant geblieben und auf obere Einkommens- und Bildungsschichten beschränkt.“[52]

Eine zivile Heirat von Libanesen im Ausland ist im Libanon gültig, selbst wenn sie von den libanesischen Religionsgemeinschaften nicht anerkannt wird. Die libanesische Zivilgerichtsbarkeit wendet in diesem Falle die ausländischen Bestimmungen an.[53] Im Falle von Streitigkeiten und Unklarheiten beziehen sich libanesische Richter dann beispielsweise auf französische, türkische, zypriotische und kalifonische Gesetze.[54]

Wenn Libanesen im Ausland heiraten, so kann dies entweder religiös oder zivilrechtlich erfolgen.[55] Bei zivilen Eheschließungen von Nichtmuslimen unterstehen die libanesischen Ehepartner auch im Libanon dann dem Recht des Landes der Eheschließung, was von der libanesischen Zivilgerichtsbarkeit anzuwenden ist.[56] In der Praxis ist dies kein leichter Vorgang. Es ist in der Regel durch einen libanesischen Anwalt über die Botschaft des Heiratslandes eine Abfassung der jeweils relevanten Rechtstexte zu besorgen. Diese müssen ins Arabische übertragen und offiziell beglaubigt werden und werden dann von der libanesischen Zivilgerichtsbarkeit angewendet. Dabei wird die dokumentierte ausländische Eheschließung voll akzeptiert, eine libanesische Prüfung von Verfahrensfehlern oder ähnlichem ist ausgeschlossen.[57]

Wenn religiöse Eheschließungen von Libanesen im Ausland stattfinden, so werden diese in der Regel im Libanon anerkannt. Christliche und jüdische Religionsgemeinschaften erkennen diese jedoch nicht an, sodass in diesem Falle die libanesische Zivilgerichtsbarkeit dafür zuständig ist. Ansonsten richtet sich die Zuständigkeit des libanesischen religiösen Gerichtes nach der Konfession des Mannes.[58]

Bei einer ausländischen Eheschließung eines libanesischen Muslims, sowohl zivil als auch religiös, die nicht grundsätzlichen islamrechtlichen Ehebestimmungen zuwiderläuft, sehen sich im Libanon in der Regel die religiösen Gerichte für zuständig an; BERGMANN/FERID weisen jedoch auch auf gewisse Kollisionen bei Zuständigkeitsansprüchen von Zivilgerichten in diesen Fällen hin.[59] Die Ehe eines libanesischen muslimischen Mannes, die in einem Land

---

52 *Hanf*, Koexistenz im Krieg. Staatszerfall und Entstehen einer Nation im Libanon, Baden-Baden 1990, 111.

53 Vgl. *Bilani*, Personal Status, 270.

54 Secularism and Personal Status Codes in Lebanon. Interview with *Marie Rose Zalzal*, Esquire, in: Middle East Report (MER), Vol. 27, Nr. 2, Spring 1997, 37.

55 Internationales Ehe- und Kindschaftsrecht, Länderteil Libanon, 8.

56 Ebd.

57 Gespräche mit *Stella Sultan; Salah A. El Kantar*.

58 Vgl. *Bilani*, Personal Status, 270.

59 Internationales Ehe- und Kindschaftsrecht, Länderteil Libanon, 8.

geschlossen wird, das islamisches Recht anwendet, ist gültig und wird im Libanon von der muslimischen Religionsgemeinschaft behandelt. Das gleiche gilt für eine libanesische muslimische Frau, die in einem solchen Land einen Muslim heiratet.[60] Eine im Ausland geschlossene Zivilehe zwischen libanesischen Muslimen wird vor den jeweiligen muslimisch-religiösen Gerichten im Libanon behandelt.[61] Eine im Ausland geschlossene Zivilehe zwischen einem libanesischen Muslim und einer nicht-muslimischen Nichtlibanesin ist nicht geregelt. Hierbei ist die Zuständigkeit im Libanon unklar; sowohl die Zivil- als auch die religiöse Gerichtsbarkeit beanspruchen Zuständigkeit.[62] Es handelt sich hierbei um eine durchaus häufig auftretende Konstellation, vor allem, wenn libanesische Männer nicht-libanesische Frauen heiraten.[63]

In Situationen, in denen es um Personenstandsangelegenheiten geht, an denen Nichtlibanesen beteiligt sind, prüfen die libanesischen Gerichte zunächst, ob es im jeweiligen Land (den libanesischen vergleichbare) religiöse bzw. zivile Personenstandsregelungen gibt. Dementsprechend kann dann entweder ein libanesisches religiöses Gericht zuständig sein, wenn die Regelungen vergleichbar sind, oder die libanesische Zivilgerichtsbarkeit wendet das ausländische Recht an.[64] Probleme entstehen beispielsweise im Falle von iranischen Personenstandsregelungen, da es sich um ein Zivilgesetz handelt, das ǧaʿfaritische Regelungen einschließt. Die schiitischen Libanesen folgen in der Regel ebenfalls ǧaʿfaritischer Rechtsprechung. Somit ist umstritten, ob iranische Fälle vor Zivil- oder religiösen Gerichten behandelt werden sollen.[65]

Wenn man als Libanese nicht zu einer der anerkannten Religionsgemeinschaften gehört, bleibt nur die zivile Heirat außerhalb des Libanons oder die Konversion zu einer der libanesischen Religionsgemeinschaften. Dies trifft z.B. für ca. 300 im Libanon lebende Baha'is zu, die ins Ausland reisen (müssen), um zu heiraten, weil sie ansonsten nicht heiraten könnten.[66]

Abgesehen von den rechtlichen Komplikationen in den geschilderten Fällen weisen SHEHADEH und ZALZAL zu Recht darauf hin, dass das Fehlen von zivilen libanesischen Ehebestimmungen und das plurale System Einfluss auf

---

[60] Vgl. *Bilani*, Personal Status, 271.
[61] Vgl. ebd.
[62] Vgl. *Bilani*, Personal Status, 270.
[63] Vgl. ebd.; Gespräch mit *Sami Baroudi*, Prof. Dr., Politologe an der Lebanese American University (LAU), am 08.08.2005 in Beirut, Sprache: Englisch.
[64] Vgl. *Bilani*, Personal Status, 269; Gemayel, Antoine el-, Private International Law, in: The Lebanese Legal System, Volume II, hrsg. von *El-Gemayel*, Washington D.C. 1985, 478.
[65] Vgl. *Bilani*, Personal Status, 269-270.
[66] Secularism and Personal Status Codes in Lebanon. Interview with *Marie Rose Zalzal*, 38.

Frauenrechte haben, z.B. deshalb, weil muslimische Frauen keine Nichtmuslime heiraten dürfen und das Erbe ungleich verteilt wird.[67]

4. Konfessionalismus und Probleme

Der bereits erwähnte Konfessionalismus (*ṭā'ifīya*) prägt die heutige libanesische Politik und Gesellschaft in starkem Maße. Hierbei ist zwischen dem ‚politischen Konfessionalismus' und dem ‚sozialen Konfessionalismus' zu unterscheiden.[68] Der politische Konfessionalismus bezieht sich vor allem auf das politische System und die Ämterverteilung nach konfessionellen Kriterien, aber auch eine Instrumentalisierung von ‚Religion' für politische Ziele.[69] Der soziale Konfessionalismus bezieht sich auf die „sect's autonomy in administering for its members, through its recognized religious officials, matters that are regarded as falling within the domain of ‚personal status' such as marriage, divorce, custody etc."[70] Beide Varianten des Konfessionalismus sind eng miteinander verknüpft, da es selbstverständlich einen Zusammenhang zwischen dem politischen System und dem sozialen System eines Landes gibt.[71]

Durch die (kaum umgehbare) Zuordnung zu den Religionsgemeinschaften sind „das Religiöse und das Politische untrennbar miteinander verwoben. In der multiplexen Bindung des Individuums an seine *ṭā'ifa* verschmelzen primordiale, sakrale und (staats)bürgerliche Bande."[72] Der soziale Konfessionalismus ist tief verwurzelt in der Geschichte des Nahen Ostens. Er ist, wie bereits beschrieben, in der heutigen libanesischen Form aus dem osmanischen Millet-System hervorgegangen.[73] Gerade in den entfernt von sunnitischen Zentren gelegenen Gebieten, wie dem in der Literatur gerne erwähnten ‚Rückzugsgebiet Libanongebirge',[74] konnte sich eine vom osmanisch-sunnitischen Zentrum unabhängige Infrastruktur der anerkannten Millets, im Libanongebirge vor allem der Drusen, Schiiten und Maroniten bilden. Hier scheint der Ursprung des heutigen libanesischen sozialen Konfessionalismus zu liegen, denn dieses System „did leave its mark on Lebanon of the past and continues to determine

---

67 Ebd.

68 *Beydoun*, A Note on Confessionalism, in: Lebanon in Limbo. Postwar Society and State in an Uncertain Regional Environment, hrsg. von *Hanf* und *Salam*, Baden-Baden 2003, 75; *Ibrahim*, Konfessionalismus und Politik in der arabischen Welt. Die Schiiten im Irak, Münster 1997, 17.

69 Ibrahim, Konfessionalismus und Politik in der arabischen Welt, 17. *Ibrahim* übernimmt hier die Definition von *Sad al-Din Ibrahim*.

70 *Fawaz*, Sectarianism and Lebanon's national dilemma, 22.

71 Ebd., 25.

72 *Rieger*, Die Vergemeinschaftung von Politik: Soziale Sicherungssysteme als Strukturelement für politische Prozesse am Beispiel des Libanon, Leipzig Diss. 2001, 27.

73 *Fawaz*, Sectarianism and Lebanon's national dilemma, 23; *Johnson*, All Honourable Men: The Social Origins of War in Lebanon, London u.a. 2001, 4.

74 *Azar*, Construction identitaire et appartenance confessionnelle au Liban, 59-60.

the behavior and allegiance of Lebanese today."[75] Als der Großlibanon 1920 zusammengefügt wurde, blieb der soziale Konfessionalismus unter anderem dadurch vorhanden, dass Säkularisierungsversuche im Bereich der Personenstandsregelungen unter französischem Mandat scheiterten.[76]

Der politische Konfessionalismus wird in der Literatur über den Libanon sehr ausführlich behandelt. Publikationen jüngeren Datums verweisen auch auf Ansätze für einen modernen Diskurs dazu.[77] Dabei wird die Reproduktion dieses Systems nicht als zwangsläufig dargestellt.[78]

5. Entkonfessionalisierung und Reformen

Nicht wenige libanesische Akteure und Politiker sprechen heute von der Abschaffung des Konfessionalismus. Das Abkommen von Ṭā'if regelt in einem eigenen Abschnitt die Abschaffung des politischen Konfessionalismus (*ilġā' aṭ-ṭā'ifīya as-siyāsīya* / l'abolition du Confessionnalisme politique)[79] als Ziel zur Befriedung des Landes. Forderungen in diesem Sinne beziehen sich in der Regel auf Veränderungen im politischen System, Änderungen in der Quotenverteilung für Staatsbedienstete und das politische Proporzsystem politischer Ämter. Hier soll es jedoch auch und vor allem um den sozialen Konfessionalismus gehen. REINKOWSKI weist zu Recht darauf hin, dass eine politische Entkonfessionalisierung unter Beibehaltung der religiösen Kontrolle über Teile des Bildungssystems und die Personenstandsregelungen ohnehin „prekär" wäre.[80] Das Konfliktpotential im Bereich des sozialen Konfessionalismus scheint in einiger Hinsicht noch deutlich höher als im Bereich des politischen. Auch HANF ist der Ansicht, dass man sich in den Forderungen auf Veränderungen des libanesischen Systems lediglich auf „politische Säkularisierung", d.h. bezogen auf das politische Proporzsystem etc. beschränkt habe, weil es zu kontrovers gewesen sei.[81]

---

75 *Fawaz*, Sectarianism and Lebanon's national dilemma, 23.

76 Vgl. *Peleikis*, Shifting Identities, Reconstructing Boundaries. The Case of a Multi-Confessional Locality in Post-War Lebanon, in: Die Welt des Islam, Vol. 41, Nr. 3, November 2001, 404.

77 Vgl. *Makdisi*, The Culture of Sectarianism. Community, History, and Violence in Nineteenth-Century Ottoman Lebanon, Berkeley u.a. 2000, 2-3.

78 Vgl. *Peleikis*, Shifting Identities, Reconstructing Boundaries, 400.

79 République Libanaise, Le Conseil Constitutionnel, Texte intégral de l'ACCORD DE TAEF, Date du 5/11/1989, http://www.conseil-constitutionnel.gov.lb/fr/taef.htm, zuletzt abgerufen am 24.04.2006 ; Waṯīqat al-wifāq al-waṭanī al-lubnānī [das Ta'if-Abkommen], Manšūrāt al-ḥalabī al-huqūqīya, o.O., o.J.

80 Vgl. *Reinkowski*, Redefinition of National Identity and Citizenship in the Age of Culturalist Politics in Germany, Israel, Lebanon and Turkey, 388.

81 *Hanf*, Koexistenz im Krieg, 182-3.

Die Widerstände gegenüber Veränderungen im sozialen Bereich sind jedoch hoch, was unter anderem daran liegt, dass die Zugehörigkeit zu einer Konfessionsgruppe mit Gruppen- und individueller Identität und mit einer kollektiven Geschichtsschreibung zusammenhängt, die verloren gehen würde.[82] Zu tief verwurzelt und zu fest etabliert scheinen die libanesischen Religionsgemeinschaften, weniger jedoch als spirituelle Gemeinschaft, denn als eine soziale Bezugsgruppe. Sämtliche religiöse Autoritäten würden ohne Zweifel Macht und Einfluss mit fortschreitender Säkularisierung verlieren. Als exemplarisch kann hier das Dokument der linksorientierten Partei von Kamal Jumblat gelten, das im Mai 1976 veröffentlicht wurde. Darin wurde die Abschaffung des Konfessionalismus durch vollständige Säkularisierung gefordert, auch und gerade durch die Abschaffung der separaten Gerichtsbarkeit der Religionsgemeinschaften und die Einführung eines zivilen Ehe-, Familien- und Erbrechts.[83] Es kam daraufhin zum Gegenschlag vor allem der sunnitischen und schiitischen obersten religiösen Autoritäten durch eine entsprechende Erklärung. HANF bemerkt zutreffend, dass aus dieser Gegenerklärung eine Verlustangst der „muslimischen Identität“ hervorgeht.[84] Argumentiert wird vor allem damit, dass es darum gehe, dass eine Muslimin einen Nicht-Muslimen heiratet, um so die ‚islamische Persönlichkeit’ und Familientradition zu gefährden oder gar aufzulösen.[85] In der Erklärung heißt es insgesamt ablehnend: „Säkularismus hat keinen Platz im Leben eines Muslims; entweder besteht der Islam ohne Säkularismus oder der Säkularismus ohne Islam.“[86] Die Initiative scheiterte.

Zu den Nachkriegsentwicklungen konstatiert FAWAZ, dass sich Sunniten und Schiiten, wenn überhaupt, nur für die Abschaffung des politischen Konfessionalismus aussprechen. Im Bereich der Personenstandsregelungen würde eine Säkularisierung in einem nichtislamischen Staat für diese Gruppen bzw. ihre politischen Vertreter eine nicht tolerierbare Abkehr von islamischen Prinzipien bedeuten.[87]

Während die Maroniten zunächst mehrheitlich dafür standen, sowohl den politischen als auch den sozialen Konfessionalismus aufrechtzuerhalten, sind sie dann eher dazu übergegangen, eine vollständige Säkularisierung in beiden Bereichen zu fordern, nach FAWAZ wohl als Reaktion auf muslimische Forderungen, lediglich den politischen Konfessionalismus abzuschaffen.[88]

---

82 *Azar*, Construction identitaire et appartenance confessionnelle au Liban, 7.
83 *Hanf*, Koexistenz im Krieg, 179-181.
84 Ebd., 181.
85 Ebd., 181-2.
86 Ebd., 182 (Übersetzung durch *Hanf*).
87 *Fawaz*, Sectarianism and Lebanon’s national dilemma, 22.
88 Ebd., 22-23.

In der Literatur halten sich die Einschätzungen, ob die Entwicklung des Libanon in eine gute oder schlechte Richtung gehen werde und ob es zu einer Entkonfessionalisierung kommen kann oder nicht, die Waage. BEYDOUN sieht entgegen dem, was das Ṭā'if-Abkommen fordert, als das Erbe des Krieges über die Nachkriegszeit an, dass der Einfluss der religiösen Autoritäten aus verschiedenen Gründen sich eher verstärkt hat.[89] Er schlägt aufbauend auf Ṭā'if und das darin vorgesehene Nationale Komitee zur Entkonfessionalisierung unter anderem ein neues Staatsbürgerschaftsrecht, eine Änderung des Wahlrechtes und die Abschaffung des Verwaltungsproporzes mitsamt der Richter sowie die Einführung einer optionalen Zivilehe vor.[90]

6. Initiativen zur Einführung einer Zivilehe

Wie beschrieben, sind die von der Zugehörigkeit zur Religionsgemeinschaft abhängigen Personenstandsregelungen zum Teil ein Relikt aus dem osmanischen Millet-System, das man als unvollständige Transformation aus dem imperialen Kontext bezeichnen kann, aber auch ein immer wieder reproduziertes System, das letztendlich auf der Zustimmung vieler Libanesen beruht. Bereits der französische Hochkommissar versuchte in der Gründungsphase des heutigen Libanons, einheitliche Regelungen im Bereich des Familienrechts einzuführen, scheiterte aber in großen Teilen am Widerstand der religiösen und politischen Autoritäten im Libanon. In der libanesischen Geschichte gab es jedoch mehrmals Initiativen, zusätzlich zum bestehenden System eine optionale zivile Heirat zu ermöglichen (*az-zawāǧ al-madanī al-iḫtiyārī*) oder gar die religiöse Gerichtsbarkeit abzuschaffen.[91] Exemplarisch seien hier zwei Beispiele genannt, deren Verlauf charakteristisch ist für viele weitere Initiativen:

1951 legte die Beiruter Anwaltsvereinigung (Beirut Bar Association) für ein Jahr aus Protest gegen die Fortexistenz der religiösen Gerichtsbarkeit ihre Arbeit nieder. 1954 brachten der maronitische und der drusische Führer, Raymond Eddé und Kamal Jumblat, einen Entwurf zur Säkularisierung der Personenstandsregelungen ein, so wie es bereits 1936 vorgesehen war. Sie scheiterten jedoch am innerlibanesischen Widerstand.[92]

Eine der letzten großen Initiativen war der Gesetzesvorschlag des libanesischen Präsidenten Elias Hrawi zur Einführung einer optionalen Zivilehe, der im Anschluss an diesen Aufsatz im arabischen Original abgedruckt ist. In seiner Neujahrsansprache am 31.12.1997 erwähnte Elias Hrawi neben anderen

---

89 *Beydoun*, A Note on Confessionalism, 78.

90 Ebd., 82-84.

91 Vgl. *Raḥḥāl*, Al-qawā'id al-ʿāmma li-l-ahwāl aš-šaḫṣīya. Zweiter Teil: Ahkām az-zawāǧ ad-dīnī wa-l-madanī, 1996, o.O, 199 ff.

92 *Gemayel*, Conclusion, Personal Status chapter, 375-376.

Forderungen zur Implementierung des Abkommens von Ṭā'if und zur Abschaffung des Konfessionalismus seine Pläne zur Einführung einer optionalen Zivilehe. In einer Sitzung des libanesischen Kabinetts stimmten am 18.3.1998 21 von 30 Ministern seinem Gesetzesentwurf für die Zivilehe zu. Daraufhin kam es zu größeren Demonstrationen in Beirut, unter anderem vor dem Amtssitz des Premierministers Hariri, zu denen die muslimischen und christlichen Autoritäten aufgerufen hatten, die in dem Gesetzesvorschlag einen „Angriff auf die Religion" befürchteten. Der maronitische Patriarch Sfeir warnte die nicht kirchlich getrauten christlichen Paare vor der Zivilehe. Am Ende verweigerte der Premierminister Hariri seine notwendige Unterschrift für den Gesetzesentwurf, der damit scheiterte.[93]

Linke und Demokraten organisieren jedoch weiterhin Protestaktionen.[94] Weshalb konnte bislang keine Zivilehe eingeführt werden? Mehrere Autoren und Interviewpartner gehen davon aus, dass durch die bestehenden Regeln Macht und Einfluss der religiösen Autoritäten garantiert werden, die diese zu Recht in Gefahr sehen, sollte an den bestehenden Regelungen etwas geändert werden.[95] ZALZAL beschreibt den Mechanismus, mit dem religiöse Autoritäten das bestehende System verteidigen:

> „What is happening at the present is a serious misuse of religion. Politicians and religious authorities justify their actions on the basis of so-called 'religious necessities.' When rights are protected by civil law, no one will be able to pretend to be the 'porte parole' of God and then realize his own plans in the name of God."[96]

So werden auch religiöse Argumente und sakrale Texte genutzt, um politische Forderungen zu stellen.[97] Eine Veränderung der Personenstandsregelungen würde den religiösen Autoritäten zweifelsohne einen Verlust ihrer politischen, kulturellen und religiösen Macht bringen. [98]

Das jetzige libanesische System wird von einigen Autoren jedoch als zu kompliziert und komplex für ein so kleines Land beschrieben.[99] Die Einführung einer optionalen Zivilehe, zusätzlich zu dem bestehenden System der Eheschließung, sei juristisch und praktisch realisierbar. So heisst es bei GEMAYEL:

---

93 *Riecker*, Eintrag „Libanon", 108.
94 *Wettig*, Aufbruch im Libanon, 25.
95 Ebd.
96 Secularism and Personal Status Codes in Lebanon. Interview with *Marie Rose Zalzal*, 37.
97 Ebd., 38.
98 *Gemayel*, Conclusion, Personal Status chapter, 375.
99 *Wettig*, Aufbruch im Libanon, 47.

> „One can easily envisage legislation that would permit the Lebanese citizens to choose between his religious community rules and national civil laws. Such legislation would strengthen the authority of the central government by moderating the exclusive jurisdiction of the respective religious sects over personal status matters and would contribute tremendously to the shaping of the Lebanese citizen, whose allegiance and loyalty would progressively be directed toward Lebanon as a nation, and secondarily toward his particular religious community. It also would alleviate the religious contradictions and unify social factions in the exceedingly divided and sectarian Lebanese population.“[100]

Die jetzige Situation führt dazu, dass Libanesen, die entweder verschiedenen Religionsgemeinschaften angehören oder säkular orientiert sind, im Ausland heiraten, beispielsweise auf Zypern, in Frankreich oder in der Türkei.[101] Auch zahlreiche Konversionen sind im Libanon aus Heiratsgründen notwendig. Dies verursacht nicht selten Probleme im sozialen Bereich. Zum Teil treten rechtliche Problem hinzu. KUDERNA erläutert dies:

> „Das Personenstandsrecht ist gänzlich konfessionell geregelt. (...) Eine Zivilehe gibt es nicht. Wollen trotzdem christliche und muslimische Partner heiraten, so bleiben ihnen mehrere Wege offen: entweder verzichtet ein Partner auf die Anwendung des Rechts seiner Religionsgemeinschaft (einem muslimischen Mädchen ist allerdings die Heirat mit einem Christen von ihrer Religion her verboten) bzw. tritt zur Konfession oder Religion des anderen über, oder das Paar heiratet im Ausland und läßt diese Ehe dann beim Staat registrieren, oder es heiratet zwei bis dreimal, einmal christlich, einmal islamisch und dazu im Ausland staatlich.“[102]

Abschließend soll auf eine Bewegung hingewiesen werden, die sich für Veränderungen in diesem Bereich engagiert. Zum einen ist die säkulare Bewegung *at-tayyār al-'almāni* zu erwähnen. Sie wurde 1980 vom griechisch-katholischen Bischof Gregoire Haddad gegründet und umfasst verschiedene Gruppen und Clubs. Haddad argumentiert, dass nur eine vollständige Säkularisierung der Personalstatutsregelungen und des politischen Systems dazu führen würde, dass Religion wieder um ihrer selbst willen auf spirituelle Weise praktiziert werden könne.[103] Der Fokus der Bewegung liegt nicht auf politischer,

---

100 *Gemayel*, Conclusion, Personal Status chapter, 376.
101 *Gemayel*, Conclusion, Personal Status chapter, 375-376.
102 *Kuderna*, Christliche Gruppen im Libanon, 54-55.
103 Gespräch mit *Gregoire Haddad*; vgl. sein Buch dazu: *Ḥaddād*, Al-ʿalmānīya aš-šāmila, Bairūt 1999.

sondern auf „kultureller" Arbeit.[104] Dabei geht es auch um die Einführung einer Zivilehe:

> „The Tayyar is working on a civil marriage law that will guarantee equality between men and women and give them the freedom to create their own world. This is about human rights and applying human rights to personal status laws. Secularism is the route to equality and human rights. Secular personal status codes will promote civil society and make inter-communitarian marriage easier. Instead of sectarian-based hostility, people will be able to discover the richness of their respective religions. Sectarianism prevents this from happening now. Religions are a part of the problem, not the solution."[105]

Für die Einbringung eines Gesetzesvorschlages zur Zivilehe ist jedoch die Zustimmung von mindestens 10 Mitgliedern des Parlaments notwendig.[106] Wie bereits erwähnt, findet sich auch unter den Politikern Widerstand gegen eine Veränderung des bestehenden Systems. Die Bewegung bemüht sich um eine Säkularisierung des politischen Systems und will darüber aufklären, dass ein säkulares System keinen Angriff auf die Religion bedeute, sondern diese lediglich wegführe aus der Sphäre des Politischen:

> „Our goal is to return religious institutions to the business of religion and not politics. We are trying to create the awareness that secularism is not against religion. On the contrary, it frees religions from wrong beliefs and makes spiritual life possible. Civil law is a matter of rights. It is not against spirituality."[107]

7. Zusammenfassung

Es ist langfristig für Libanon erforderlich, das Zusammenleben zwischen den einzelnen Konfessionen auf eine neue Grundlage zu stellen. Trennendes muss überwunden, Verbindendes gestärkt werden. Eine Änderung, Vereinfachung und Vereinheitlichung der komplexen Personalstatutsbestimmungen wäre ein guter und wirksamer Weg für den Libanon, seine mannigfaltigen internen Probleme aus eigener Kraft zu lösen. Einer der interessantesten und womöglich effektivsten Reformansätze wäre die Einführung einer (optionalen) Zivilehe. Eine Änderung im Familienrecht könnte den Weg weisen für eine neue, überkonfessionelle Identität der Libanesen und somit dazu beitragen, Spannungen zwischen den Angehörigen unterschiedlicher Religionsgemeinschaften abzubauen.

---

[104] Vgl. Secularism and Personal Status Codes in Lebanon. Interview with *Marie Rose Zalzal*, 37.

[105] Vgl. Secularism and Personal Status Codes in Lebanon. Interview with *Marie Rose Zalzal*, 37.

[106] Vgl. ebd., 38.

[107] Vgl. ebd., 37.

Im Libanon ringen Reformer, Politiker, Intellektuelle und Sozialaktivisten um eine Änderung des bestehenden Systems. Auch wenn diese Kräfte bislang nicht erfolgreich waren, so ist es doch ermutigend zu sehen, dass das Problem erkannt wurde und Gegenstand einer politischen Debatte ist.

٧ـ حرصه على مصلحة الأولاد حرصاً مطلقاً.
من وجوه ذلك أنه شدد على ديمومة مؤسسة الزواج، كما يستفاد من مجمل أحكامه.
وأوجب مراعاة مصلحة القاصر لدى إقامة دعوى البطلان أو الطلاق (المادة ٤٢).
وألزم الوالدين بنفقة الأولاد (المادة ٤٦) دون الحالة المعاكسة التي تظل خاضعة للأنظمة التابعة لطائفة الولد، انسجاماً مع مبدأ حرية الاختيار الذي تم إيضاحه آنفاً (الميزات الأساسية ـ البند ١).
واعتبر الولد الناشئ عن علاقة غير شرعية سبقت زواج والديه مكتسباً صفة الولد الشرعي بفعل زواجهما (المادة ٧٢).
وجعل الأولاد يفيدون من إرث أبويهم حتى لدى اختلاف الدين.

٨ـ حله مسألة الإرث والوصية وتحرير التركات بمادة وحيدة (هي المادة الأخيرة) أحالت إلى القوانين الخاضع لها كل من الزوجين مع مراعاة مبدأين اثنين:
أولهما هو أن اختلاف الدين لا يحول دون التوارث بين الزوجين ودون توريث الأولاد.
وثانيهما هو أن اختصاص النظر في قضايا الإرث والوصية وتحرير التركات، يكون خاضعاً للمحاكم المدنية دون سواها، في مجال تطبيق المادة الأخيرة المشار إليها أعلاه.

٩ـ استئناسه، قدر الحاجة والمستطاع، بقوانين عربية أو آسيوية أو غربية (التونسي، والتركي، والفرنسي والسويسري....) وبمشروع قانون موحد للأحوال الشخصية كان قد عرض في وقت سابق (عام ١٩٧٩) على لجنة الإدارة والعدل في المجلس النيابي اللبناني.

١٠ـ ابتعاده عن التفاصيل النافلة، وصياغته بالطريقة الواضحة، توخياً للمرونة، وللسهولة في التطبيق.
لذلك، أعدت الحكومة، مشروع القانون المرفق، وهي إذ تتقدم به من المجلس النيابي الكريم، ترجو إقراره.

للمسار القانوني للمؤسسة الزوجية، وتخفيفاً لاحتمالات تنازع القوانين. وهو كما يتضح من تسميته، قانون للأحوال الشخصية، لا الزواج وحسب.

٤ ـ معالجته إجراءات الزواج بطريقة تجمع بين التبسيط والمحافظة على الحد اللازم من مراعاة الأصول الشكلية. وتحقيقاً لهذه الغاية، لحظ (في المادة ١١) وجوب عقد الزواج أمام موظف مختص تابع للمديرية العامة للأحوال الشخصية، على أن تحدد شروط تعيين هذا الموظف ومركز عمله ونطاق وظيفته بمرسوم يحدد في مجلس الوزراء.

٥ ـ مراعاة المساواة في الحقوق والواجبات بين الرجل والمرأة في مؤسسة الزواج، مع مراعاته أيضاً خصوصية مجتمعنا حيث تقضي الضرورة. ومن مظاهر ذلك:

اشتراك الزوجين في تسيير شؤون الأسرة وفي تربية الأولاد على أن تبقى لكل منهما حرية التصرف بأمواله الخاصة، وحرية المعتقد، وحرية العمل في الحدود التي لا تتعارض مع الموجبات الزوجية الأساسية (المادة ١٩).

والتزام الزوج بالإنفاق على الأسرة ومساهمة الزوجة في الإنفاق إن كان لها مال (المادة ٢٠).

وتساوي الرجل والمرأة في حق طلب الطلاق (المادة ٢٥).

واشتراط موافقة الزوج الآخر لصحة التبني (المادة ٧٥).

وإيلاء الولاية الجبرية على القاصر للأب، ثم للأُم في حال وفاة الأب أو جنونه أو اعتباره مفقوداً (المادة ٨٦).

واشتراط موافقة الأم في الأعمال التصرفية الناتجة عن ممارسة حق الولاية من قبل الأب (المادة ٨٧).

ومنع تعدد الزوجات من خلال اعتبار الزواج باطلاً إذا كان أحد الزوجين مرتبطاً بزواج سابق قائم (المادة ٢١).

٦ ـ إقامته موازنة تامة بين وجوب الحفاظ على متانة المؤسسة الزوجية والروابط العائلية من جهة، ووجوب إيجاد الحلول المؤاتية لدى استحالة استمرار الزواج المتصف في الأصل والمبدأ بصفة الديمومة، من جهة مقابلة، من هنا التشدد في شروط الطلاق (المادة ٢٧) الذي لا يصح في كل حال بالتراضي (المادة ٢٦)، وإباحة تعديل طلب الحكم بالطلاق إلى طلب الحكم بالهجر ولو لأول مرة أمام محكمة الاستئناف (المادة ٣٦).

البلدان، وهذا الواقع يوجب على المحاكم الوطنية المدنية المختصة تطبيق القانون الأجنبي المعقود في ظله الزواج، مما يسيء إلى مبدأ سيادة الدولة اللبنانية في مجال التشريع، فضلاً عن إرهاق المواطنين بأعباء مالية يرغمون على تحملها.

ولأن فئة ثانية من اللبنانيين - في ظل حرية المعتقد - تعمد إلى تغيير طائفتها ضمن الديانة الواحدة أحياناً وإلى تغيير دينها أحياناً أخرى، في محاولة للتنصل من نتائج الزواج في إطار القانون الطائفي الذي رعاه، مما يسيء أيضاً إلى الاستقرار القانوني والاجتماعي.

ولأن الدولة مؤتمنة على توفير كل مناخ يسهم في إشاعة الانصهار الوطني...

لأجل ذلك كله إذاً، كان من اللازم المبادرة إلى إصدار مثل هذا القانون، مع التأكيد الشديد على الآتي:

أ - المعتقدات الدينية، وتقاليد الطوائف اللبنانية وأنظمتها، والتطلعات الروحية السامية لدى أبناء الشعب اللبناني، تظل جديرة بكل حماية واحترام.

ب - ليس لبنان أول من يبادر إلى تنظيم الأحوال الشخصية عن طريق تشريع مدني. فكثيرة هي البلدان ذات الحضارة الإسلامية أو المسيحية، التي سبقته إلى ذلك، بل تخطته في تعميم التشريع المدني وفرضته على كل مواطنيها.

جـ - القانون المقترح هو اختياري لا إلزامي فمن شاء الخضوع لأحكامه كان له ذلك، ومن شاء الخضوع لأنظمة الأحوال الشخصية السائدة له ذلك أيضاً.

ثانياً - ميزات اساسية:

في المشروع المقترح ميزات عديدة نكتفي بالإشارة إلى أبرزها:

١ - تطبيقه على من يختار الخضوع لأحكامه، دون سواه. والخضوع يكون عن طريق إجراء عقد الزواج وفقاً للصيغ المحددة فيه، كما جاء في مادته الأولى. وهذا يعني في جملة ما يعنيه، المحافظة على حرية الأولاد في اختياره أو عدم اختياره مستقبلاً ليطبق على عقود زواجهم، بالرغم من خضوع الوالدين له.

٢ - حفظه اختصاص النظر في جميع الطلبات والنزاعات الناشئة من جراء تطبيقه للقضاء المدني (المادة الثانية منه). وهذا الأمر هو نتيجة ملازمة لأي تشريع مدني.

٣ - شموله ميدان الأحوال الشخصية عموماً، وفي طليعة ذلك الزواج، تسهيلاً

١ ـ لا يحول اختلاف الدين دون التوارث بين الزوجين ودون إفادة الأولاد.

٢ ـ يبقى اختصاص النظر في قضايا الإرث والوصية وتحرير التركات والنزاعات الناشئة عنها للمحاكم المدنية دون سواها.

المادة ١١١ : يُعمل بهذا القانون فور نشره في الجريدة الرسمية.

الأسباب الموجبة

أولاً ـ مبادئ عامة:

من المبادئ الأصلية الراسخة في الحقل الدستوري أن حق الدولة هو من البديهيات في مجال تنظيم الشؤون العامة، وفي سن التشريعات المستلهمة من الدستور نصاً وروحاً، والمتلائمة مع حاجات المجتمع وتطلعاته.

ومن هذه المبادئ أيضاً أن الأنظمة الديمقراطية تولي مسألة الحريات عنايتها الخاصة، كحرية المعتقد التي اعتبرتها المادة التاسعة من الدستور اللبناني مطلقة، كما اعتبرتها مقدمة هذا الدستور ـ فضلاً عن العدالة الاجتماعية والمساواة ـ من أركان النظام الأساسي للدولة.

وإذا كان القرار رقم ٦٠/ل.ر. الصادر عن المفوض السامي عام ١٩٣٦ تحت عنوان «نظام الطوائف الدينية» قد أولى الطوائف التاريخية المعترف بها سلطة التشريع والقضاء في ميدان الأحوال الشخصية، فمن اللافت أن هذا النظام ذاته لحظ (في المادة ١٧ منه) حقوقاً لأبناء الطوائف غير المعترف بها، وحتى لأولئك الذين لا ينتمون إلى إحدى الطوائف الدينية، وأخضعهم جميعاً للقانون المدني، كما أنه أجاز للبناني (في المادة ٢٥ منه) عقد زواجه في بلد أجنبي وفقاً للأشكال المتبعة في هذا البلد، وأخضعه أيضاً للقانون المدني. من هنا، إن تنظيم الأحوال الشخصية ليس في الواقع حكراً على الطوائف الدينية المعترف بها، وذلك بفعل القانون الذي أولى هذه الطوائف حق التشريع في المجال المذكور.

لأجل ذلك، ولأن القانون المدني اللبناني لم يعالج، حتى اليوم، الشأن المتعلق بالأحوال الشخصية.

ولأن هذا النقص يدفع بفئة من اللبنانيين (حتى وإن كانوا منتمين إلى الطوائف المعترف بها) إلى الخارج بغية عقد الزواج وفقاً لصيغ القوانين المدنية السائدة في بعض

المادة ١٠٤ : يتضمن قرار الحجر تعيين وصي أو أكثر على المحجور عليه.

المادة ١٠٥ : تطبق على الوصي الأحكام المرعية في نطاق الوصاية على القاصر سناً.

إلا أن للمحكمة حصر صلاحيات الوصي على السفيه والمعتوه في شؤون معينة.

المادة ١٠٦ : تنتهي الوصاية على المحجور عليه برفع الحجر، وتسري المهلة المنصوص عليها في المادة ٩٤ من هذا القانون من تاريخ القرار القاضي برفع الحجر.

الفصل السادس: المفقود

المادة ١٠٧ : تعين المحكمة المختصة قيّماً على المفقود بناء على طلب كل ذي مصلحة وفقاً للأصول المبينة في المادة ٨٨ وما يليها من هذا القانون.

يحفظ القيّم أموال المفقود ويديرها دون التصرف بها، ويمثله في الدعاوى المقامة عليه.

أما الادعاء باسمه فلا يصح إلا بعد ترخيص من المحكمة يُعطى بقرار في غرفة المذاكرة.

المادة ١٠٨ : تنتهي القيمومة في إحدى الحالتين التاليتين:

١ ـ ظهور المفقود.

٢ ـ وفاته حقيقة أو حكماً.

المادة ١٠٩ : تطبق على القيّم الأحكام المرعية في نطاق الوصاية في كل ما لا يتعارض مع أحكام المادتين السابقتين.

وتسري المهلة المنصوص عليها في المادة ٩٤ من هذا القانون اعتباراً من تاريخ تحقق إحدى الحالتين المبينتين في المادة السابقة أو من تاريخ تعيين قيم جديد في حال وفاة القيّم السابق.

الكتاب الثاني

الإرث والوصية وتحرير التركات

المادة ١١٠ : تطبّق على الزوجين اللذين عقدا زواجهما وفقا لهذا القانون أحكام الإرث والوصية وتحرير التركات العائدة لنظام الأحوال الشخصية التابع له كل منهما، مع مراعاة المبدأين الآتيين:

المادة ٩٦ : تقضي المحكمة بسقوط الولاية أو الوصاية في إحدى الحالات الآتية:

١ ـ فقدان الولي أو الوصي الصفات أو الشروط القانونية.

٢ ـ إضراره بمصلحة القاصر.

٣ ـ انقطاعه لأي سبب كان عن ممارسة واجباته مدة سنة كاملة.

٤ ـ الحكم عليه في إحدى الجرائم وفقاً لأحكام المواد ٩٠ إلى ٩٣ من قانون العقوبات.

المادة ٩٧ : تقضي المحكمة بإعادة الوصاية إذا تبين بعد تحرير القاصر أنه غير أهل لذلك.

المادة ٩٨ : قرارات المحكمة القاضية بتعيين الوصي وبسقوط الولاية والوصاية وبإعادة الوصاية تصدر في غرفة المذاكرة.

الفصل الرابع: تحرير القاصر

المادة ٩٩ : يمكن لدى بلوغ القاصر الخامسة عشرة من عمره، تحريره من الوصاية لأسباب مهمة تقدرها المحكمة.

المادة ١٠٠ : تصدر المحكمة قرارها بتحرير القاصر كلياً أو جزئياً بناء لطلبه أو طلب وصيه وذلك في غرفة المذاكرة.

المادة ١٠١ : ينشر القرار في إحدى الصحف اليومية، ويلصق على باب محل عمل القاصر، وتدوّن خلاصته على بطاقة هويته، ويبلغ عند الاقتضاء إلى أمانة السجل العقاري وإلى السجل التجاري.

المادة ١٠٢ : إن الأعمال القانونية الصادرة عن القاصر المحرر تعد كأنها صادرة عن الراشد.

الفصل الخامس: الوصاية على المجنون والمعتوه والسفيه

المادة ١٠٣ : على المحكمة، بناء على طلب كل ذي مصلحة، أن تحجر على المجنون، ولها أن تحجر على السفيه والمعتوه.

يصدر القرار في غرفة المذاكرة بعد الاستماع إلى المطلوب الحجر عليه كلما كان ذلك ممكناً.

المادة ٨٧: يمثل الولي الجبري القاصر لدى المحاكم وينوب عنه في جميع الأعمال القانونية وتشترط موافقة الأم في الأعمال التصرفية إذا كان كل من الوالدين على قيد الحياة.

الفصل الثاني: الوصاية

المادة ٨٨: يمكن للمحكمة المختصة تعيين وصي أو أكثر على القاصر سناً.

المادة ٨٩: يشترط في الوصي أن يكون متمتعاً بحقوقه المدنية، حسن السيرة، وقادراً على رعاية شؤون القاصر.

كما يشترط ألا تتعارض مصالحه ومصالح الموصى عليه.

المادة ٩٠: تسلم أموال القاصر إلى الوصي بموجب جردة بإشراف المحكمة.

المادة ٩١: يمثل الوصي القاصر لدى المحاكم دون أن يكون له حق الإسقاط أو الإقرار أو التنازل أو الصلح أو الإذعان للأحكام، إلا بإذن من المحكمة.

المادة ٩٢: يحظر على الوصي القيام بالأعمال التصرفية إلا بإذن من المحكمة.

ويحظر عليه القيام بأي عمل يعود بالضرر على القاصر.

المادة ٩٣: يقدم الوصي للمحكمة بياناً سنوياً مفصلاً عن أعماله، ويمكن للمحكمة أن تلزمه بتقديم بيانات دورية أخرى.

المادة ٩٤: فور بلوغ القاصر سن الرشد على الوصي أن يسلمه الأموال العائدة إليه مع حساب شامل وجردة بأعمال الوصاية.

وللموصى عليه الطعن في المحاسبة وفي أعمال الوصاية خلال مهلة سنتين من بلوغه سن الرشد تحت طائلة سقوط الحق.

الفصل الثالث: انتهاء الولاية والوصاية وسقوطهما

المادة ٩٥: تنتهي الولاية والوصاية بأحد الأسباب الآتية:

١ ـ بلوغ القاصر سن الرشد.

٢ ـ تحريره الحكمي بالزواج.

٣ ـ تحريره الكامل بإذن المحكمة.

٤ ـ موته.

المادة ٧٨: إذا كان المتبنى قاصراً فيقتضي موافقة والديه أو الباقي منهما على قيد الحياة أو ممثله القانوني في حال وجوده أو ممثل خاص تعينه المحكمة.

المادة ٧٩: يكتفى بموافقة أحد الوالدين إذا كان الآخر مجهولاً أو مفقوداً أو غير مميز.

المادة ٨٠: لا يصح:

١ - تبني الوالدين أولادهما غير الشرعيين.

٢ - التبني ممن كان له على المتبنى حق الولاية أو الوصاية أو القيمومة.

المادة ٨١: يتم عقد التبني بقرار تتخذه المحكمة المختصة في غرفة المذاكرة.

المادة ٨٢: يحمل المتبنى اسم المتبني وشهرته.

المادة ٨٣: موانع الزواج الناتجة عن القرابة تبقى قائمة بين المتبنى وأقاربه الطبيعيين وتنشأ موانع زواج جديدة بين كل من المتبني والمتبنى وأقاربهما.

المادة ٨٤: يمكن فسخ عقد التبني بقرار تتخذه المحكمة المختصة في غرفة المذاكرة لأحد الأسباب الآتية:

١ - إساءة المتبني إلى المتبنى إساءة جسيمة أو بالعكس.

٢ - تكبيد أحدهما الآخر أضراراً مادية أو أدبية جسيمة.

٣ - سلوك أحدهما الشائن.

٤ - كل سبب خطير آخر تقدره المحكمة.

الباب الثالث: الأهلية

المادة ٨٥: ترعى أحكام الولاية والوصاية المبينة في المواد اللاحقة وضع فاقدي الأهلية أو ناقصيها من الأولاد الذين هم ثمرة الزواج المنعقد وفقاً لأحكام هذا القانون.

الفصل الأول: الولاية

المادة ٨٦: الولاية الجبرية على القاصر هي للأب، وهي للأم في حال وفاة الأب أو جنونه أو اعتباره مفقوداً. وإذا لم يكن للقاصر أب ولا أم فعلى المحكمة المختصة أن تعين له وصياً.

كانت قاصرة، ويجب في هذه الحالة الأخيرة، وتحت طائلة السقوط، تقديم الدعوى خلال مدة سنتين تسري ابتداء من تاريخ الوضع.

وإذا لم تقدم الدعوى أثناء المدة التي كان فيها الولد قاصراً يحق لهذا الأخير أن يقيمها خلال السنة التي تلي بلوغه سن الرشد، وإذا لم تعترف الأم بالولد أثناء المدة التي كان فيها قاصراً، أو إذا توفيت أثناء هذه المدة، أو كانت فاقدة الأهلية أو غائبة، فتكون المدة التي يمكن فيها للولد أن يقيم الدعوى بعد بلوغه سن الرشد سنتين.

المادة ٦٩: يجوز إثبات انتساب الولد غير الشرعي إلى أمه وعليه إذ ذاك أن يثبت أنها وضعت مولوداً وأنه هو المولود الذي وضعته.

المادة ٧٠: تقدم الدعوى خلال مهلة سنتين من تاريخ بلوغ الولد سن الرشد وذلك تحت طائلة الرد.

لا تقبل البينة الشخصية إلا إذا كان هنالك بدء بينة خطية أو قرائن جدية.

المادة ٧١: لكل ذي مصلحة أن يعترض على الحكم القاضي بثبوت انتساب الولد غير الشرعي إلى أحد والديه وذلك خلال مهلة ثلاث سنوات من تاريخ انبرام الحكم المذكور إذا كانت مصلحة المعترض قد تحققت وإلا فمن تاريخ تحققها، وذلك تحت طائلة سقوط الحق بالاعتراض.

المادة ٧٢: إن الولد الناتج عن علاقة سبقت زواج والديه وفقاً لأحكام هذا القانون يكتسب صفة الولد الشرعي بفعل زواجهما.

الفصل الخامس: التبني

المادة ٧٣: التبني عقد قضائي ينشىء بين المتبني والمتبنى الحقوق والواجبات العائدة للبنوة الشرعية وفقاً للأحكام الآتية:

المادة ٧٤: يشترط أن يكون الراغب في التبني متمتعاً بحقوقه المدنية، حسن السيرة، وقادراً على رعاية شؤون المتبنى.

المادة ٧٥: لا يصح التبني إلا بموافقة الزوج الآخر.

المادة ٧٦: لايصح أن يكون للمتبنى أكثر من متبن واحد إلا إذا تبناه الزوجان معاً.

المادة ٧٧: ينبغي أن لا يكون للمتبني أولاد شرعيون بتاريخ حصول التبني وأن يزيد عمره عن عمر المتبنى ثماني عشرة سنة على الأقل.

الفصل الرابع: البنوّة غير الشرعية

المادة ٦٠: الولد غير الشرعي هو المولود خارج إطار مؤسسة الزواج الشرعي المنظمة في هذا القانون.

المادة ٦١: البنوّة غير الشرعية في نطاق تطبيق هذا القانون هي البنوة الناتجة عن علاقة شخصين أحدهما متزوج وفقاً لأحكام هذا القانون.

المادة ٦٢: تثبت بنوّة الولد غير الشرعي بالاعتراف الرضائي.

يعلن الاعتراف بقرار يصدر عن المحكمة المختصة بعد مطالعة النيابة العامة.

المادة ٦٣: لا يجوز أن يحصل الاعتراف الرضائي بالولد بعد بلوغه سن الرشد.

المادة ٦٤: موافقة الزوج الآخر شرط لصحة الاعتراف.

المادة ٦٥: يحق للولد غير الشرعي إثبات انتسابه إلى والديه أو إلى أحدهما.

المادة ٦٦: يجوز انتساب الولد غير الشرعي إلى أبيه:

١ - في حالة الخطف أو الاغتصاب عندما يكون الحمل قد حصل في الوقت العائد لهما.

٢ - في حالة الإغراء بالطرق الاحتيالية (التجاوز في استعمال السلطة، الوعد بالزواج...).

وإذا كان هناك بدء بينة خطية فيمكن إكمالها بوسائل الإثبات المقبولة قانوناً.

٣ - في الحالة التي يوجد فيهارسائل أو مخطوطات أخرى صادرة عن الأب المزعوم ومتضمنة اعترافاً بالأبوة خالياً من الالتباس.

المادة ٦٧: لا تقبل دعوى الاعتراف بالأبوة:

١ - إذا ثبت شيوع سوء سلوك الزوجة أثناء مدة الحمل أو كان لها في المدة عينها اتصال بشخص آخر.

٢ - إذا كان الأب المزعوم أثناء تلك المدة في حالة لا يمكنه معها أن يكون أباً للولد لسبب قاطع، كالابتعاد عن مكان وجود الأم، أو الإصابة بحادث ما، أو الاستحالة الجسدية الثابتة طبياً.

المادة ٦٨: لا تقبل الدعوى إلا من الولد، وإذا كان قاصراً فتقبل من الأم وإن

١ ـ إذا كان عالماً قبل الزواج أو قبل العودة إلى المساكنة بأن زوجته حامل.

٢ ـ إذا وقّع وثيقة الولادة.

٣ ـ إذا اقرّ بأنه أب للولد بموجب وثيقة خطية.

٤ ـ إذا ولد الطفل ميتاً.

المادة ٥٢: للزوج أن ينفي الأبوة إذا حصلت الولادة بعد انقضاء أكثر من ثلاثمائة يوم على الانفصال الفعلي عن زوجته في معرض دعوى البطلان أو الطلاق أو الهجر.

يسقط هذا الحق إذا أثبتت الزوجة حصول اتصال جنسي بينها وبين الزوج في خلال مدة الحمل ولها حق الإثبات بجميع الوسائل.

المادة ٥٣: إن الحق بنفي الأبوة يسقط في جميع الأحوال إذا لم يمارسه الزوج في خلال مهلة ثلاثة أشهر تبدأ:

١ ـ من تاريخ الولادة إذا كان الزوج مقيماً وزوجته في بلد واحد.

٢ ـ من تاريخ عودة الزوج إذا كان غائباً بتاريخ الولادة.

٣ ـ من تاريخ اكتشافه الولادة إذا أخفيت عنه.

المادة ٥٤: إذا توفي الزوج قبل انقضاء المهلة المحددة قانوناً لنفي الأبوة فلأصحاب المصلحة من ذويه أن يستعملوا هذا الحق في خلال ثلاثة أشهر من تاريخ الوفاة.

الفصل الثالث: الإقرار بالنسب

المادة ٥٥: الإقرار بنسبة الولد المجهول النسب إلى المقر، يثبت به النسب إذا كان فرق السن بينهما يحتمل هذه البنوة.

المادة ٥٦: الإقرار الصادر عن مجهول النسب ذاته يجعل نسبه إلى المقر له ثابتاً إذا قبل به هذا الأخير، وإذا توفر شرط فرق السن.

المادة ٥٧: موافقة الزوج الآخر شرط لصحة الإقرار.

المادة ٥٨: ثبوت النسب بالإقرار يرتب في حالتيه جميع نتائج القرابة ومنها موانع الزواج والنفقة والإرث.

المادة ٥٩: يعلن الإقرار بالنسب بقرار يصدر عن المحكمة المختصة بعد مطالعة النيابة العامة.

الفصل الثامن: النفقة

المادة ٤٣ : تشمل النفقة المسكن والطعام والملبس والعلاج والتعليم والخدمة لدى الضرورة.

المادة ٤٤ : كلا الزوجين ملزم بالنفقة تبعاً لموارده عملاً بالمادة ٢٠ من هذا القانون.

المادة ٤٥ : تتوجب النفقة كلما دعت الحاجة ووفقاً لتقدير المحكمة:

١ ـ كل من الزوجين على الآخر.

٢ ـ للأولاد على الوالدين.

المادة ٤٦ : تخضع النفقة للتعديل زيادة أو نقصاناً كلما دعت الحاجة.

الباب الثاني: النسب

الفصل الأول: البنوّة الشرعية

المادة ٤٧ : أقصر مدة حمل ماية وثمانون يوماً وأطولها ثلاثماية يوم.

المادة ٤٨ : تعتبر البنوة شرعية حكماً بثبوت الولادة من زوجة شرعية بعد انقضاء الحد الأدنى المبين في المادة السابقة على تاريخ انعقاد الزواج أو قبل انقضاء الحد الأقصى على تاريخ بطلان الزواج أو انحلاله.

المادة ٤٩ : لا يجوز إثبات عكس ما ورد في المادة السابقة إلا بإقامة الدليل القاطع على استحالة حصول الاتصال بين الزوجين طوال مدة الحمل، أو على استحالة ان يكون الولد ابناً للزوج لأي سبب كان.

الفصل الثاني: نفي الأبوة

المادة ٥٠ : للزوج أن ينفي الأبوة إذا حصلت الولادة خارج مدة الحمل أو إذا حصلت قبل انقضاء مائة وثمانين يوماً على تاريخ العودة إلى المساكنة الزوجية بعد الانفصال في معرض دعوى الطلاق أو الهجر.

المادة ٥١ : يسقط حق الزوج في نفي الأبوة إذا حصلت الولادة قبل انقضاء مائة وثمانين يوماً على تاريخ الزواج أو تاريخ العودة إلى المساكنة الزوجية في كل من الحالات الآتية:

المادة ٣٧: فضلاً عن أسباب الطلاق التي تصح أساساً لطلب الهجر يمكن إسناد هذا الطلب إلى أحد الأسباب الآتية:

١ ـ الإهانة الجسيمة.

٢ ـ الإساءة في المعاملة إلى درجة غير مألوفة.

٣ ـ الجنون، إن لم تثبت قابليته للشفاء.

المادة ٣٨: يصح الهجر بالتراضي على أن يجري تدوينه بقرار تتخذه المحكمة المختصة.

المادة ٣٩: بإمكان كل من الزوجين طلب الطلاق إذا انقضت ثلاث سنوات على انبرام الحكم بالهجر دون عودتهما إلى الحياة المشتركة.

المادة ٤٠: يمتنع على وسائل الإعلام جميعاً نشر وقائع المحاكمات في دعاوى البطلان والطلاق والهجر.

المادة ٤١: للمحكمة فور تقديم دعوى البطلان والطلاق أو الهجر أن تأذن للزوج المدعي بالاستقلال في السكن.

وعليها اتخاذ التدابير اللازمة في شأن النفقة طوال مدة الدعوى، وفي شأن حضانة الأولاد والقاصرين وحراستهم والإنفاق عليهم، وذلك بقرارات نافذة على أصلها تتخذ في غرفة المذاكرة.

الفصل السابع: حضانة الأولاد وحراستهم

المادة ٤٢: عند إقامة دعوى البطلان أو الطلاق أو الهجر تراعى في شأن حضانة الأولاد وحراستهم القواعد الآتية:

١ ـ الحضانة هي للأم حتى إكمال القاصر السابعة من عمره إذا كان ذكراً، والتاسعة إذا كان أنثى.

٢ ـ للمحكمة أن تمدد فترة الحضانة المعطاة للأم أو أن تقصرها في ضوء وضع القاصر وحالة الوالدين (أهلية التربية، البراءة...).

٣ ـ للمحكمة أيضاً اتخاذ أي تدبير آخر يراعي مصلحة القاصر.

تكون الحراسة، في كل حال، متلازمة مع الحضانة.

٥ ـ الهجر غير المبرر لمدة تتجاوز ثلاث سنوات.

٦ ـ الغيبة المنقطعة خمس سنوات على الأقل.

٧ ـ انعدام القدرة على تحمل واجبات الزواج الأساسية.

٨ ـ اضطراب الحياة الزوجية إلى درجة استحالة الاستمرار في العيش المشترك.

المادة ٢٨: قبل المباشرة بإجراءات المحاكمة، على المحكمة دعوة الفريقين، كلما كان ذلك ممكناً، إلى جلسة مصالحة أو أكثر.

المادة ٢٩: تتمتع المحكمة بحرية واسعة لدى تقدير وسائل الإثبات المتوافرة في إطار دعوى الطلاق.

المادة ٣٠: تسقط دعوى الطلاق بتصالح الزوجين صراحة، كما تسقط بوفاة أحدهما.

وليس لورثة الزوج المتوفى متابعة دعوى الطلاق المقامة من مورثهم.

المادة ٣١: المصالحة وإسقاط الدعوى يمنعان على الزوج المدعي إقامة دعوى طلاق جديدة مسندة إلى الأسباب عينها، السابقة لإقامة الدعوى.

المادة ٣٢: حكم الطلاق ينهي الرابطة الزوجية منذ إبرامه، غير أنه لا ينتج مفاعيله تجاه الغير إلا من تاريخ تسجيله في دوائر الأحوال الشخصية.

المادة ٣٣: للمحكمة المختصة أن تحكم بالتعويض وفقاً للقواعد العامة في دعاوى البطلان أو الطلاق.

المادة ٣٤: يمتنع على المرأة أن تتزوج قبل انقضاء ثلاثمائة يوم على إبطال الزواج أو انحلاله إلا إذا كانت حاملاً ووضعت مولودها قبل انقضاء هذه المدة، أو إذا رخص لها بالزواج بقرار معلل تتخذه المحكمة المختصة في غرفة المذاكرة.

الفصل السادس: الهجر

المادة ٣٥: الهجر هو انفصال الزوجين في المسكن والحياة المشتركة مع بقاء الرابطة الزوجية قائمة بينهما، وهو لا ينتج مفاعيل قانونية إلا بحكم من المحكمة المختصة.

المادة ٣٦: يمكن تعديل طلب الحكم بالطلاق إلى طلب الحكم بالهجر ولو لأول مرة أمام محكمة الاستئناف.

٥ ـ إذا وقع على أحد الزوجين إكراه معنوي أو مادي لم يكن الزواج لينعقد لولاه.

٦ ـ إذا كان الغش الجسيم هو الدافع الوحيد والحاسم إلى الزواج.

٧ ـ إذا انعقد الزواج دون مراعاة الصيغة الجوهرية المفروضة قانوناً ولا سيما تلك المتعلقة بصلاحية الموظف المختص، وبالتحقق من الرضى، وبتوقيع الزوجين والشاهدين.

المادة ٢٢: دعوى البطلان الناشىء عن فقدان الادراك أو الغلط أو الإكراه أو الغش لا تسمع إلا من الفريق الذي كان ضحية أحد هذه العيوب.

ولا تسمع بعد انقضاء سنة على استمرار الزوجين في المساكنة الفعلية الطوعية بعد اكتشاف العيب أو زواله. ولا تسمع في مطلق الأحوال بعد انقضاء سنتين على اكتشاف العيب أو زواله.

المادة ٢٣: يكون للحكم القاضي ببطلان الزواج مفعول رجعي، مع حفظ حقوق الغير. غير أن المفاعيل القانونية الناتجة عن زواج باطل تكون كتلك الناتجة عن زواج صحيح في ما خص الفريق الحسن النية.

ويستفيد الأولاد دوماً من أحكام الفقرة السابقة.

الفصل الخامس: انحلال الزواج (الطلاق)

المادة ٢٤: ينحل الزواج:

- بموت أحد الزوجين.
- بتحول جنس أحدهما إلى الآخر.
- بالطلاق.

المادة ٢٥: يتساوى الرجل والمرأة في حق طلب الطلاق.

المادة ٢٦: لا يصح الطلاق بالتراضي.

المادة ٢٧: لا يقضى بالطلاق إلا لأحد الأسباب التالية:

١ ـ الزنى.

٢ ـ الإيذاء الجسدي المقصود، أو أي إيذاء آخر مهم، أو التهديد بخطر أكيد.

٣ ـ الحكم بالحبس مدة سنتين على الأقل مع التنفيذ بسبب جرم شائن.

٤ ـ الجنون شرط مرور سنة كاملة على تثبت الأطباء من استحالة الشفاء.

يعفى الأجنبي من أحكام هذه المادة.

المادة ١٧ : يتحقق الموظف المختص من رضى الفريقين المتبادل بسؤال كل منهما تباعاً عما إذا كان يريد الآخر زوجاً له، وذلك بحضور شاهدين راشدين، وينبغي أن يكون الجواب بالقبول صريحاً وغير معلق على شرط.

في حال تعذر التعبير عن القبول بشكل صريح لأي سبب كان يصح استثباته بأية وسيلة ملائمة، كالكتابة أو الإشارة المفهمة أو سواهما.

المادة ١٨ : ينظم الموظف المختص محضراً بالواقع ويسجل عقد الزواج في سجل خاص يوقعه مع الزوجين والشاهدين.

تعطى وثيقة الزواج للزوجين فوراً.

الفصل الثالث: مفاعيل الزواج: (الواجبات الزوجية)

المادة ١٩ : يلتزم كل من الزوجين تجاه الآخر بالأمانة، والتعاون، وحسن المعاملة، ويشتركان في شؤون الأسرة وفي تربية الأولاد.

وتبقى لكل منهما حرية التصرف بأمواله الخاصة، وحرية المعتقد، وحرية العمل التي لا تتعارض مع الموجبات الزوجية الأساسية.

المادة ٢٠ : يلتزم الزوج في الأصل بالإنفاق على الأسرة، وعلى الزوجة المساهمة في الإنفاق إن كان لها مال.

الفصل الرابع: بطلان الزواج

المادة ٢١ : يكون الزواج باطلاً:

١ ـ إذا كان أحد الزوجين مرتبطاً بزواج سابق قديم، ولا مجال للإبطال إذا كان الزواج السابق قد انحل أو أبطل بعد نشوء الزواج الثاني لأي سبب من الأسباب شرط أن يكون الشريك غير المتزوج سابقاً حسن النية.

٢ ـ إذا كانت بين الزوجين قرابة أو مصاهرة مانعة (المادة ١٠ من هذا القانون).

٣ ـ إذا كان أحد الزوجين فاقداً الإدراك بتاريخ العقد.

٤ ـ إذا وقع غلط في شخص أحد الزوجين أو في صفاته الجوهرية.

٢ ـ أن يتضمن سند التوكيل كامل هوية الشخص المراد عقد الزواج معه.

لا يجوز للوكيل أن يوكل سواه مهما كان نص الوكالة.

المادة ١٣ : على كل من طالبي الزواج أن يبرز للمرجع المختص المستندات الآتية:

١ ـ إخراج قيد مفصل يثبت أنه غير مقيد بزواج قائم (إذا كان لبنانياً)، أو جواز سفر مع إفادة صادرة عن السلطات المختصة في بلاده تثبت أنه غير مقيد بزواج قائم (إذا كان أجنبياً).

٢ ـ القرار القاضي بالترخيص كلما كان ذلك واجباً.

٣ ـ الشهادة الطبية الإلزامية المنصوص عليها في القوانين أو الأنظمة النافذة.

في حال تعذر الحصول على أي من المستندات المبينة في البند الأول من هذه المادة، يمكن الاستعاضة عنه بما يقوم مقامه بقرار معلل تتخذه المحكمة المختصة في غرفة المذاكرة.

المادة ١٤ : يعلق الموظف المختص على باب دائرته إعلاناً يتضمن اسم كل من طالبي الزواج وشهرته ومهنته ومحل إقامته وعنوان سكنه.

يستمر تعليق الإعلان مدة خمسة عشر يوماً على الأقل، وإذا لم يجر العقد خلال مدة سنة من تاريخ انقضاء هذه المهلة، يصار إلى الإعلان مجدداً بالطريقة عينها.

يمكن للمحكمة المختصة الإعفاء من موجب الإعلان في حالات استثنائية يعود لها حق تقديرها.

المادة ١٥ : لكل ذي علاقة أن يقدم خلال مهلة الإعلان اعتراضاً أمام المحكمة المختصة بواسطة الموظف المولج بإجراء العقد.

فور تقديم الاعتراض يمتنع الموظف عن إجراء العقد ويرفع الاعتراض إلى المحكمة التي تفصل فيه في غرفة المذاكرة بعد الاستماع إلى ملاحظات من ترى الاستماع إليهم، وذلك بقرار نافذ على أصله لا يقبل أي طريق من طرق المراجعة.

بعد انقضاء مدة الخمسة عشر يوماً على تعليق الإعلان دون التقدم بأي اعتراض، أو إذا رد الاعتراض، يجري الموظف المختص عقد الزواج وفقاً للأحكام اللاحقة.

المادة ١٦ : يعقد الزواج في مركز الموظف المختص التابع له مقام أحد طالبي الزواج، أو مسكنه الدائم، أو مسكنه المؤقت شرط ألا تقل إقامته فيه عن مدة شهرين سابقة لتقديم الطلب.

المحكمة المختصة في غرفة المذاكرة بعد مطالعة النيابة العامة ولأسباب بالغة الأهمية.

المادة ٦ : لا ينعقد الزواج إلا برضى الزوجين.

المادة ٧ : في حالة الترخيص المنصوص عليها في المادة /٥/ من هذا القانون، تشترط موافقة الممثل القانوني للمرخص له، فضلاً عن رضى هذا الأخير الشخصي.

عند انتفاء الموافقة لأي سبب كان، تبت المحكمة المختصة بأمر الترخيص بقرار يتخذ في غرفة المذاكرة بعد مطالعة النيابة العامة.

المادة ٨ : يمكن عقد زواج المحجور عليه لسبب غير الجنون بعد ترخيص يتخذ بقرار معلل من المحكمة المختصة في غرفة المذاكرة بناءً على طلب ممثله القانوني وبعد مطالعة النيابة العامة.

المادة ٩ : لا يجوز عقد الزواج بين شخصين أحدهما مرتبط بزواج قائم وإلا كان العقد باطلاً.

المادة ١٠ : لا يصح الزواج:

١ ـ بين الأصول والفروع.

٢ ـ بين الإخوة والأخوات.

٣ ـ بين من تجمعهما قرابة أو مصاهرة دون الدرجة الرابعة.

ولا فرق في تطبيق هذه المادة بين القرابة الشرعية أو غير الشرعية أو بالتبني.

الفصل الثاني: إجراءات الزواج

المادة ١١ : يعقد الزواج أمام موظف مختص تابع للمديرية العامة للأحوال الشخصية.

تحدد شروط تعيين هذا الموظف ومركز عمله ونطاق وظيفته والسجلات التي يترتب عليه اعتمادها بمرسوم يتخذ في مجلس الوزراء.

المادة ١٢ : حضور طالبي الزواج أمام الموظف المختص هو الأصل، غير أنه يصح حضور الوكيل في إطار الشرطين الآتيين:

١ ـ أن يكون التوكيل رسمياً لا يعود تاريخه إلى أكثر من ثلاثة أشهر سابقة لعقد الزواج.

Gesetzesentwurf zur Einführung einer optionalen Zivilehe[1]

Über den folgenden Gesetzesentwurf des libanesischen Präsidenten Elias Hrawi zur Einführung einer optionalen Zivilehe wurde am 18.03.1998 im libanesischen Kabinett abgestimmt:

قانون رئيس جمهورية لبنان
في الأحوال الشخصية
أحكام عامة

المادة الأولى: يطبق هذا القانون بصورة إلزامية على الأشخاص الذين يختارون الخضوع لأحكامه عن طريق إجراء عقد زواجهم وفقاً للصيغ المحددة فيه.

المادة ٢: ينظر القضاء المدني، وفقاً لقواعد الاختصاص العادي المنصوص عليها في قانون أصول المحاكمات المدنية، في جميع الطلبات والنزاعات الناشئة من جراء تطبيق هذا القانون.

الكتاب الأول
الزواج والنسب والأهلية

الباب الأول: الزواج

المادة ٣: الزواج عقد غايته إنشاء حياة مشتركة ودائمة بين رجل وامرأة.

المادة ٤: الوعد بالزواج أياً كان شكله، بما فيه الخطبة، لا يقيد الواعد، ولكن من ينقض الوعد تعسفاً يلزم بالتعويض وفقاً للقواعد العامة.

الفصل الأول: شروط الزواج وأركانه

المادة ٥: لا يعقد الزواج في الأصل قبل إتمام الرجل الثامنة عشرة والمرأة السادسة عشرة من العمر.

يمكن الترخيص بعقد الزواج لمن لم يبلغ السن المذكورة بقرار معلل تتخذه

---

[1] Quelle: *Kabbāra, 'Abd al-Fattāḥ*, Az-zawāğ al-madanī wa-mašrū' qānūn al-aḥwāl aš-šaḫṣīya al-lubnānī, Bairūt 1998, 157-175.

EINFÜHRUNG IN DAS INTERNATIONALE PRIVAT- UND ZIVILPROZESSRECHT DER VEREINIGTEN ARABISCHEN EMIRATE*

Professor Dr. Hilmar Krüger, Köln

Inhalt

* Frau Dr. Christine Budzikiewicz, Wissenschaftliche Assistentin an der Universität zu Köln, und Frau Rechtsreferendarin Darya Alikhani, Köln, danke ich sehr herzlich für die liebenswürdig-kritische Durchsicht meines Manuskripts, sowie Herrn Dr. Sven Klaiber, Bundesagentur für Außenwirtschaft, Köln, für seine stete Geduld, einige mir fehlende Materialien zugänglich zu machen. Bei dem Text handelt es sich um die ausgearbeitete Fassung meines Vortrags, den ich am 27.10.2006 auf der Jahrestagung der Gesellschaft für Arabisches und Islamisches Recht in Köln gehalten habe.

A. Vorbemerkung

Internationales Privat- bzw. Zivilprozessrecht (IPR bzw. IZPR) ist etwas sehr Neues in den im Jahre 1971 gegründeten Vereinigten Arabischen Emiraten (VAE), einem Bundesstaat, der aus sieben Teilemiraten (Abu Dhabi, Dubai usw.) besteht[1]. Noch auf der Tagung des Deutschen Instituts für Schiedsgerichtsbarkeit am 8.11.1979 in München z.B. konnten insoweit vielfach – anders als jetzt – nur Mutmaßungen angestellt werden[2]; denn inzwischen wurden das IPR (1985) und das IZPR (1992) gesetzlich geregelt.

Hinsichtlich der Quellenlage ist festzustellen: Selbständige Publikationen über das Kollisionsrecht sind in den VAE nach meinem Kenntnisstand noch nicht veröffentlicht worden. In der in Abu Dhabi seit 1973 erscheinenden führenden Rechtszeitschrift Al-ʿAdāla kann ich in den mir – allerdings nicht vollständig – zur Verfügung stehenden Heften keinen Beitrag über das IPR ermitteln. Es existieren bisher nur einige Publikationen in Europa von *Abu-Sahlieh*[3], *Ballantyne*[4] und *Krüger/Küppers*[5], die unmittelbar nach dem Inkrafttreten des ZGB, Gesetz Nr. 5/1985, erschienen sind und deshalb kaum mehr als die Übersetzungen der Kollisionsnormen enthalten. Die einzige etwas umfangreichere Darstellung ist vor drei Jahren von *Krüger*[6] veröffentlicht worden. In zwei weiteren Publikationen sind einige Hinweise auf die Anwendung und

---

1 Kurze Hinweise zur Geschichte und Entstehung der VAE u.a. bei *Baumann/Ebert*, Die Verfassungen der Mitgliedsländer der Liga der Arabischen Staaten, Berlin 1995, 729 – 737; insbesondere zu Dubai *Al Tamimi*, Setting up in Dubai, 3. Aufl. Dubai 2003, 2 f.; zur Rechtsentwicklung u.a. *Al-Muhairi*, The Development of the UAE Legal System and Unification with the Judicial System, Arab L.Q. 11 (1996), 116 – 160; *Price*, [National Report] United Arab Emirates, Yearb.Isl. & Midd.East.L. 1 (1994), 303 – 331 (303 – 305).

2 S. *Krüger*, Der Grundsatz der Parteiautonomie in den Kollisionsrechten der arabischen Staaten, in: *Böckstiegel* (Hrsg.), Vertragspraxis und Streiterledigung im Wirtschaftsverkehr mit arabischen Staaten, Köln 1981, 95 – 100 (99 f.); *Dilger*, Schiedsgerichtsbarkeit und Vollstreckung ausländischer Entscheidungen in den Golfstaaten, ebenda 101 – 122 (114 – 120). Völlig unergiebig ist zwangsläufig der Länderbericht UAE von *Al-Baharna* in der International Encyclopedia of Comparative Law, Bd. 1, weil er sich auf dem Stand von 1973 befindet

3 *Abu-Sahlieh*, Emirats arabes unies – Droit international privé, Rev.crit.d.i.p. 1986, 390 – 401 (Normtext in französischer Übersetzung mit Kurzkommentar zu mehreren Artikeln).

4 *Ballantyne*, The New Civil Code of the United Arab Emirates: A Further Reassertation of the Sharî'a, Arab L.Q. 1 (1985-86), 245 – 264 (256 – 260) = *Ballantyne*, Essays and Addresses on Arab Laws, Richmond/Surrey 2000, 143 – 149; im Wesentlichen nur Normtext in englischer Übersetzung.

5 *Krüger/Küppers*, Das internationale Privatrecht der Vereinigten Arabischen Emirate, IPRax 1986, 389 – 392 (Normtext in deutscher Übersetzung nebst einigen Anmerkungen).

6 *Krüger*, Zur Praxis des internationalen Privatrechts in den Vereinigten Arabischen Emiraten, in: Festschrift für Erik Jayme, München 2004, I 477 – 484.

Ermittlung ausländischen Rechts im Zusammenhang mit schuldrechtlichen Verträgen enthalten[7]. Immerhin ist inzwischen eine Reihe von Urteilen über kollisions- und internationalprozessrechtliche Fragen ergangen. Auch wenn in der Judikatur der beiden Kassationshöfe Abu Dhabi und Dubai ganz selbstverständlich noch nicht alle Kollisionsnormen angewandt bzw. alle gesetzlich nicht geregelten Fragen geklärt werden konnten, kann ich hier den Rechtszustand, wenn auch notwendigerweise recht blass, immerhin kurz skizzieren.

B. Kollisionsrecht

I. Rechtsquelle

Hauptquelle des Kollisionsrechts der VAE sind Art. 10 – 28 ZGB, Gesetz Nr. 5/1985, das aufgrund Art. 2 EinfVO am 30.3.1986 in Kraft getreten ist[8]. Änderungen der IPR-Normen sind bisher nicht erfolgt. Vorbild des Gesetzestexts ist auch in den VAE zweifelsfrei u.a. das ägyptische IPR (aus dem ZGB von 1948: Art. 10 - 28). Daneben hat der Gesetzgeber, wie sich aus den veröffentlichten Gesetzesmotiven ergibt, auch auf die dem ägyptischen Recht nachgeformten einschlägigen Kollisionsnormen Jordaniens[9], Syriens[10] und des Irak[11] zurückgegriffen[12]. Dass Grundlage des ägyptischen IPR auch das Kollisionsrecht der Staaten Libyen (1954), Sudan (1984), Somalia (1973), Algerien (1975 mit umfangreichen Änderungen durch das Gesetz Nr. 10/2005),

---

7 *Al Tamimi*, Practical Guide to Litigation and Arbitration in the United Arab Emirates, Den Haag 2003, 29 f.; *Bälz*, [Länderbericht] Vereinigte Arabische Emirate, in: *Bülow/Böckstiegel/Geimer/Schütze*, Der internationale Rechtsverkehr in Zivil- und Handelssachen, Loseblattsammlung, Stand: 2005, 1155-1 – 1155-9 (1155-5).

8 Veröffentlicht im Gesetzblatt (al-ǧarīda ar-rasmīya) Nr. 158 v. 29.12.1985; in deutscher Übersetzung bei *Krüger/Küppers*, IPRax 1986, 390 – 392 = *Kropholler/ Krüger/Riering/Samtleben/Siehr* (Hrsg.), Außereuropäische IPR-Gesetze, Würzburg/ Hamburg 1999, 996 – 1002.

9 Deutsche Übersetzung bei *Krüger*, Das internationale Privatrecht Jordaniens, IPRax 1987, 126 – 131 (129 – 131) = *Kropholler* usw. (Fn. 8), 324 – 329.

10 In deutscher und französischer Übersetzung bei *Kropholler* usw. (Fn. 8), 770 – 781.

11 Deutsche Übersetzung bei *Krüger/Küppers*, Das internationale Privat- und Zivilverfahrensrecht des Irak, IPRax 1988, 180 – 185 (182 f.) = *Kropholler* usw. (Fn. 8), 290 – 296.

12 Al-muḏakkirāt al-īḍāhīya li-qānūn al-muʿāmalāt al-madanīya (Erläuterndes Memorandum zum Gesetz über zivilrechtliche Rechtsgeschäfte), Abu Dhabi o.J., 22 – 34. Die Gesetzesmotive sind nicht sehr ergiebig, denn sie beschränken sich in vielen Fällen auf Paraphrasen der Normtexte, die auch in den Motiven stets vollständig abgedruckt sind. Sie sind nach meinem Kenntnisstand bisher auch nie in einem mir bekannt gewordenen Urteil zitiert worden. Schließlich: Zu keiner der Kollisionsnormen der VAE wird je eine andere Vorbildrechtsordnung als die vier genannten aufgeführt. – Herrn Rechtsanwalt *Rolf Meyer-Reumann*, Dubai, habe ich sehr herzlich dafür zu danken, dass er mir den Text der Gesetzesmotive zugänglich gemacht hat.

Afghanistan (1977), Kuwait (1961), Mauretanien (1989; teilweise)[13], Jemen (2002; mit z.T. erheblichen Abweichungen)[14] und bisher zuletzt von Qatar[15] ist, sei lediglich der Vollständigkeit halber angemerkt. Bahrain sieht in seinem ZGB, Gesetz Nr. 19/2001[16] in Art. 7 (nach kuwaitischem Muster) den Erlass eines IPR-Gesetzes vor. Da das gesamte bahrainische ZGB weitestgehend auf kuwaitischen (und damit ägyptischen) Vorbildern beruht, wird dies wahrscheinlich zukünftig auch im IPR-Bereich so sein.

II. Entwicklung

Ursprünglich hatten die Gerichte in den VAE erhebliche Probleme, die Normen des Kollisionsrechts gesetzeskonform anzuwenden. Man konnte zunächst den Eindruck gewinnen, dass die im ZGB enthaltenen Kollisionsnormen weitgehend toter Buchstabe waren; denn die Gerichte neigten bis etwa zur Jahrhundertwende meist dazu, auch bei der Beteiligung von nur ausländischen – auch nichtmuslimischen – Parteien unmittelbar das in den VAE auf dem Gebiet des „statut personnel" maßgebende islamische Recht – und zwar des *malikitischen* Ritus – anzuwenden (z.B. noch 1999 in zwei Urteilen des *Kassationshofs Dubai*[17]). Primär war dies auf dem Gebiet des Ehescheidungsrechts der Fall. Die malikitische Rechtsschule galt – auf der Grundlage von Art. 1 I ZGB – bestätigt von der Rechtsprechung – bereits vor dem Inkrafttreten des Gesetzes über den „statut personnel", Gesetz Nr. 28/2005 (PersStG)[18]; denn aufgrund des genannten Artikels ist im Bereich des vermögensrechtlichen Privatrechts zur Lückenfüllung das islamische Recht (*aš-šarīʿa al-islāmīya*) – und dieses primär in der Ausprägung der malikitischen Schule – anzuwenden. Dieselbe Norm (nebst Reihenfolge der anzuwendenden *maḏāhib* [nach den Malikiten, Hanbaliten, Schafiiten und zum Schluss Hanafiten]) findet sich jetzt auch in Art. 2 Nr. 3 des PersStG. In dessen Art. 2 Nr. 1 wird – anders als in Art. 1 I ZGB – nicht der Terminus aš-šarīʿa al-islāmīya, sondern „al-fiqh al-islāmī" benutzt. Ob man daraus, wie es in anderem Zusammenhang (betr. Art. 2 Nr. 2 jord. ZGB) anscheinend *Vogel* tut[19], schließen muss, dass dies eine stärkere Betonung des Islamischen bedeutet als wenn ein Bezug auf die *šarīʿa* erfolgt, scheint mir nicht zweifelsfrei.

---

[13] Die Kollisionsnormen der vorstehenden Staaten sind abgedruckt in der Sammlung von *Kropholler* usw. (Fn. 8).

[14] *Krüger*, Neues internationales Privatrecht in der Republik Jemen, IPRax 2004, 370 f.

[15] Zum qatarischen IPR, geregelt in Art. 10 – 38 ZGB, Gesetz Nr. 22/1994, *Klaiber/Krüger*, Internationales Privatrecht in Qatar, IPRax 2007, 149 – 155.

[16] Veröffentlicht im Anhang (mulḥaq) zum Gesetzblatt Nr. 2476 v. 9.5.2001.

[17] Nachweise bei *Krüger* (Fn. 6) 479 Fn. 13.

[18] Der qānūn al-aḥwāl aš-šaḫṣīya ist veröffentlicht im Gesetzblatt Nr. 439 v. 30.11.2005 und gemäß Art. 363 an diesem Tag in Kraft getreten.

[19] *Vogel*, Contract Law of Islam and the Arab Middle East, in: International Encyclopedia of Comparative Law, Vol. VII Chap. 7 no. 145.

Im Übrigen neigten die Gerichte, wenn sie die kollisionsrechtliche Problematik erkannten, nicht selten dazu, maßgebendes ausländisches Recht wegen Verstoßes gegen den „ordre public" (Art. 27 ZGB) nicht anzuwenden (z.B. der *Kassationshof Dubai* 1997; Zuerkennung nachehelichen Unterhalts nach indischem Hindu-Recht enthält einen Verstoß gegen die *šarī'a*)[20].

Der entscheidende Durchbruch, soweit für mich ersichtlich, und wohl nicht nur in familienrechtlichen Angelegenheiten, erfolgte durch ein Urteil des *Kassationshofs Dubai* im Juni 2000. In diesem familienrechtlichen Fall ging es um die Ehescheidung eines indischen Ehemanns von seiner srilankischen Frau. Nach Art. 13 Nr. 2 ZGB ist u.a. für die Ehescheidung das Heimatrecht des Ehemanns maßgeblich. Die Vorinstanz hatte die Ehe auf der Grundlage der bisherigen Rechtsprechung unter Anwendung islamischen Rechts geschieden, obgleich beide Parteien keine Muslime waren. Der *Kassationshof Dubai* verwirft in diesem Urteil seine bisherigen Entscheidungen, aufgrund derer in derartigen Fällen islamisches Recht angewandt wurde, und judiziert jetzt gesetzeskonform, dass das Heimatrecht des Ehemanns anzuwenden ist.

III. Besonderer Teil des Kollisionsrechts

Im Vordergrund des Interesses der deutschen Rechtspraxis stehen im Zweifel Probleme des Besonderen Teils des IPR. Deshalb werden zuerst einige Fragen, die auch bei uns wichtig werden können, dargestellt.

1. Internationales Personenrecht

a) Natürliche Personen

Die VAE folgen im Bereich des Rechts der *natürlichen* Personen dem Staatsangehörigkeitsprinzip (Art. 11 Nr. 1 ZGB). Dies betrifft z.B. Rechts- und Geschäftsfähigkeit, Lebens- und Todesvermutungen und das Namensrecht. Ist eine Person unbekannter Staatsangehörigkeit oder besitzt sie mehrere Staatsangehörigkeiten oder neben einer ausländischen auch die Staatsangehörigkeit der VAE, wird kraft Gesetzes stets das Recht der VAE angewandt (Art. 24 ZGB). Es erfolgt also auch bei Doppelstaatern (ohne Staatsangehörigkeit der VAE) kein Rückgriff auf die effektive Staatsangehörigkeit des Betreffenden[21]. Im Zusammenhang mit dem Recht der natürlichen Personen sei auch darauf hingewiesen, dass die *Sklaverei*, die bis vor

---

20 Nachweis bei *Krüger* (Fn. 6), 479 Fn. 14.

21 S. dazu die Gesetzesmotive (Fn. 12), 24 und 32. Bei gewöhnlichem Aufenthalt von (ausländischen) Doppelstaatern in den VAE wird an das Recht des Aufenthaltsstaates angeknüpft, um Konflikte zwischen den beiden möglicherweise anzuwendenden Rechten der Staaten, denen der Betreffende angehört, zu vermeiden; so *Kassationshof Dubai*, 21.1.1996, Yearb.Isl. & Midd.East.L. 3 (1996), 513 (514).

relativ kurzer Zeit (heute wohl nicht mehr) in den VAE existierte, aufgrund des geltenden Verfassungs- und Strafrechts verboten ist (Art. 14, 25 und 34 Verf.; Art. 346 StGB, Gesetz Nr. 3/1987). Jede Person gilt als rechtsfähig (und damit u.a. als erbberechtigt)[22].

Eine auch aus anderen Golfstaaten (z.B. Kuwait[23]) bekannte besondere Kollisionsregel, die die Fähigkeit von Frauen betrifft, Handelsgeschäfte zu betreiben, findet sich in Art. 21 Nr. 1 HGB, Gesetz Nr. 18/1993[24]: Die Handelsmündigkeit einer Frau unterliegt dem Recht des Staates, dem sie angehört. Insoweit wird eine Konkretisierung des Statuts der allgemeinen Geschäftsfähigkeit vorgenommen. In diesen Zusammenhang gehören auch die weiteren Regeln in Art. 21 HGB. Danach wird gesetzlich vermutet, dass jede ausländische Ehefrau, die in den VAE geschäftlich tätig ist, dies nach Erlangung der Zustimmung ihres Manns tut. Gestattet das maßgebliche Recht einem Ehemann, dies zu untersagen oder seine frühere Zustimmung zu widerrufen, so muss dies – im Interesse des Gläubigerschutzes – im Handelsregister vermerkt und in zwei in den VAE erscheinenden arabischsprachigen Tageszeitungen veröffentlicht werden. Im Übrigen wird gesetzlich vermutet (Art. 22 Nr. 1 HGB), dass Eheleute im Güterstand der Gütertrennung (*niẓām infiṣāl al-amwāl*) leben. Auf einen anderen Güterstand können sich Eheleute nur dann berufen, wenn auch dies im Handelsregister eingetragen und in zwei Tageszeitungen veröffentlicht wurde. Ist dies nicht erfolgt, so kann ein Gläubiger den Beweis führen, dass die Eheleute in einem Güterstand leben, der seinen Interessen günstiger ist (Art. 22 Nr. 2 HGB).

b) Juristische Personen

Der Rechtsstatus *juristischer* Personen (Handelsgesellschaften; ebenso z.B. Vereine, Stiftungen und andere) wird nach dem Recht ihres tatsächlichen Verwaltungssitzes beurteilt (Art. 11 Nr. 2 ZGB). Es gilt im internationalen Gesellschaftsrecht der VAE für Anfang, Ende und Umfang der Rechtsfähigkeit juristischer Personen somit die Sitz- und nicht die Gründungsrechtstheorie. Ausnahmen bestehen für ausländische Gesellschaften, die ihre Geschäfte auch in

---

22 *Kassationshof Dubai*, 70/2000, 18.2.2001, Al Sharif Legal Bulletin Nr. 26 (Juni/Juli 2001), 2 f. – Angemerkt sei zusätzlich, dass die VAE den beiden Übereinkommen über die Abschaffung der Sklaverei vom 25.9.1926 und 7.9.1956 bisher nicht beigetreten sind. – Zumindest auch in einem anderen arabischen Staat galt die Sklaverei noch bis in die jüngste Zeit; s. zu Mauretanien *Krüger*, Das internationale Privat- und Zivilverfahrensrecht Mauretaniens, RIW 1990, 988 – 992 (992).

23 *Krüger*, Internationales Recht in Kuwait nach den Gesetzesreformen 1980-1981, RIW 1983, 801 – 811 (805).

24 Veröffentlicht im Gesetzblatt Nr. 255 v. 20.9.1993. Bekannt ist dies auch in anderen arabischen Staaten; Nachweise bei *Elwan*, Neues Familien- und Erbrecht in Kuwait, IPRax 1985, 305 f. (306 Fn. 4).

den VAE betreiben; insoweit gilt ohne weiteres das Recht der VAE[25]. Jede Handelsgesellschaft ist – anders als bei uns – nach dem Recht der VAE (Art. 92 Buchst. e ZGB) nach Eintragung in das betreffende Register eine juristische Person (Art. 12 Nr. 1 des Gesellschaftsrechtsgesetzes, Gesetz Nr. 8/1984[26]).

2. Internationales Erbrecht

Im Bereich des *gesetzlichen* Erbrechts gilt das Staatsangehörigkeitsprinzip[27] (Art. 17 Nr. 1 ZGB), das jetzt gesetzeskonform angewandt wird (*Kassationshof Dubai* 2003)[28]. Dasselbe trifft zu für die *gewillkürte* Erbfolge (Art. 17 Nr. 3 ZGB). Die Form letztwilliger Verfügungen (Testament oder Vermächtnis) ist nach dem Recht des Staates zu beurteilen, dem der Erblasser angehört hat oder alternativ nach der Form des Staates, in dem letztwillig verfügt wurde (Art. 17 Nr. 4 ZGB). Eine Ausnahme besteht für die in den VAE belegenen Immobilien, wenn über sie *letztwillig verfügt* wurde. Insoweit wird ohne weiteres das Recht der VAE angewandt (Art. 17 Nr. 5 ZGB). Hinterlässt ein Ausländer also in den VAE bewegliches *und* unbewegliches Vermögen, tritt folglich Nachlassspaltung ein. Hinsichtlich des beweglichen Vermögens gilt sein Heimatrecht und hinsichtlich der in den VAE belegenen Immobilien emiratisches Recht[29].

---

25 Kurz dazu die Gesetzesmotive (Fn. 12), 24.

26 Dieses seit seinem Inkrafttreten mehrfach geänderte Gesetz soll demnächst in einer Neufassung verkündet werden. - Im Übrigen enthält Art. 92 ZGB einen umfangreichen Katalog der juristischen Personen (u.a. auch Stiftungen und Vereine).

27 Ganz offensichtlich verkannt in der von der Anwaltskanzlei *Al Tamimi* (Dubai) etwa 2005 herausgegebenen Schrift *Inheritance Law in the UAE*, 1, wonach aufgrund Art. 17 Nr. 1 ZGB „the law of domicile shall apply." Ähnlich auf S. 3, wo dann jedoch abschließend gesagt wird, dass der Nachlass „may be distributed in accordance with the laws of the country to which the deceased belonged." Die Schrift ist anscheinend von einem „common law lawyer" verfasst worden, der erhebliche Schwierigkeiten mit dem IPR der VAE hat. Abgesehen davon, dass Art. 17 Nr. 1 ZGB im Sinne des Staatsangehörigkeitsprinzips formuliert ist, ergibt sich dies völlig zweifelsfrei aus Art. 17 Nr. 3 ZGB (materiellrechtliche Bestimmungen über Verfügungen von Todes wegen unterstehen dem Recht des Staates, dem der Verfügende angehört) und Art. 17 Nr. 4 ZGB (für die Form letztwilliger Verfügungen gilt das Recht des Staates, dem der Verfügende zur Zeit ihrer Errichtung angehört). Nicht recht klar ist auch *o. Verf.*, Buyer Beware: Legal Issues to consider when Buying Property, Al Tamimi Law Update Nr. 174 (September 2005), 15 – 17 (17), wo von „uncertainty at the moment regarding inheritance of property under the UAE Civil Code" gesprochen wird; ähnlich *o. Verf.*, Inheritance of Freehold Property, Emirates Law Journal, September 2004, 5 f.

28 Nachweis bei *Krüger* (Fn. 6), 481 Fn. 31; Hindu indischer Staatsangehörigkeit war zur Zeit seines Todes Staatsangehöriger von Sierra Leone; deshalb sierra-leonisches Recht maßgeblich. – In einem Urteil aus dem Jahre 1994 hat der *Appellationshof Sharjah* auf den Erbfall eines indischen Hindu noch islamisches Recht angewandt; Bericht über den Fall im Afridi & Angell Monthly Newsletter XII Nr. 2 (Februar 1994), 5.

29 Anzuwenden sind damit in den VAE gemäß Art. 1258 ZGB (neben Art. 1257 - 1261 ZGB) die Normen der *šarīʿa* und die einschlägigen Gesetze. Das Recht der gewillkürten Erbfolge wird jetzt ausführlich gesetzlich normiert in Art. 240 - 273 des

Die Frage, ob dies auch für den Fall der *gesetzlichen* Erbfolge gilt, wird vom Gesetz nicht beantwortet, kann jedoch nicht ohne weiteres ausgeschlossen werden. Man kann zwar argumentieren, dass dies nicht der Fall ist, weil es das Gesetz – anders als bei der gewillkürten Erbfolge – nicht vorsieht. Die lex rei sitae ist jedoch in anderen Konstellationen dominant. Sie gilt z.B. hinsichtlich *schuld*rechtlicher Verträge über in den VAE belegenen Immobilien (Art. 19 Nr. 2 ZGB). Ausgeschlossen werden kann wohl auch nicht, dass die in Art. 17 Nr. 5 ZGB enthaltene Kollisionsnorm auf die gesetzliche Erbfolge analog angewandt wird[30]. Schließlich: Die „Anziehungskraft der Grundstücksbelegenheit"[31] ist ein nie zu unterschätzender Faktor. Einschlägige Rechtsprechung ist insoweit noch nicht ergangen. Das liegt sehr wahrscheinlich daran, dass Ausländer bis vor kurzer Zeit in den VAE noch kein Eigentum an Immobilien erwerben konnten[32]. Sobald dies in größerem Umfang möglich wird, werden Urteile wahrscheinlich nicht allzu lange auf sich warten lassen. Insoweit kann derzeit nicht einmal vermutet werden, wie die Gerichte derartige Fälle zukünftig beurteilen.

Ferner sei erwähnt, dass in den VAE belegene Nachlassgegenstände eines Ausländers, der keine Erbberechtigten (natürliche oder juristische Person) hat (bona vacantia), kraft Gesetzes (Art. 17 Nr. 2 ZGB) in das Eigentum des Staates (*daula*) fallen. Das Staatserbrecht des VAE-Fiskus geht dem anderer Staaten (z.B. § 1936 BGB oder § 760 ABGB [Heimfallsrecht des Staates]) vor.

Abschließend sei zum internationalen Nachlassverfahrensrecht kurz angemerkt, dass die emiratischen Gerichte gemäß Art. 21 Nr. 2 ZPO, Gesetz Nr. 11/1992[33],

---

Personalstatutsgesetzes, Gesetz Nr. 28/2005; geregelt wird islamischrechtlich korrekt nur das Vermächtnis (*waṣīya*).

30 Zur Problematik auch *Abu-Salieh* (Fn. 3), 399.

31 So die Formulierung von *Schröder* in anderem Zusammenhang in IPRax 1985, 145.

32 Der Erwerb von Immobilien ist in begrenztem Umfang erst seit sehr kurzer Zeit in den beiden Emiraten Abu Dhabi (Gesetz Nr. 19/2005) und in Dubai (Gesetz Nr. 7/2006) möglich. Text der Gesetze in englischer Übersetzung u.a. in Clyde & Co. (Abu Dhabi), Property Legal Update vom 23.8.2005, 1 – 8, bzw. in Al Tamimi Law Update (Dubai) Nr. 180 (März 2006), 14 – 17; näher *Makarem*, The Abu Dhabi Real Estate Law, Lex Arabiae 9 (2005), 52 – 55, und *Reiss*, The New Dubai Land Registration Law, Lex Arabiae 10 (2006), 18 – 22; *Al Tamimi & Company* (Hrsg.), Property Law in the UAE and Qatar, Dubai o.J. (2006). Wichtig ist: Ein Erbe ausländischer Staatsangehörigkeit erwirbt auch nach neuem Recht - jedenfalls in Abu Dhabi (Art. 7 des Gesetzes Nr. 19/2005) – bestenfalls für eine logische Sekunde Eigentum an Immobilien, denn er muss diesen Teil des Nachlasses nach Eintritt des Erbfalls sofort an einen VAE-Staatsangehörigen verkaufen. Falls erforderlich, kann dies auch durch gerichtliche Entscheidung angeordnet werden. Zur Problematik auch *Dale*, Real Property Registration in the Emirate of Dubai, Al Tamimi Law Update Nr. 181 (April 2006), 10 – 15 (15). - Zum früheren Rechtszustand u.a. *Meyer-Reumann*, Real Estate Law in the Emirate of Dubai, Lex Arabiae 7 (2003), 3 - 6.

33 Quelle unten in Fn. 72.

in allen Erbschaftsangelegenheiten international zuständig sind, wenn der Nachlass in den VAE belegen ist[34].

3. Internationales Familienrecht

Das internationale Familienrecht, führt – nicht anders als in Deutschland – zu den meisten Entscheidungen; dies insbesondere deshalb, weil der ganz überwiegende Teil der Wohnbevölkerung in den VAE ausländischer Staatsangehörigkeit ist.

Die *sachlichen Voraussetzungen* der Wirksamkeit einer Ehe unterliegen wie bei uns (Art. 13 I EGBGB) für jeden Verlobten dem Recht des Staates, dem er zur Zeit der Heirat angehört (Art. 12 Nr. 1 ZGB). Dies wird gesetzeskonform von der Judikatur bestätigt (*Kassationshof Dubai* 2003)[35].

Für die *Form der Eheschließung* ist nach Art. 12 Nr. 2 ZGB primär das Recht am Ort der Heirat maßgebend. Werden bei der Heirat die Normen der Heimatrechte beider Ehegatten berücksichtigt, so ist sie gleichfalls formgültig.

Die *persönlichen und vermögensrechtlichen Wirkungen* der Ehe unterliegen unwandelbar dem Heimatrecht des Ehemanns zur Zeit der Heirat (Art. 13 Nr. 1 ZGB). Dies betrifft u.a. den Unterhaltsanspruch eines der beiden Eheleute, die Pflicht zur ehelichen Lebensgemeinschaft, ehegüterrechtliche Fragen und die Brautgabe (mahr)[36]. So ist übrigens auch schon einmal vor der genannten Leitentscheidung des Kassationshofs Dubai im Jahre 2000 vom selben Gericht im Jahre 1997 entschieden worden. In dem Fall ging es um die Entscheidung über den Ehegattenunterhalt während bestehender Ehe zwischen zwei indischen Staatsangehörigen. Es wurde, vom Gericht ausführlich dargelegt, nicht islamisches, sondern das in Indien (interpersonale Rechtsspaltung beachtet [Art. 25 ZGB]) – für Hindus maßgebende Recht angewandt und ausführlich erörtert, dass insoweit kein Verstoß gegen den „ordre public" (Art. 27 ZGB) vorliegt[37].

An das Heimatrecht (*al-qānūn al-waṭanī*) des Ehemanns zur Zeit der Heirat wird von den Gerichten seit 2000 in ständiger Rechtsprechung jetzt auch gesetzeskonform (Art. 13 Nr. 2 ZGB) angeknüpft[38] die *Ehescheidung* durch

---

34 Umfangreiche Nachweise aus der Rechtsprechung bei *Al Tamimi* (Fn. 7), 20 Fn. 4.

35 Nachweis bei *Krüger* (Fn. 6), 481 Fn. 24.

36 Die einschlägigen materiellrechtlichen Regeln über den „*mahr*" sind jetzt in Art. 9 (Verfahrensrechtliches), 49 – 53 und 116 PersStG (2005) nebst dem weiterhin geltenden Gesetz Nr. 21/1997 über die Begrenzung der Höhe der Brautgabe enthalten; zu diesem Gesetz *Krüger*, Das Recht der Eheschließung in den VAE, StAZ 1999, 65 – 68 (66 f.).

37 Nachweis bei *Krüger* (Fn. 6), 481 Fn. 26.

38 Nachweise bei *Krüger* (Fn. 6), 480; näher zu Art. 13 ZGB Gesetzesmotive (Fn. 12), 25 f.

Verstoßung (*ṭalāq*) in erster Linie seitens des Ehemanns[39] oder durch gerichtliche Scheidung (*taṭlīq* oder *tafrīq*) primär auf Antrag der Ehefrau[40]. Dasselbe gilt für die Trennung von Tisch und Bett (*infiṣāl*) sowie für die *ḫul'*-Scheidung (Selbstloskauf der Frau gegen ein Entgelt [*badal*] oder Verzicht auf den ausstehenden Betrag der Brautgabe)[41]. Art. 13 Nr. 2 ZGB, das ist nicht unwichtig, wird auch auf Muslime, die die Staatsangehörigkeit eines anderen Staates als der VAE besitzen, angewandt. So wurde z.B. in der Ehescheidungssache von Libanesen vom *Kassationshof Dubai* (2000) nicht das in den VAE dominierende islamisch-malikitische Recht angewandt, sondern libanesisches Recht (Gesetzesrecht und zur Lückenfüllung islamisch-hanafitisches Recht)[42].

Eine *Sonderregelung* gilt gemäß Art. 14 ZGB i.V.m. Art. 12 und 13 ZGB – wie nach den vier Vorbildrechtsordnungen[43] – für die Eheschließung, -wirkungen und -scheidung in all den Fällen, in denen *ein Staatsangehöriger der VAE* beteiligt ist. In derartigen Fällen gilt mit Ausnahme der Ehefähigkeit stets das Recht der VAE. Das heißt, Staatsangehörige der VAE sind privilegiert, weil stets ihr Heimatrecht gilt[44]. Die bisher genannten Normen gelten *nur* dann, wenn *ausschließlich Ausländer* beteiligt sind[45].

Kurz erwähnt sei auch, dass für die Unterhaltspflicht zwischen Verwandten das Heimatrecht des Unterhaltschuldners gilt (Art. 15 ZGB), was auch aus anderen Rechtsordnungen (z.B. Art. 21 IPR-Gesetz der Türkei, Art. 20 IPR-Gesetz Polens, Art. 15 ZGB Ägyptens und zuletzt Art. 21 ZGB Qatars) bekannt ist.

Zum leidigen Problem des *Kindschaftsrechts* sei angemerkt: Gemäß Art. 16 ZGB unterliegen die Fragen auf dem Gebiet der elterlichen Gewalt (*wilāya*), Vormundschaft (*wiṣāya*), Pflegschaft (*qiwāma*) und ähnlicher Rechtsinstitute dem Heimatrecht der zu schützenden (minderjährigen[46]) Person. Dies gilt nach der Rechtsprechung (*Kassationshof Dubai* 2003) in jedem Fall zweifelsfrei für die elterliche Vermögenssorge (*wilāya 'alā l-māl*)[47].

---

39 Geregelt in Art. 99 – 109 PersStG (2005).

40 Geregelt in Art. 112 – 135 PersStG (2005).

41 Geregelt in Art. 110 f. PersStG (2005).

42 Nachweis bei *Krüger* (Fn. 6), 480 Fn. 23.

43 Ägypten (Art. 14 ZGB), Irak (Art. 19 Nr. 5 ZGB), Jordanien (Art. 15 ZGB), Syrien (Art. 15 ZGB).

44 Sind diese Kollisionsnormen bei einem Verfahren in Deutschland maßgeblich, so kann darin im Einzelfall ein Verstoß gegen unseren „ordre public" (Art. 6 EGBGB) liegen, wenn man die Erwägungen des *BGH* 11.10.2006, FamRZ 2007, 109 (110) m.Anm.v. *Henrich*, in einem in etwa vergleichbaren Fall in Betracht zieht.

45 Zu Art. 12 – 14 ZGB Gesetzesmotive (Fn. 12), 24 – 26.

46 Volljährigkeit tritt gemäß Art. 50 Nr. 2 ZGB mit der Vollendung des 21. Lebensjahres nach dem islamischen Lunarkalender ein (etwa 20 Jahre und vier Monate).

47 Nachweis bei *Krüger* (Fn. 6), 481 Fn. 28.

Nach der Rechtsprechung wurden dagegen zunächst weder Art. 13 Nr. 1 ZGB (Ehewirkungen) noch Art. 16 (elterliche Gewalt) auf die Frage der Personensorge (*wilāya 'alā n-nafs*) angewandt. Ging es um derartige Probleme, einschließlich der Abstammung (*nasab*), und um die tatsächliche Personensorge (*ḥaḍāna*) im Zusammenhang mit der Klage des Vaters auf die Herausgabe eines (ehelichen) Kindes gegen die Mutter, so wurde das Heimatrecht der Person angewandt, die die Herausgabe des Kindes fordert (*Kassationshof Dubai* 1996)[48]. Inzwischen wird jetzt jedoch entschieden, dass auch für personensorgerechtliche Fragen sowie die Abstammung eines Kindes Art. 16 ZGB maßgebend und damit auf das Heimatrecht des Kindes abzustellen ist (*Kassationshof Dubai* 2003 in einem libanesischen Fall)[49].

Abschließend sei mitgeteilt, dass im Bereich des internationalen Familienrechts – anders als im Schuldvertragsrecht (Art. 19 Nr. 1 ZGB) – der Grundsatz der Vertragsfreiheit (*ḥurrīyat at-ta'aqqud*) grundsätzlich nicht gilt[50]. Den Parteien steht es allerdings gemäß Art. 1 Nr. 2 PersStG, Gesetz Nr. 28/2005, jetzt frei, in einem Rechtsstreit in den VAE das dortige Recht zu wählen; dies gilt sehr wahrscheinlich auch in Verfahren, die familienrechtliche Verträge betreffen (Abschnitt B IV 4).

4. Internationales Sachenrecht

Klar sind die kurzen Regeln über das internationale Sachenrecht (Art. 18 Nr. 1 ZGB), das keine Besonderheiten aufweist. Besitz, Eigentum und andere dingliche Rechte unterliegen, soweit es sich um Immobilien handelt, der lex rei sitae zu dem Zeitpunkt, in dem der Erwerb oder der Verlust des Eigentums oder eines anderen dinglichen Rechts eingetreten ist. Im Übrigen entscheidet gemäß Art. 18 Nr. 2 ZGB die lex rei sitae darüber, wie eine Sache zu qualifizieren ist (beweglich oder unbeweglich). Eine Regelung über die res in transitu mit dem damit verbundenen Statutenwechsel enthält das Gesetz zwar nicht. Ob das Eigentum an einer Sache aufgrund Vertrages[51], gesetzlicher oder gewillkürter Erbfolge wirksam auf einen Anderen übergegangen ist, entscheidet jedoch das Recht des Staates, in dem dies erfolgt ist; also die jeweilige lex rei sitae. Das heißt, ein im Ausland wirksam erfolgter Eigentumserwerb (*iktisāb al-milkīya*) wird in den VAE anerkannt. Dies gilt zumindest dann, wenn ein

48 Nachweis bei *Krüger* (Fn. 6), 480 f. Fn. 20 und 29.

49 Nachweis bei *Krüger* (Fn. 6), 481 Fn. 30.

50 *Kassationshof Dubai* 20/1995, 15.6.1996, bei *Al Tamimi* (Fn. 7), 30.

51 Das Recht der VAE kennt keine besondere dingliche Übereignung. Das Eigentum an einer Sache geht z.B. grundsätzlich bereits mit dem Abschluss des (schuldrechtlichen) Kaufvertrages über. Das heißt, der Käufer wird Eigentümer der Kaufsache, sobald der Kaufvertrag geschlossen ist, sofern nichts Abweichendes vereinbart wurde (Art. 511 ZGB); s. dazu auch die Gesetzesmotive (Fn. 12), 489; ferner im Sachenrecht Art. 1275 f. ZGB (zu Mobilien) und Art. 1277 f. ZGB (zu Immobilien; Eintragung in das entsprechende Register erforderlich) nebst den Gesetzesmotiven (Fn. 12), 899 – 901.

abgeschlossener Tatbestand vorliegt und sich die Rechtsänderung bereits unter dem früheren (ausländischen) Statut vollzogen hat[52].

5. Internationales Schuldvertragsrecht

Hinsichtlich des internationalen Schuldvertragsrechts, das primär Geschäftsleute interessiert, sei kurz gesagt: Gemäß Art. 19 Nr. 1 ZGB wird der Grundsatz der Parteiautonomie im internationalen Schuldvertragsrecht anerkannt[53]. Das heißt, unterliegt ein Vertrag kraft Vereinbarung (Schriftform stets empfehlenswert) einem bestimmten Recht oder ergibt sich dies aus den Umständen des Falls, so gilt dieses. Fehlt eine Vereinbarung, so wird bei verschiedenen Wohnsitzen der Parteien angeknüpft an das Recht des Staates, in dem der Vertrag geschlossen wurde[54]. Dies ist von der Rechtsprechung (*Kassationshof Abu Dhabi* 1998) bestätigt worden: Vertragsschluss in Frankreich und damit gilt mangels Parteivereinbarung französisches Recht[55]. Nicht unerwartet, wenn man die vier Vorbildrechtsordnungen betrachtet[56], regelt Art. 19 Nr. 2 ZGB, dass bei *schuld*rechtlichen Verträgen *über Immobilien* das Recht der belegenen Sache anzuwenden ist. Das betrifft ohne weiteres Verträge z.B. über Grundstückskauf, -miete oder -pacht. So wurde übrigens bereits auch vor dem Inkrafttreten des ZGB entschieden (*Kassationshof Abu Dhabi* 1985)[57].

Auch wenn der Grundsatz der Parteiautonomie zwischen Privaten gilt, gibt es Grenzen. Dies betrifft im Wesentlichen Verträge mit öffentlich-rechtlichen Institutionen oder staatlichen Unternehmen, die im Zweifel stets dem Recht der VAE unterliegen. In Dubai wird dies seit 1988 gesetzlich vorgeschrieben. Problematisch sind auch Rechtswahlklauseln zugunsten eines ausländischen Rechts in Verträgen mit emiratischen Handelsvertretern oder Eigenhändlern,

---

52 Gesetzesmotive (Fn. 12), 28.

53 Näher zum Recht der VAE und aller anderen nah- und mittelöstlichen, zentralasiatischen sowie transkaukasischen Staaten *Krüger*, Zur Parteiautonomie im internationalen Schuldvertragsrecht im orientalischen Umfeld der Türkei, in: Gülören Tekinalp'e Armağan (Festschrift für Gülören Tekinalp), Istanbul 2003, 539 – 564.

54 Auf das Recht des Abschlussortes abzustellen, ist veraltet und nur eine Verlegenheitslösung, „die im Einzelfall zu einem gänzlich unangemessenen Schuldvertragsstatut führen kann." So mit Recht *Jung*, Ägyptisches internationales Vertragsrecht, Tübingen 1999, 36, zu der Parallelvorschrift in Ägypten (Art. 19 Nr. 1 ZGB); ebenso kritisch *Elwan*, La loi applicable à la garantie bancaire à première demande, Recueil des Cours 275 (1998), 9 – 217 (183 f.) zu Art. 19 Nr. 1 ägypt. ZGB. – Ausführlich zur Parteiautonomie in den Vorbildrechtsordnungen *Al-Samdan*, Contracts' Conflict Rules in Arab Private International Law: A Comparative Study on Principles of Islamic and Civil Law Systems, Diss. Duke University 1981.

55 Nachweis bei *Krüger* (Fn. 6), 479 Fn. 17; in englischer Übersetzung jetzt bei *Price/Al Tamimi* (Fn. 70), 321 (324).

56 Ägypten (Art. 19 II ZGB), Irak (Art. 25 Nr. 2 ZGB), Jordanien (Art. 20 Nr. 2 ZGB), Syrien (Art. 20 Nr. 2 ZGB).

57 Nachweis bei *Krüger* (Fn. 6), 479 Fn. 17.

obwohl diese – anders als z.B. in Marokko seit 1996 – gesetzlich nicht untersagt werden[58].

6. Internationales Wertpapierrecht

Die Regeln des internationalen Wertpapierrechts, die nicht im ZGB, sondern im HGB, Gesetz Nr. 18/1993, enthalten sind, seien auch kurz genannt. Gemäß Art. 495 Nr. 1 HGB unterliegt die Form eines Wechsels dem Recht des Staates, in dem er ausgestellt wurde. Die Wechselfähigkeit einer Person wird nach dem Recht des Staates beurteilt, dessen Staatsangehörigkeit sie besitzt. Wechselt der Betreffende seine Staatsangehörigkeit, so wird das Recht dieses Staates maßgeblich (Art. 495 Nr. 2 HGB). Wer nach dem maßgebenden Recht nicht wechselfähig ist, wird aus dem Wechsel dennoch wirksam verpflichtet, wenn er ihn in einem Staat unterzeichnet, nach dessen Recht er wechselfähig ist (Art. 495 Nr. 3 HGB). Aufgrund der allgemeinen Verweisungsnorm des Art. 595 HGB gelten die für den Wechsel genannten Vorschriften analog für den Scheck.

7. Internationales Deliktsrecht

Das internationale Deliktsrecht wird in Art. 20 ZGB geregelt. Maßgeblich ist die lex loci delicti commissi. Das heißt, wahrscheinlich für *alle* in Art. 282 – 336 ZGB geregelten außervertraglichen Schuldverhältnisse (*iltizāmāt ġair ta'āqudīya*) und damit nicht nur für die unerlaubte Handlung (*fi-ḍ-ḍarr*)[59] gilt das Recht des Staates, in dem sich die Tatsache ereignet hat, die die Verpflichtung begründet. Dies gilt wohl auch für die aus Frankreich bekannten sog. Quasiverträge wie die ungerechtfertigte Bereicherung (*kasb bilā sabab*)[60] und die Geschäftsführung ohne Auftrag (*faḍāla*), denn sie werden im materiellen Recht nicht im Zusammenhang mit dem Kapitel über das Vertragsrecht (Art. 125 – 275 ZGB) normiert. Für unerlaubte Handlungen kommt hinzu: Das von Art. 20 Nr. 1 ZGB berufene Recht gilt *nicht* für Delikte, die im Ausland begangen wurden, wenn sie zwar dort, jedoch nicht in den VAE als unrechtmäßig (*ġair mašrū'*) gelten (Art. 20 Nr. 2 ZGB)[61]. Judikatur zum internationalen Deliktsrecht ist mir bisher nicht bekannt geworden.

---

58 Näher *Krüger* (Fn. 53), 558 – 563; zu Marokko *ders.*, Entwicklungen im Handelsvertreterrecht der arabischen Staaten, RIW 1997, 833 – 837 (836).

59 Zum materiellen Recht *Krüger*, Das Deliktsrecht der VAE, VersR 1989, 1000 – 1006; *ders.*, Vermögensrechtliches Privatrecht und Sharî'a am Beispiel der VAE, ZvglRWiss 97 (1998), 360 – 386 (370 – 375); *Le Roy*, Haftung und Entschädigung für Personenschäden im islamischen Recht, PHI 2006, 144 – 149 (146 – 149); *Al Tamimi & Company* (Hrsg.), Law of Tort in the UAE, Dubai o.J.

60 Zum materiellen Kondiktionsrecht IPG 2003-04 Nr. 7 (*Köln*).

61 Vgl. zu Art. 20 ZGB die Gesetzesmotive (Fn. 12), 30.

IV. Allgemeiner Teil des Kollisionsrechts

Mehrere Probleme des Allgemeinen Teils des IPR sind gesetzlich geregelt. Auch hierzu seien einige Hinweise gegeben.

1. Vorrang besonderer Kollisionsnormen

Normen, die in anderen Gesetzen als dem ZGB enthalten sind[62], gehen den in ihm enthaltenen allgemeinen Regeln vor. Dasselbe gilt für in Staatsverträgen enthaltenen Kollisionsnormen (Art. 22 ZGB)[63]. Bi- oder multilaterale Übereinkommen auf dem Gebiet des IPR (anders als im Bereich des IZPR[64]) sind in den VAE bisher jedoch noch nicht in Kraft.

2. Lückenfüllung bei fehlenden gesetzlichen Kollisionsnormen

Fehlen gesetzliche Kollisionsnormen, sind die Lücken gemäß Art. 23 ZGB durch „die Grundsätze des internationalen Privatrechts" zu füllen. Das ist eine recht dunkle Regel, die im Bereich der Staaten des ägyptischen Rechtskreises nur in Somalia klar formuliert wird; denn dort heißt es in Art. 24 ZGB, dass in derartigen Fällen die „principi del diritto internazionale privato *somalo*" (Hervorhebung von mir) heranzuziehen sind. Man kann einem Richter bei der Entscheidung eines Rechtsstreits sicherlich nicht zumuten, gleichsam alle zwischen Feuerland und Kamschatka geltenden IPR-Grundsätze zu überprüfen. Die Norm ist jedoch auch in den VAE nicht anders zu lesen als in Somalia. Das heißt zur Lückenfüllung erfolgt ein Rückgriff auf die in den VAE geltenden Kollisionsregeln[65].

3. Qualifikation

Die Qualifikation, also die Einordnung von den dem Recht der VAE unbekannten ausländischen Systembegriffen (z.B. Testament oder Trennung von Tisch und Bett), erfolgt aufgrund von Art. 10 ZGB stets nach der emiratischen lex fori[66].

---

[62] Vgl. zu den im HGB normierten Regeln oben Abschnitt B III 1 a (Handelsmündigkeit von Kauffrauen) und B III 6 (Wertpapierrecht).

[63] S. dazu die Gesetzesmotive (Fn. 12), 31.

[64] Unten Abschnitt C III mit Fn. 80.

[65] Vgl. die Gesetzesmotive (Fn. 12), 32. Die Rechtsprechung verfährt in dieser Weise; s. z.B. die bei *Krüger* (Fn. 6), 481 Fn. 30 nachgewiesene Entscheidung des *Kassationshofs Dubai*.

[66] Gesetzesmotive (Fn. 12), 23.

4. Verweisung bei Rechtsspaltung

Die Fälle, in denen vom IPR der VAE berufene ausländische Rechte Teilrechtsordnungen aufgrund interlokaler oder interpersonaler Rechtsspaltung kennen, werden gesetzlich geregelt. Nach Art. 25 ZGB bestimmt in derartigen Streitigkeiten das vom IPR der VAE berufene – interne – Recht des Staates, welche der mehreren dort existierenden Rechtsordnungen anzuwenden ist[67]. Enthält das berufene ausländische Recht keine insoweit einschlägigen Normen, wird entweder die in dem betreffenden Land vorherrschende Rechtsordnung oder das Recht des dortigen Wohnsitzes des Betreffenden angewandt.

Aus deutscher Sicht ist in diesem Zusammenhang von Belang, dass die VAE – anders als mehrere andere arabische Staaten – bisher *keine* interpersonale (interreligiöse) Rechtsspaltung im Bereich des Familien- und Erbrechts kannten. Jetzt wird allerdings in Art. 1 Nr. 2 PersStG, Gesetz Nr. 28/2005, das seit dem 30.11.2005 gilt (nachgewiesen in Fußnote 18), bestimmt, dass dieses Gesetz, das das Familien- und Erbrecht regelt, nur für die Staatsangehörigen der VAE gilt, die Muslime sind. Auf nichtmuslimische Staatsangehörige der VAE wird es dann nicht angewandt, wenn ihre Religionsgemeinschaften einschlägige besondere Normen besitzen sollten. Dies ist nach meinem Kenntnisstand bisher jedoch nicht der Fall. Dennoch kommt es jetzt aber grundsätzlich auf die Religionszugehörigkeit eines Staatsangehörigen der VAE an, wenn hier über derartige Fälle zu entscheiden ist. Da es bis heute allerdings mutmaßlich überhaupt keine nichtmuslimischen Emiratis gibt, läuft diese Norm bisher wohl weitestgehend ins Leere. Die Entwicklung des Rechtszustands im Familien- und Erbrecht der nichtmuslimischen emiratischen Staatsangehörigen (primär wohl Hindus und Christen) muss man jetzt jedoch im Auge behalten. Im Übrigen können die Vorschriften des PersStG aufgrund der genannten Vorschrift auch auf Ausländer angewandt werden, wenn eine Partei in einem Rechtsstreit in den VAE die Anwendung von dessen Normen beantragt.

5. Rück- und Weiterverweisung

Das IPR der VAE enthält eine eindeutige Regel über das Problem der Sachnorm- oder Gesamtverweisung. Gemäß Art. 26 ZGB gilt: Ist aufgrund einer Kollisionsregel ausländisches Recht anzuwenden, so wird nur dessen materielles Recht (*qānūn māddī*) unter Ausschluss der IPR-Regeln angewandt. Das Problem der Weiterverweisung stellt sich deshalb für die VAE nicht. Sollten jedoch ausländische Kollisionsregeln der berufenen Rechtsordnung auf das Recht der VAE zurückverweisen, so wird die Verweisung angenommen und das heimische Recht angewandt. Den Renvoi betreffende Fälle sind mir bisher nicht bekannt geworden.

---

[67] *Krüger* (Fn. 6), 482 mit Rechtsprechungsnachweisen; Gesetzesmotive (Fn. 12), 33.

6. Ordre Public

Ganz selbstverständlich enthält das IPR der VAE eine Regelung über den „ordre public“ (Art. 27 ZGB). Ausländische Rechtsregeln, die dem islamischen Recht (*aš-šarī'a al-islāmīya*) oder dem „ordre public“ (*al-niẓām al-'āmm*) widersprechen oder gegen die guten Sitten (*al-ādāb*) verstoßen, dürfen von den Gerichten nicht angewandt werden. Die VAE sind übrigens einer der ganz wenigen Staaten, in denen der Begriff des „ordre public“ gesetzlich definiert wird. Nach Art. 3 ZGB gelten alle Regelungen im Zusammenhang mit dem „statut personnel“ (wie Ehe [*zawāğ*], Erbrecht [*mīrāṯ*], Abstammung [*nasab*]), sowie die Freiheit des Handels (ḥurrīyat at-tiğāra), die Vorschriften über das Privateigentum (*al-milkīya al-fardīya*) und andere Grundsätze, auf die sich die menschliche Gesellschaft gründet, sofern sie nicht gegen das islamische Recht verstoßen, als Bestandteil des „ordre public“. Das klingt erheblich dramatischer als in der mir zugänglichen Judikatur zu ermitteln; denn die Norm wird seit 2000 wohl nur noch selten angewandt. Im Zweifel werden jetzt die vom IPR der VAE berufenen ausländischen Normen (insbesondere im Familienrecht) befolgt[68].

7. Anwendung ausländischen Rechts

Schließlich sei erwähnt, dass aufgrund Art. 28 ZGB die Gerichte in den VAE – anders als bei uns (§ 293 ZPO) – das aufgrund des IPR anzuwendende ausländische Recht *nicht* von Amts wegen ermitteln müssen. Aus Art. 28 ZGB wird von der Judikatur einhellig gefolgert, dass es die Pflicht der Parteien ist, die ausländischen Rechtsnormen, auf die sie sich im Prozess berufen, nachzuweisen. Üblicherweise reicht es jedoch aus, dass die ausländischen Gesetze, die das maßgebliche *materielle* Recht enthalten, vorgelegt werden[69]. Auch Rechtsauskünfte ausländischer diplomatischer oder konsularischer Vertretungen über Fragen ausländischen Rechts werden akzeptiert[70]. Ob ausländisches Recht (wie z.B. in Bahrain) als Tatsache bewiesen werden muss, wird bisher nicht deutlich. Ist das ausländische Recht nicht ermittelbar, wird hilfsweise das Recht der VAE angewandt.

---

68 Näher zu Art. 27 ZGB Gesetzesmotive (Fn. 12), 34, zu Art. 3 ZGB ebenda 18; *Krüger* (Fn. 6), 482 f.

69 Gesetzesmotive (Fn. 12), 34; *Krüger* (Fn. 6), 482 mit Rechtsprechungsnachweisen; *Bälz* (Fn. 7), 1155-5; *Al Tamimi* (Fn. 7), 30. Ob es, wie *Al Tamimi* und ihm folgend *Bälz* annehmen, schwierig ist, ein Gericht in den VAE zur Anwendung ausländischen Rechts (in vertragsrechtlichen Sachen) zu bewegen, kann ich aufgrund der mir zugänglichen Urteile in familien- und erbrechtlichen Sachen nicht bestätigen. Im Schuldvertrags- oder Handelsrecht mag es in Einzelfällen jedoch problematischer sein.

70 *Kassationshof Abu Dhabi*, 41/17, 12.4.1998, veröffentlicht in englischer Übersetzung bei *Price/Al Tamimi*, United Arab Emirates Court of Cassation Judgments 1998-2003, Leiden 2005, 321 (323).

C. Internationales Zivilprozess- und Schiedsrecht

Im Nachstehenden seien lediglich einige Anmerkungen zu den Problemfeldern gemacht, die im Vordergrund des deutschen Interesses stehen. Sie sind absichtlich kurz gehalten, weil es für diesen Bereich bereits mehrere längere Darstellungen auf Deutsch und Englisch gibt, die für Interessenten relativ leicht zugänglich sind.

I. Maßgeblichkeit der lex fori

Auch nach dem Recht der VAE gilt selbstverständlich die lex fori des Staates, in dem die Klage erhoben oder der Prozess geführt wird, für die (internationale) Zuständigkeit der Gerichte und für alle Verfahrensfragen. Bestimmt wird dies in Art. 21 ZGB, also systemwidrig im Rahmen der Regelung kollisionsrechtlicher Normen, denn es handelt sich hierbei um eine Grundregel des IZPR[71].

II. Internationale Zuständigkeit

Die Regeln über die internationale Zuständigkeit der Gerichte der VAE sind in Art. 20 – 24 ZPO, Gesetz Nr. 11/1992, normiert[72]. Das Gesetz enthält eine exorbitante Zuständigkeitsregelung in Verfahren mit Auslandsbezug; denn gemäß Art. 20 ZPO sind sie für *alle* Verfahren gegen VAE-Staatsangehörige oder Gesellschaften mit Sitz dort international zuständig. Dasselbe gilt für Ausländer mit Wohnsitz oder gewöhnlichem Aufenthalt in den VAE[73].

III. Anerkennung und Vollstreckung ausländischer Titel

Die Regelungen über die internationale Zuständigkeit der emiratischen Gerichte wirken sich selbstverständlich bei der Anerkennung und Vollstreckung von im Ausland gegen den soeben genannten Personenkreis ergangenen Urteilen in den VAE aus. Derartige Urteile sind dort wegen Art. 235 Nr. 2 Buchst. a ZPO *nicht*

---

[71] Kurz zu Art. 21 ZPO Gesetzesmotive (Fn. 12), 31.

[72] Veröffentlicht im Gesetzblatt (al-ǧarīda ar-rasmīya) Nr. 235 vom 8.3.1992. Durch das kürzlich verkündete große Änderungsgesetz Nr. 30/2005 (Gesetzblatt Nr. 440 vom 14.12.2005) sind im Bereich der Normen, die internationalrechtliche Gegenstände betreffen, keine Neuregelungen erfolgt. – S. zu dem Katalog der internationalen Zuständigkeit der Gerichte die Inhaltsangaben der maßgeblichen Normen bei *Krüger*, Grundzüge des internationalen Zivilverfahrensrecht der VAE, RIW 1993, 384 - 387 (384 f.); zur internationalen Zuständigkeit der emiratischen Gerichte in familien- und erbrechtlichen Angelegenheiten *Krüger*, Grundzüge des Privatrechts der Vereinigten Arabischen Emirate, Abschnitt D I, unten S. 121 ff.

[73] *Krüger*, RIW 1993, 384 f.; *ders.*, Gerichtsstandsklauseln nach dem Recht der VAE mit rechtsvergleichenden Hinweisen, in: Festschrift für Rolf A. Schütze, München 1999, 401 – 411 (407 – 409); *Bälz* (Fn. 7), 1155-3 f.; *Al Tamimi* (Fn. 7), 19 – 21.

anerkennungs- und vollstreckungsfähig[74]. Bereits die Verletzung der internationalen Zuständigkeit der VAE-Gerichte (aus der Sicht der VAE) hindert nämlich ihre Anerkennung, auch wenn das Gericht des Entscheidungsstaates aus seiner Sicht international zuständig gewesen ist. So wurde z.B. ein rechtskräftiges Urteil des *Hong Kong High Court*, dort erstritten von einer Bank gegen drei Staatsangehörige der VAE, in den VAE nicht anerkannt[75]. Das Gericht fordert, dass ein ausländisches Gericht nicht nur seine internationale Zuständigkeit, sondern auch die der VAE-Gerichte prüft. Nicht nur wenn die VAE-Gerichte ausschließlich, sondern auch dann, wenn sie lediglich aus ihrer Sicht auch zuständig sind, wird demzufolge ein ausländisches Urteil in den VAE *nicht* anerkannt[76]. Sind also die VAE-Gerichte aus ihrer Sicht international zuständig, so wird z.B. ein deutsches Urteil gegen VAE-Staatsangehörige nicht anerkannt.

Im Übrigen gilt hinsichtlich ausländischer Urteile, dass sie in den VAE nur dann anerkannt werden können, wenn die Verbürgung der Gegenseitigkeit aufgrund eines Staatsvertrages gesichert ist. Die Judikatur geht nämlich in extensiver Interpretation des Art. 235 Nr. 1 ZPO, in dem dies nicht ausdrücklich vorgesehen wird, bisher durchgängig davon aus, dass dies erforderlich ist[77]. Da zwischen Deutschland, Österreich sowie der Schweiz und den VAE keine entsprechenden Abkommen bestehen, kann in keinem Fall wegen fehlender Verbürgung der Gegenseitigkeit mit der Anerkennung von Urteilen der Gerichte dieser Staaten gerechnet werden. Soweit ich sehe, haben die VAE bisher nur mit einem europäischen Staat – Frankreich[78] – einen derartigen Vertrag geschlossen. In einem Rechtsstreit ist dementsprechend nach langem Verfahren einmal ein

---

74 Normtext in deutscher Übersetzung bei *Krüger*, RIW 1993, 386.

75 *Kassationshof Dubai*, 117/93, 20.11.1993, in englischer Übersetzung (ohne Datum und Geschäftszeichen) Arab L.Q. 10 (1995), 354 – 356 = Midd. East Comm.L.R. 1 (1995), 73 f. = Yearb.Isl. & Midd.East. L. 3 (1996), 284.

76 Zu diesem Urteil *Krüger*, in FS Schütze (Fn. 73), 407 f. mit weiteren Nachweisen in Fn. 29; *Al Tamimi* (Fn. 7), 32 f.

77 *Krüger*, Keine Verbürgung der Gegenseitigkeit im Verhältnis Deutschland – VAE, IPRax 2001, 376 f. (zu *Kassationshof Dubai*, 17/01, 10.3.2001; dieses Urteil ist jetzt in englischer Übersetzung veröffentlicht bei *Price/Al Tamimi* [Fn. 70], 311-314); *Krüger*, Anerkennung ausländischer Titel in den VAE, IPRax 2005, 472 (zu *Kassationshof Dubai*, 287/03, 5.10.2003). In dem jüngsten mir bekannt gewordenen Urteil des *Kassationshofs Dubai*, 50/06, 15.4.2006, wird erstaunlicherweise (in einem USA/VAE-Fall) darauf abgestellt, dass nicht nachgewiesen wurde, ob das Urteil eines texanischen Gerichts rechtskräftig geworden ist (Art. 235 Nr. 2 Buchst. d ZPO), ohne zu sagen, dass das Urteil mangels staatsvertraglicher Regelung ohnehin nicht anerkennungsfähig wäre. Diese gesetzlich nicht vorgeschriebene Voraussetzung wird übrigens nicht einmal erwähnt von *Arab*, Execution of Foreign Judgments in the UAE, Arab L.Q. 17 (2002), 208 – 211.

78 Abkommen vom 9.9.1991, ratifiziert durch Verordnung Nr. 31/1992 und veröffentlicht im Gesetzblatt Nr. 238 vom 10.5.1992 in arabischer und französischer Fassung. In Frankreich u.a. publiziert in Rev.crit.d.i.p. 1993, 333 – 339; weitere Belege bei *Krüger*, Schiedsgerichtsbarkeit (Fn. 82), 52 Fn. 88.

französisches Urteil in den VAE anerkannt worden[79]. Im Übrigen gibt es neben zwei multilateralen innerarabischen Übereinkommen bilaterale Abkommen auf diesem Gebiet nur mit mehreren arabischen Staaten sowie mit Indien und Pakistan[80].

IV. Vereinbarung von Gerichtsstandsklauseln

Zur Frage der Vereinbarung von Gerichtsstandsklauseln, durch die die Zuständigkeit der VAE Gerichte derogiert wird, sei knapp bemerkt, dass dies gemäß Art. 24 ZPO untersagt ist. Dies wird von den Gerichten ganz durchgängig in einer größeren Zahl von Urteilen gesetzeskonform bestätigt, selbst wenn vertraglich die Zuständigkeit eines Gerichts in einem anderen *arabischen* Staat vereinbart wurde. Selbständige Verträge oder einschlägige Klauseln in Verträgen über die Prorogation eines ausländischen Gerichtsstands und damit die Derogation der Zuständigkeit der VAE Gerichte sind zweifelsfrei nichtig[81].

V. Internationales Schiedsverfahrensrecht

Zu Schiedsklauseln sowie zur Anerkennung und Vollstreckung von im Ausland ergangenen Schiedssprüchen will ich mich hier nicht äußern, sondern verweise auf meine früheren Veröffentlichungen, in denen ich dies mehrfach getan habe[82].

Lediglich die allerjüngste Entwicklung sei erwähnt: Die VAE haben nach jahrelangem Zögern (Differenzen zwischen Dubai und Abu Dhabi) durch die Verordnung Nr. 43/2006 das New Yorker Übereinkommen vom 10.6.1958 über die Anerkennung und Vollstreckung ausländischer Schiedssprüche – ohne die beiden gemäß Art. I Abs. 3 des Übereinkommens möglichen Vorbehalte (Reziprozität und Vorbehalt handelsrechtlicher Sachen) – ratifiziert[83] und sind ihm am 21.8.2006 beigetreten. Das New Yorker Übereinkommen ist damit für

---

79 *Kassationshof Abu Dhabi* (oben Fn. 70).

80 Nachweise der in den VAE bisher in Kraft stehenden bi- und multilateralen Staatsverträge bei *Krüger*, IPRax 2005, 472.

81 Ausführlich dazu *Krüger*, FS Schütze (Fn. 73), 409 f., mit umfangreichen Nachweisen aus der Rechtsprechung; kurz auch *Bälz* (Fn. 7), 1155-4.

82 Zuletzt *Krüger*, Fragen des Schiedsrechts in arabischen Staaten, Recht und Praxis der Schiedsgerichtsbarkeit (RPS) 2/01 (Beilage 7 zu Heft 43/01 des Betriebs-Berater, 2 – 11 [6 f., 9 f.]); *ders.*, Zum Recht der Schiedsgerichtsbarkeit in der arabischen Welt, in: Deutsch-Türkische Juristenvereinigung (Hrsg.), Internationale Schiedsgerichtsbarkeit, Berlin 2003, 31 – 55 (44 – 46, 50 – 52); ferner z.B. *El-Ahdab*, Arbitration with the Arab Countries, 2. Aufl. Den Haag 1999, 709 - 738; *Bälz* (Fn. 7), 1155-8 f.; umfangreiche Judikatur zum Recht der nationalen und internationalen Schiedsgerichtsbarkeit bei *Price/Al Tamimi* (Fn. 86), 237 – 273, und *Price/Al Tamimi* (Fn. 70), 263 – 314.

83 Die Verordnung ist veröffentlicht im Gesetzblatt Nr. 450 vom 28.6.2006 (auf S. 37).

die VAE am 19.11.2006 in Kraft getreten. Deshalb kann nun – anders als bisher[84] – grundsätzlich mit der Anerkennung und Vollstreckung ausländischer Schiedssprüche gerechnet werden. Es kommt insoweit nicht mehr darauf an, ob zwischen den VAE und dem Staat, in dem der Schiedsspruch ergangen ist, ein bilaterales Abkommen besteht, das sich auch auf Schiedssprüche bezieht.

In Betracht zu ziehen ist jedoch, dass aufgrund Art. II Abs. 1 des Übereinkommens ein Gegenstand schiedsfähig sein muss. Nach Art. V Abs. 2 Buchst. a des Übereinkommens sind dementsprechend ausländische Schiedssprüche nur dann anerkennungsfähig, wenn sie in dem Staat, in dem das Anerkennungsverfahren betrieben wird, schiedsfähig sind. Insoweit gibt es in den VAE z.B. erhebliche Probleme hinsichtlich der Schiedsfähigkeit von Verträgen mit der öffentlichen Hand[85] und auf dem Gebiet des Handelsvertreter- und Eigenhändlerrechts[86]. Mit Interesse wird deshalb zu verfolgen sein, wie sich die Rechtspraxis der Gerichte in den VAE entwickeln wird, sobald sie Gelegenheit haben, zu derartigen Problemen Stellung zu nehmen[87]. Erwähnt sei in diesem Zusammenhang, dass z.B. in dem Nachbarstaat Saudi-Arabien, der dem New Yorker Übereinkommen seit dem 18.7.1994 angehört, nach meinem

---

84 *Krüger*, IPRax 2001, 377, zu *Kassationshof Dubai*, 17/01, 10.3.2001, in einer GB/VAE Schiedssache.

85 *Krüger* (Fn. 82), RPS 2/01, 6 f.; *ders.* (Fn. 82), Schiedsgerichtsbarkeit, 44 f. - Betrifft Verträge mit dem Fiskus im Emirat Dubai; Schiedsklauseln aufgrund Art. 36 des Gesetzes Nr. 6/1997 über öffentliche Ausschreibungen (veröffentlicht im Gesetzblatt von Dubai Nr. 237 vom 30.4.1997) sind untersagt. Dies entspricht der Rechtslage seit 1988; näher dazu mit deutscher Übersetzung der Anordnungen vom 6.2.1988 *Krüger*, Grundsätzliches Verbot von Schieds- und Rechtswahlklauseln in Dubai, DIS Mitteilungen Nr. 3/1988, 10 – 13. – Allgemein zur Problematik aus arabischer Sicht *Al-Jumah*, Arab State Contract Disputes: Lessons from the Past, Arab L.Q. 17 (2002), 215 – 240.

86 *Krüger* (Fn. 82), RPS 2/01, 44; *ders.* (Fn. 82), Schiedsgerichtsbarkeit, 44. - Betrifft Handelsvertreter- und Eigenhändlerverträge; Schiedsklauseln in derartigen Verträgen sind gemäß Art. 6 des Handelsvertretergesetzes Nr. 18/1981 i.d.F. des Gesetzes Nr. 14/1988 nicht möglich, weil in Rechtsstreitigkeiten aus derartigen Verträgen ausschließlich die staatlichen Gerichte in den VAE zuständig sind. Text der Norm in deutscher Übersetzung bei *Krüger*, VAE – Handelsvertreterrecht, 2. Aufl. Köln 1993, 43. Gesetzeskonform entschieden (Schiedsklausel nichtig) z.B. vom *Kassationshof Abu Dhabi*, 221/14, 20.3.1994; Text des Urteils in englischer Übersetzung bei *Price/Al Tamimi*, United Arab Emirates Court of Cassation Judgments 1989-1997, Den Haag 1998, 243 f. Insoweit sind keine Änderungen durch das Gesetz Nr. 13/2006 (Gesetzblatt Nr. 449 vom 14.6.2006) erfolgt; näher dazu *Klaiber*, Das Vertriebsrecht der VAE unter Berücksichtigung der jüngsten Gesetzesänderungen, unten S. 135.

87 Ob aufgrund des New Yorker Übereinkommens der Anerkennung ausländischer Schiedssprüche entgegenstehende Vorschriften in den VAE geändert werden, wie dort teilweise gemutmaßt wird, bleibt abzuwarten; so z.B. *Al Tamimi*, UAE accedes to New York Convention, Al Tamimi Law Update Nr. 184 (Juli 2006), 8 f.; s. ferner z.B. *Punwar/Anani*, The Enforcement of Foreign Arbitration Awards in the UAE: All Change? Part 1, Al Tamimi Law Update Nr. 188 (November 2006), 8 f. (9).

Kenntnisstand bisher kein einziges Verfahren dieser Art vor dem zuständigen Board of Grievances (*dīwān al-maẓālim*)[88] anhängig gewesen ist[89].

[88] Die Zuständigkeit des Board of Grievances für die Anerkennung und Vollstreckung rechtskräftiger ausländischer Titel folgt aus Art. 8 Nr. 1 Buchst. g des Gesetzes über den Board of Grievances, Gesetz Nr. M/51 von 1402 H./1982, veröffentlicht – nebst den Gesetzesmotiven – im Gesetzblatt (Umm al-Qurā) Nr. 2919 vom 28.5.1982. Dessen Verfahrensordnung ist veröffentlicht im Gesetzblatt Nr. 3266 vom 7.9.1989.

[89] *Krüger*, Vermögensrechtliches Privatrecht und Rechtsverfolgung in Saudi-Arabien, in: Festschrift für Reinhold Geimer, München 2002, 485 – 511 (510); *ders.*, Internationalrechtliche Probleme in Saudi-Arabien, IPRax 2005, 386 – 389 (388). – Nach meinem Kenntnisstand seither keine Änderungen.

GRUNDZÜGE DES PRIVATRECHTS DER VEREINIGTEN ARABISCHEN EMIRATE*

Professor Dr. Hilmar Krüger, Köln

Inhalt

---

* Frau Rechtsreferendarin Darya Alikhani, Köln, danke ich sehr herzlich für Fragen, Kritik und Anregungen insbesondere im Bereich des Handels- und Eherechts sowie für die Durchsicht meines Manuskripts. Dasselbe gilt für Frau Dr. Christine Budzikiewicz, Wissenschaftliche Assistentin an der Universität zu Köln. Frau Rechtslizentiatin Nahid Ghazani, Köln, danke ich für einige Hilfestellungen im Bereich des Zessionsrechts. Herrn Rechtsanwalt Christoph Keimer, Kanzlei Schlüter Graf & Partner, Dortmund, sowie Herrn Dr. Sven Klaiber, Bundesagentur für Außenwirtschaft, Köln, danke ich dafür, dass sie mir die Entwürfe ihrer Beiträge zu diesem Band im Bereich des Handels- und Wirtschaftsrechts vorab zur Abstimmung überlassen haben. Herrn Dr. Klaiber gebührt zudem auch Dank dafür, dass er mir einige im IPR-Institut der Universität zu Köln nicht vorhandene Unterlagen zugänglich gemacht hat. - Bei dem Text handelt es sich um die ausgearbeitete Fassung meines Vortrags, den ich am 28.10.2006 auf der Jahrestagung der Gesellschaft für Arabisches und Islamisches Recht in Köln gehalten habe.

Die Vereinigten Arabischen Emirate (VAE), in Europa ursprünglich als Piratenküste, später als Trucial Coast (1853) und danach als Trucial States (1892) bezeichnet, wurden nach dem Abzug der Briten im Jahre 1971 gegründet und sind heute ein Bundesstaat, bestehend aus sieben Emiraten (Abu Dhabi, Dubai usw.), nachdem 1972 als letztes Emirat Ras al-Khaimah der Föderation beigetreten ist.

A. Verfassungsrechtliche Grundregeln

Der Ausgangspunkt allen Rechts in den VAE ist die Vorläufige Verfassung aus dem Jahre 1971[1], die seit 1996 (mit wenigen unerheblichen Änderungen[2]) jetzt als Endgültige Verfassung gilt. Aus privat- und zivilverfahrensrechtlicher Sicht sind einige ihrer Normen von Belang. Nach Art. 7 ist der Islam die Staatsreligion und die islamische Sharī'a *eine* Hauptquelle der Gesetzgebung[3]. Auf dem Gebiet des Privatrechts spielt das islamische Recht mit Ausnahme des Bereichs der *al-aḥwāl aš-šaḫṣīya* (statut personnel)[4] und in gewissem Maße im Deliktsrecht sowie einigen Fragen auf dem Gebiet des Obligationenrechts (z.B. Forderungsabtretung/*ḥawālat al-ḥaqq*) jedoch keine – zumindest keine dominierende - Rolle. In zivil- und handelsrechtlichen Angelegenheiten ist das islamische Recht damit im Wesentlichen unerheblich, kann jedoch wegen der verfassungsrechtlichen Vorgabe nie *völlig* außer Acht gelassen werden. Dies gilt zumindest dann, wenn kodifizierte Normen unmittelbar auf der *šarī'a* beruhen[5]. Die Vorschrift, dass Bundesgesetze im Einklang mit der Verfassung zu stehen haben (Art. 110 Nr. 1 Verf.), ist eine bare Selbstverständlichkeit.

Das zur Zeit der Gründung der VAE im Jahre 1971 maßgebende Recht gilt (inzwischen wohl besser: galt) aufgrund Art. 148 Verf. fort, sofern es nicht verfassungswidrig ist oder durch seither ergangene Gesetze geändert oder aufgehoben wird. Dies ist in den hier relevanten Rechtsgebieten jedoch inzwischen erfolgt[6].

---

1 Text in deutscher Übersetzung bei *Baumann/Ebert*, Die Verfassungen der Mitgliedsländer der Liga der Arabischen Staaten, Berlin 1995, 739 – 775. – Eine kurze Übersicht über die Geschichte der VAE und über die Vorläufige Verfassung von 1971 gibt z.B. *Wirth*, Das Seefrachtrecht der Vereinigten Arabischen Emirate, Münster 2000, 8 – 12.

2 Die wichtigste Änderung ist in Art. 9 Nr. 1 Verf. erfolgt; danach ist Abu Dhabi die Hauptstadt der VAE.

3 Grundsätzlich zur Problematik *Ebert*, Islam und Sharî'a in den Verfassungen der arabischen Länder, ZfR 6 (1998), 3 – 21; ferner z.B. *Al-Muhairi*, The Position of the Sharî'a within the UAE Constitution and the Federal Supreme Court's Application of the Constitutional Clause concerning Sharî'a, Arab L.Q. 11 (1996), 219 – 244.

4 Näher unten Kapitel D.

5 Dazu bereits *Krüger*, Vermögensrechtliches Privatrecht und Sharî'a am Beispiel der Vereinigten Arabischen Emirate, ZvglRWiss 97 (1998), 360 – 386 (365 – 385).

6 Umfangreiche Nachweise auf dem Stand der Gesetzgebung Mitte des Jahres 1999 bei *Krüger*, Arabische Staaten – Gesetzesübersichten, 7. Aufl. Köln 1999, 114 – 124.

Soweit die ausschließliche Gesetzgebungsbefugnis des Bundes aufgrund der Verfassung reicht, kann er bundeseinheitliche Gesetze erlassen[7]. Im Übrigen hat nach Art. 121 Verf. der Bund die Kompetenz in den meisten wichtigen Rechtsbereichen. Das betrifft u.a. das Bank-, Versicherungs-, Immaterialgüter-, und Kulturschutzrecht. Der Bund kann auch im Bereich des Staatsangehörigkeits-, Straf-, Handels-, Seehandels-, Gesellschafts- und Zivilrechts (einschließlich der verfahrensrechtlichen Fragen) alle wichtigen Angelegenheiten gesetzlich regeln. Von seiner Gesetzgebungskompetenz hat der Bund in den letzten rund 20 Jahren ausgiebig Gebrauch gemacht. In den Bereichen des vermögensrechtlichen Privatrechts, des Strafrechts sowie seit Ende November 2005 auch auf dem Gebiet des Familien- und Erbrechts besteht damit jetzt einheitliches Recht in den VAE.

Obgleich das Recht der sieben Teilemirate damit sehr stark zurückgedrängt wurde, bleibt es in den ihnen verfassungsgemäß vorbehaltenen Bereichen weiterhin zu beachten. Dies gilt z.B. für das Recht der öffentlichen Ausschreibungen sowie für Teile des Wirtschafts- und Gewerberechts.

Zu berücksichtigen ist schließlich stets, dass die VAE, basierend auf Art. 104 Verf., aus drei „jurisdictions" bestehen; denn das Gerichtsverfassungsrecht ist bis heute nicht vereinheitlicht. Dies ist angesichts der Rivalitäten zwischen den beiden großen Emiraten Abu Dhabi (Bundeshauptstadt mit Sitz der Bundesministerien) und Dubai (Finanz-, Handels- und Wirtschaftszentrum) in absehbarer Zeit auch nicht zu erwarten.

Lediglich in den Emiraten Abu Dhabi, Ajman, Fujairah, Sharjah und Umm al-Qaiwain ist bisher das System der Bundesgerichtsbarkeit mit drei Instanzen eingeführt worden. Das Oberste Bundesgericht (ein Kassationshof mit auch einem Senat für verfassungsrechtliche Streitigkeiten) hat seinen Sitz in Abu Dhabi. Dagegen haben Dubai und Ras al-Khaimah ihre bisherigen Gerichtsverfassungssysteme bis heute beibehalten. In Dubai bestehen gleichfalls drei Instanzen mit dem Kassationshof als oberstem Gericht[8].

Grundsätzlich entscheiden die Kassationshöfe Abu Dhabi und Dubai, soweit sie Bundesrecht anzuwenden haben, in gleicher Weise. Im Bereich des mich besonders interessierenden Kollisionsrechts sind mir z.B. bisher keine rechtlichen Differenzen in den Urteilen der beiden Gerichte bekannt geworden[9]. Auf dem Gebiet des materiellen Privatrechts gilt dies sicher zum größten Teil

---

7 Vgl. den Katalog in Art. 120 Verf., der ausschließlich politische und öffentlichrechtliche Gegenstände betrifft.

8 Zum Gerichtsverfassungssystem *Al Tamimi*, Practical Guide to Litigation and Arbitration in the United Arab Emirates, Den Haag 2003, 9 – 17.

9 Näher *Krüger*, Einführung in das internationale Privat- und Zivilprozessrecht der Vereinigten Arabischen Emirate, oben S. 79 ff.

ebenso, jedoch – wie nicht anders zu erwarten – keineswegs immer. Als Beispiele seien lediglich die unterschiedlichen rechtlichen Bewertungen der Forderungsabtretung[10] und des „futures trading“[11] genannt.

B. Vermögensrechtliches Zivilrecht

I. Allgemeines

Im Rahmen der Grundzüge des Privatrechts der VAE ist selbstverständlich mit dem Zivilgesetzbuch, Gesetz Nr. 5/1985, zu beginnen[12]. Das umfangreiche Gesetz (1528 Artikel) heißt nach sudanesischem Vorbild amtlich „Gesetz über zivilrechtliche Rechtsgeschäfte“ (*qānūn al-mu'āmalāt al-madanīya).* Es ist von zwei Kommissionen, bestehend aus Experten des islamischen Rechts und Kennern der Zivilrechtssysteme anderer arabischer Staaten erarbeitet worden. In seiner Struktur entspricht es dem ägyptischen ZGB, Gesetz Nr. 131/1948, in seinem Inhalt jedoch nicht durchgängig; denn es ist weitgehend durch das am 1.1.1977 in Kraft getretene jordanische ZGB, Gesetz Nr. 43/1976, beeinflusst. Dieses wiederum geht zu nicht unerheblichen Teilen auf das irakische ZGB, Gesetz Nr. 40/1951 (in Kraft seit 1953), zurück. Der geistige Vater auch dieses ZGB ist der große ägyptische Jurist *as-Sanhūrī* (1895 – 1971)[13]. Anders als in dem von ihm verfassten ägyptischen ZGB, in dem das islamische Recht nur eine untergeordnete Rolle spielt, hat er im Irak versucht, eine ausgewogene Mischung von traditionellen islamischen und französischen Rechtsvorstellungen zu konzipieren und betrachtete deshalb wohl diese Kodifikation als sein Hauptwerk. Dementsprechend sind die bis 1953 im Irak geltende osmanische

---

10 Z.B. *Foster*, An Unstoppable Force meets a Movable Object? Assignment of Rights in the UAE, Arab L.Q. 19 (2004), 169 – 190 (184 – 187). - Die Ansicht von *Schwippert*, Assignment of Claims in Saudi Arabia, Lex Arabiae 2 (1998), 51 f. (51), das Rechtsinstitut der Zession werde „under general principles of Islamic law“ anerkannt, ist in dieser allgemeinen Form keinesfalls haltbar; irrig *Jokisch*, Islamisches Recht in Theorie und Praxis, Berlin 1996, 294, der „*ḥawāla*“ als Forderungsabtretung qualifiziert. - Grundsätzliches zur Problematik in der *šarī'a* bei *Wichard*, Zwischen Markt und Moschee, Paderborn 1995, 175 – 179.

11 Dazu u.a. *Krüger*, ZvglRWiss 97 (1998), 383 – 385; *ders.*, An Introduction to Commercial Law in the States of the Arab Peninsula, Studi Maġrebini N.S. 1 (2003), 137 – 165 (161 – 164); *Visser*, Derivate Transactions in the United Arab Emirates, Al Tamimi Law Update Nr. 149 (August 2003), 11 – 15.

12 Veröffentlicht im Gesetzblatt (al-ǧarīda ar-rasmīya) Nr. 158 vom 29.12.1985; Berichtigungen im Gesetzblatt Nr. 161 vom 31.3.1986, S. 655 – 657; Text des bisher einzigen Änderungsgesetzes Nr. 1/1987 (zu Art. 1 ZGB) im Gesetzblatt Nr. 172 vom 28.2.1987.

13 Näher zu Person und Werk *Castro*, 'Abd al-Razzâq Ahmad al-Sanhûrî (1895 – 1971): Primi appunti per una biografia, in: Studi in onore di Francesco Gabrieli nel suo ottantesimo compleanno, Rom 1984, I 173 – 210; *Hill*, Al-Sanhūrī and Islamic Law, Kairo 1987; *Schneider*, Art. Sanhūrī, in: *Stolleis* (Hrsg.), Juristen – Ein biographisches Lexikon, München 2001, 551 – 553.

Mejelle und der Muršid al-ḥairān von *Muḥammad Qadrī Pāšā* (st. 1886) in vielen Fällen die Quellen des irakischen ZGB[14]. Diese Rechtskonzepte sind nunmehr via Jordanien in die VAE gelangt[15].

Es besteht allerdings kein Zweifel daran, dass auch die VAE zum *ägyptischen Rechtskreis* gehören, der sehr erheblich – via Ägypten – französischrechtlich geprägt ist[16]. Da ein nicht unerheblicher Teil der Richter in den VAE ägyptischer Herkunft ist, wird demgemäß in den Urteilen nicht selten auf der Basis des großen ZGB-Kommentars (*al-wasīṭ fī šarḥ al-qānūn al-madanī*) von Professor *as-Sanhūrī* ägyptischrechtlich argumentiert; denn dieser hat gemeinarabischen Charakter und faktisch den Rang einer Rechtsquelle[17].

Dass es sich beim ZGB der VAE um eine „further reassertion of the Sharī'a" handelt, dass die „overwhelming majority of its provisions" dem islamischen Recht, „thus, conveniently, the Majella"[18] entnommen worden seien und dass das ZGB „comes down four-square on the basis of the Sharī'a" ist erheblich zu

---

14 Hinweise dazu z.B. bei *Küppers*, Das irakische Zivilgesetzbuch, ZvglRWiss 62 (1960), 181 – 198 (184 f.), und ebenda 63 (1961), 1 – 44 (2 – 4). Der muršid al-ḥairān (eine Kompilation des islamisch-hanafitischen vermögensrechtlichen Zivilrechts) wurde erst im Nachlass von Muḥammad Qadrī Pāšā (von 1879 – 1882 ägyptischer Justizminister) gefunden und ist 1338/1919-20 in Kairo im Druck erschienen. – Sein auf der Grundlage hanafitischen Rechts 1875 erstellter „kitāb al-aḥkām aš-šar'īya fi-l-aḥwāl aš-šaḫṣīya wa-l-mawārīṯ" (eine Kompilation des islamischen Familien- und Erbrechts) ist dagegen rasch gedruckt und auch in französischer und deutscher Übersetzung veröffentlicht worden. Obwohl dieser „kitab" nie Gesetzeskraft erlangte, spielte es sehr lange Zeit zumindest zur Lückenfüllung und Interpretation des Rechts in einer Reihe arabischer Staaten eine nicht unerhebliche Rolle. - Hinweise zu Person und Werk von Muḥammad Qadrī Pāšā finde ich in den gängigen Nachschlagewerken erstaunlicherweise nicht. Das ist sicher ein Desideratum angesichts der Bedeutung dieses ägyptischen Juristen.

15 Näheres zum Vorstehenden ergibt sich aus den veröffentlichten umfangreichen Gesetzesmotiven Al-muḏakkirat al-īḍāḥīya li-qānūn al-mu'āmalāt al-madanīya (Erläuterndes Memorandum zum Gesetz über zivilrechtliche Rechtsgeschäfte), Abu Dhabi o.J. (insgesamt 1089 Seiten). – Herrn Rechtsanwalt *Rolf Meyer-Reumann*, Dubai, habe ich sehr herzlich dafür zu danken, dass er mir den Text der Gesetzesmotive zugänglich gemacht hat. - *Ballantyne*, The New Civil Code of the United Arab Emirates: A Further Reassertion of the Sharī'a, Arab L.Q. 1 (1985-86), 245 – 264 (247), irrt, wenn er behauptet die Gesetzesmotive seien nicht veröffentlicht worden.

16 *Krüger*, Überblick über das Zivilrecht der Staaten des ägyptischen Rechtskreises, Recht van de Islam 14 (1997), 67 – 131; *ders.*, An Introduction to the Law of Contract in Arab States, Studi Maġrebini 2 (2004), 201 – 222; *Bälz*, Europäisches Privatrecht jenseits von Europa? Zum fünfzigjährigen Jubiläum des ägyptischen Zivilgesetzbuches (1948), ZEuP 8 (2000), 51 – 76.

17 *Krüger*, Recht van de Islam 14 (1997), 76; *Bälz*, ZEuP 8 (2000), 70 – 72; beide mit Nachweisen.

18 Gemeint ist damit die osmanische Mejelle von 1869-1876; näher zu diesem Gesetzbuch *Krüger*, Zum zeitlich-räumlichen Geltungsbereich der osmanischen Mejelle, in: Liber Amicorum Gerhard Kegel, München 2002, 43 – 63 (43 – 51).

bezweifeln, wenngleich dies in der Rechtsliteratur teilweise angenommen wird[19]. Diese Auffassung resultiert möglicherweise daraus, dass in den Einleitenden Bestimmungen des ZGB „Erläuternde Regeln der Grundlagen des islamischen Rechts" (*qawā'id al-uṣūl al-fiqhīya at-tafsīrīya*) enthalten sind (Art. 29 – 70), die aus der osmanischen Mejelle entnommen wurden[20]. Diese beruhen, weitgehend in wörtlicher arabischer Übersetzung, auf deren berühmten und häufig kommentierten Art. 2 - 100, den „*kavâid-i fikhiyye*" (Grundregeln des fiqh)[21]. Sie sind weder „extremely abstruse, and in some cases impossible of translation" wie *Ballantyne* annimt[22], sondern jedermann, der sich mit islamischem Recht befasst, durchaus verständlich. Im Übrigen ist es gelungen, diese Vorschriften in bisher sieben (!) Sprachen aus dem Türkischen zu übersetzen[23]. Schließlich sei angemerkt, dass auch in Zivilgesetzbüchern anderer arabischer Staaten diese Normen der Mejelle teilweise übernommen wurden. Dies gilt z.B. für den Irak, Gesetz Nr. 40/1951 (Art. 155 – 167), für Jordanien, Gesetz Nr. 43/1976 (Art. 213 – 240) und den Sudan, Gesetz Nr. 6/1984 (Art. 5 [*al-qawā'id al-asāsīya li-taṭbīq aḥkām haḏā l-qānūn*], der rund 30 islamischrechtliche Grundsätze enthält, die zur Interpretation der Normen dienen).

Danach bleibt es – wie gesagt – dabei, dass auch das ZGB der VAE, wie alle anderen bisher im Nahen und Mittleren Osten (einschließlich Afghanistans [ZGB von 1977]) erlassenen Zivilgesetzbücher, zu den „Sanhūrī Codes"[24] und damit zum ägyptischen Rechtskreis zählen. Dies gilt, die Türkei selbst-

---

19 So *Ballantyne*, Arab L.Q. 1 (1985-86), 245 – 247; ebenso *Amin*, Classification of Legal Systems in Muslim Countries, Isl.Comp.L.Q. 7 (1987), 93 – 102 (98), und noch einmal *Ballantyne*, A Reassertion of the Sharî'a: The Jurisprudence of the Gulf States, in: *Heer* (Hrsg.), Islamic Law and Jurisprudence – Studies in Honor of Farhat J. Ziadeh, Seattle 1990, 149 – 159 (150: „the trend towards a reassertion is quite apparent ..."). Dies scheint mir maßlos übertrieben, zumal seine Argumente nicht in jedem Punkt überzeugen. Zutreffend dagegen *Wirth* (Fn. 1), 19 („Eine ‚Durchbrechung' zugunsten der Scharia erfolgt regelmäßig auch nicht durch die Bestimmungen des VAE-ZGB"). - Es sei ausdrücklich darauf hingewiesen, dass aufgrund der Gesetzesmotive (Fn. 15) ohne weiteres auch Rückgriffe auf europäische Rechtsquellen festzustellen sind. Lediglich *ein* Beispiel zu Art. 153 ZGB (betr. Vollmacht, Stellvertretung); hier wird neben islamischrechtlichen Quellen auf S. 119 auch das schweizerische OR (*taqnīn al-iltizāmāt as-swīsrī*) genannt.

20 Näher Gesetzesmotive (Fn. 15), 34 – 54. - In der mir zugänglichen Judikatur der Kassationshöfe Abu Dhabi und Dubai habe ich im Übrigen bisher kein einziges Urteil gesehen, in dem auf diese islamischrechtlichen Grundsätze zurückgegriffen wurde.

21 Kurz dazu mit weiteren Nachweisen *Krüger* (Fn. 18), 47; *Ilhan*, Mecelle: Hukukun doksan dokuz ilkesi (Die Mejelle: Die 99 Rechtsgrundsätze), Istanbul 2003; zuletzt *Kamali*, Legal Maxims and Other Genres of Literature in Islamic Jurisprudence, Arab L.Q. 20 (2006), 77 – 101.

22 Arab L.Q. 1 (1985-86), 260.

23 *Krüger* (Fn. 18), 49 f.

24 *Saleh*, Civil Codes of Arab Countries: The Sanhûrî Codes, Arab L.Q. 8 (1993), 161 – 167.

verständlich beiseite gelassen, lediglich nicht für den Libanon, dessen seit 1934 geltender Code des Obligations et des Contrats von 1932 mehr oder minder völlig auf französischem Recht beruht und für den Iran, in dessen ZGB (*qānūn-i madanī* von 1928/1935) eine Sonderentwicklung festzustellen ist, auch wenn insbesondere der Allgemeine Teil des Schuldvertragsrechts (Art. 183 – 300 ZGB) aus einer Mischung von französischen und islamisch-schiitischen Normen besteht[25]. Diese französischem Recht nachgeformten gesetzlichen Bestimmungen gelten – vorsorglich erwähnt – auch nach der Islamischen Revolution von 1979 weiter[26]. Dass die maghrebinischen Staaten – mit Ausnahme Algeriens (ZGB von 1975) – einen anderen Weg gehen, sei lediglich der Vollständigkeit halber erwähnt[27].

Im Rahmen des ägyptischen Rechtskreises ist lediglich festzustellen, dass er aus zwei Gruppen von Zivilrechtsordnungen besteht. Die erste Gruppe umfasst neben dem ZGB Ägyptens (Gesetz Nr. 131/1948) u.a. die Zivilgesetzbücher von Syrien (Gesetz Nr. 84/1949), Libyen (ZGB von 1953[28]), Kuwait (Gesetz Nr. 67/1980), Bahrain (Gesetz Nr. 19/2001) und Qatar (Gesetz Nr. 22/2004), wo nachgeformtes französisches Recht eine größere Rolle spielt als in der zweiten. Dies hat seinen Ursprung im irakischen ZGB von 1951, das, wie gesagt, stärker islamischrechtlich geprägt ist als das ägyptische ZGB. *Castro* bezeichnet dieses Gesetzbuch deshalb zutreffend als „una variante al modello egiziano“[29]. Es ist in dieser Form (oder noch stärker islamischrechtlich inspiriert) übernommen worden in Jordanien (ZGB, Gesetz Nr. 43/1976), dem Sudan (ZGB, Gesetz Nr. 6/1984), den VAE (ZGB, Gesetz Nr. 5/1985) sowie im Jemen (ZGB, Gesetz Nr. 14/2002).

---

25 Gut, wenn auch nicht vollständig, zusammengefasst von *Amirian*, Dans quelle mesure le droit iranien s'est-il inspiré du code civil français, Bull.Lég.Comp.66 (1936-37), 66 – 93; s. auch schon *Krüger*, Zum Begriff «höhere Gewalt» im iranischen Recht, RIW 1978, 650 f. (650).

26 Statt aller *Imâmî*, Huqūq-i madanī (Zivilrecht), 25. Aufl. Teheran 1384/2005-06, I 169; *Kātūziyān*, Huqūq-i madanī: A'māl-i huqūqī – qarārdād – iqā' (Zivilrecht: Rechtsgeschäfte – Verträge – Einseitige Rechtsgeschäfte), 10. Aufl. Teheran 1384/2005-06, 1.

27 Tunesien (COC von 1906), Marokko (COC von 1913), Mauretanien (COC von 1989).

28 In Kraft getreten erst am 30.9.1954; s. *Mansur*, Justice Administration in General and Libyan Administration in Particular, Maǧallat al-maḥkama al-'ulyā/Supreme Court Journal 6 (1970), 39 – 58 (53).

29 *Castro*, La codificazione del diritto privato negli stati arabi contemporanei, Riv.dir.civ. 31 (1985), I 387 – 447 (387). - Der bedeutende italienische Islamrechtler *Francesco Castro* (1936 – 2006) ist leider jüngst verstorben; näher zu ihm *Piccinelli*, Ricordo di Francesco Castro, OM 86 (2006) Heft 2, S. I – III.

II. Überblick über das Zivilgesetzbuch

Eine umfangreiche Darstellung des Inhalts des Zivilgesetzbuches der VAE kann hier zweifellos nicht gegeben werden, sondern nur eine kurze Übersicht über seinen Inhalt. Es besteht aus drei großen Büchern. Das erste Buch (Art. 124 – 488) enthält den Allgemeinen Teil des Schuldrechts und einige Regeln, die bei uns im Allgemeinen Teil des BGB (Rechtsgeschäftslehre) enthalten sind. Dazu gehören z.B. Normen über die Grundsätze, Wirkungen und Erfüllung von Verträgen (Art. 125 – 275, 338 – 488), sehr knapp das Recht der ungerechtfertigten Bereicherung (Art. 318 f.), die Geschäftsführung ohne Auftrag (Art. 325 – 332) sowie das Deliktsrecht (Art. 282 – 317). Das zweite Buch (Art. 489 – 1132) enthält die Normen über den Besonderen Teil des Schuldrechts (u.a. Kauf, Miete, Tausch, Schenkung, Auftrag, Darlehen, Werkvertrag). Im dritten Buch (Art. 1133 – 1528) folgen die sachenrechtlichen Regelungen einschließlich insbesondere verfahrensrechtlicher Grundnormen über das gesetzliche (Art. 1219 – 1256) und gewillkürte (Art. 1257 – 1261) Erbrecht im Zusammenhang mit dem Erwerb von Eigentum kraft Erbfalls. Die bekannten Stiftungen (*auqāf*) nach islamischem Recht werden im Bereich des Sachenrechts nicht normiert; Art. 1361 ZGB bestimmt, dass insoweit ein besonderes Gesetz erlassen werden soll[30].

Vor dem ersten Buch sind im Einleitenden Kapitel (Art. 1 – 123) allgemeine Regeln über die Rechtsanwendung (Art. 1 – 3), das intertemporale Privatrecht (Art. 4 – 9) und das internationale Privatrecht (Art. 10 – 28) enthalten. Diesen auch aus dem ägyptischen ZGB (und anderen ZGBs arabischer Staaten) enthaltenen Normen folgen in den VAE, wie bereits erwähnt, in Art. 29 – 70 islamischrechtliche Grundsätze und Interpretationsregeln. Daran schließen sich uns aus dem Allgemeinen Teil des BGB vertraute Bestimmungen an: Zuerst die Rechtsstellung natürlicher Personen (Art. 71 – 91) und anschließend einige Grundregeln über juristische Personen (Art. 92 – 94), in denen im Übrigen auf besondere Gesetze verwiesen wird; primär also auf das inzwischen mehrfach geänderte Gesellschaftsrechtsgesetz Nr. 8/1984, das neu gefasst werden soll. Es folgen Bestimmungen über Sachen (Art. 95 – 103) sowie Rechte (Art. 104 – 111) und über den Beweis von Rechten (Art. 112 – 123), was inzwischen ausführlich im Beweisgesetz, Gesetz Nr. 10/1992, normiert worden ist[31].

---

30 Dies ist anscheinend noch nicht erfolgt, denn in der jüngsten mir zugänglichen einschlägigen Publikation in den VAE wird dazu nichts gesagt; vgl. *Marwah/Bolz*, Waqfs and Trusts, Al Tamimi Law Update Nr. 191 (Februar 2007), 10 – 13.

31 Der qānūn al-iṯbāt fi-l-mu'āmalāt al-madanīya wa-t-tiǧārīya ist veröffentlicht im Gesetzblatt Nr. 233 vom 25.1.1992.

III. Zivilrechtliche Einzelfragen

1. Deliktsrecht

Lediglich einige wenige Fragen aus dem Bereich des ZGB seien kurz beleuchtet. Beginnen möchte ich mit dem *Deliktsrecht*, das weitestgehend aus dem jordanischen Recht (Art. 256 – 292 ZGB) entnommen wurde. Das System der Regeln im jordanischen und demzufolge im VAE-Recht gliedert sich in folgende Abschnitte: Allgemeine Grundsätze (Art. 282 – 298), Haftung für eigenes Handeln (Art. 299 – 312), Haftung für Schädigung durch Dritte (Art. 313) und Haftung für Schäden durch Sachen, für Tiere, für Gebäudeeinsturz und im Straßenverkehr (Art. 314 – 317).

Gemäß Art. 282 ZGB ist jedermann verpflichtet, den Schaden zu ersetzen, den er einem anderen zugefügt hat. Derselbe Grundsatz ist übrigens in Art. 42 Nr. 2 ZGB (im Abschnitt über islamischrechtliche Grundsätze) enthalten. Anklänge an Art. 163 ägyt. ZGB und damit an Art. 1382 franz. CC sind unüberhörbar. Aber auch die Unterschiede werden deutlich: Ein Delikt ist nach Art. 282 ZGB – in Übereinstimmung mit dem islamischen Recht – jede Handlung aufgrund derer einem anderen ein Schaden zugefügt wird. Die „faute", die im französischen Recht Elemente der Rechtswidrigkeit und des Verschuldens enthält, fehlt in Art. 282 ZGB. Das Recht der VAE folgt damit, wie das islamische Recht, im Bereich der unerlaubten Handlungen, einer „tendence objectiviste", wie es *Chehata* zutreffend formuliert hat[32]. Die deliktische Haftung wird im Prinzip nicht primär unter dem Gesichtspunkt der „faute" gesehen. Schaden und Ersatzleistung sind die beiden Pole, um die das deliktische Rechtsverhältnis kreist. Rechtswidrigkeit und Verschulden, im Übrigen nicht so klar getrennt wie im deutschen Recht, sind sekundär, jedoch nicht völlig unbeachtlich[33].

Angemerkt sei abschließend, weil interessant wegen der Fortwirkung islamischrechtlicher Grundsätze im Bereich des Rechts der unerlaubten Handlungen, dass im Fall der Tötung oder der Körperverletzung eines Menschen gemäß Art. 299 ZGB die Möglichkeit besteht, dass der Täter ein Blutgeld (*diya*) oder eine Buße (*arš*) zahlen muss. Wird ein deliktsrechtlicher Schadensersatzanspruch geltend gemacht, können Ansprüche auf „*diya*" nicht erhoben werden. Eine Kombination von diesen Ansprüchen und der „*diya*" ist unzulässig. Grundsätzlich folgt die Rechtsprechung der gesetzlichen Regelung, geht jedoch inzwischen einen Schritt weiter. Das heißt, werden substantiiert

---

32 *Chehata*, Théorie générale de l'obligation en droit musulman hanéfite, Kairo 1936, 151; *Vogel*, Contract Law of Islam and the Arab Middle East, International Encyclopedia of Comparative Law, Vol. VII Chap. 7, no. 146, zieht hieraus den Schluss, dass das jordanische Recht „closely follows the Islamic law". Dies gilt jedoch nur teilweise.

33 Näher *Krüger*, Das Deliktsrecht der Vereinigten Arabischen Emirate, VersR 1989, 1000 – 1006; *ders.*, ZvglRWiss 97 (1998), 370 – 375.

auch Ansprüche auf Schadensersatz geltend gemacht (und bewiesen), die die Höhe der „*diya*“ überschreiten, so können auch diese zusätzlich zu ihr eingeklagt werden[34]. Die Höhe der „*diya*“ beträgt aufgrund des „*Diya*“-Gesetzes Nr. 17/1991 i.d.F. des Änderungsgesetzes Nr. 9/2003 jetzt 200.000 AED (etwa 42.000 EUR)[35].

2. Produkthaftpflicht

Ganz knapp sei auch erwähnt[36], dass durch das im August 2006 verkündete Gesetz Nr. 24/2006 in den VAE erstmals ein Gesetz über den *Verbraucherschutz* (*qānūn ḥimāyat al-mustahlik*) in Kraft gesetzt worden ist, das auch eine Regelung der *Produkthaftpflicht* enthält[37]. In den VAE wird zwar gesagt, dass der Schutz der Käufer (jedoch nicht speziell der Verbraucher) in gewissem Umfang auch schon bisher dem ZGB zu entnehmen war. Als Beispiele werden genannt Zurückweisung der Ware, wenn sie fehlerhaft war nebst Rückforderung des gezahlten Preises oder Klage auf Herabsetzung des Preises in derartigen Fällen[38]. Ausreichend war dies im Zweifel jedoch nicht. Maßgebliche Norm ist jetzt insbesondere Art. 9 des Verbraucherschutzgesetzes, der eine solidarische Haftung von Hersteller und Verkäufer vorsieht, wenn ein Verbraucher Schäden durch Gebrauch oder Verbrauch einer Sache erleidet. Einzelheiten ihrer Haftung folgen aus Art. 10 – 15 des Gesetzes; die Ansprüche des Verbrauchers ergeben sich primär aus dessen Art. 16[39].

3. Ungerechtfertigte Bereicherung

Nach den delikts- und produkthaftungsrechtlichen Hinweisen seien einige Anmerkungen zum Recht der *ungerechtfertigten Bereicherung* (*al-kasb bilā sabab) gemacht*, das sehr kurz geregelt wird (Art. 318 und 319 ZGB). Art. 318 enthält den allgemeinen bereicherungsrechtlichen Grundsatz, gleichsam eine

---

34 Näher *Krüger*, VersR 1989, 1002 f.; *ders.*, ZvglRWiss 97 (1998), 372 – 374; *Sinjakli*, Blood Money and Compensations in Injury Cases under UAE Law, Al Tamimi Law Update Nr. 138 (September 2002), 9 – 12; *Ak Bik*, Bodily Injury Liability, Al Tamimi Law Update Nr. 154 (Januar 2004), 5 – 13 (beide mit umfangreichen Nachweisen aus der Rechtsprechung); *Le Roy*, Haftung und Entschädigung von Personenschäden im islamischen Recht, PHI 2006, 144 – 149 (beruht weitgehend auf der Darstellung von *Ak Bik*).

35 Veröffentlicht im Gesetzblatt Nr. 226 vom 24.6.1991 bzw. in Nr. 405 vom 13.12.2003.

36 Näher *Keimer*, Neuere Entwicklungen im Handels- und Wirtschaftsrecht der VAE, unten S. 149 ff.

37 Veröffentlicht im Gesetzblatt Nr. 453 vom 26.8.2006.

38 *Wallmann*, Has Product Liability landed in the UAE? The New Consumer Protection Law, Al Tamimi Law Update Nr. 186 (September 2006), 6 – 8.

39 *Al Tamimi/Kelly*, An Analysis of how the Federal Consumer Protection Law may affect Businesses and Individuals in the UAE, Al Tamimi Law Update Nr. 188 (November 2006), 11 – 16 (mit englischer Übersetzung des Normtexts).

Regelung der condictio sine causa generalis. Niemand darf Eigentum oder Vermögen (māl) einer anderen Person ohne rechtlichen Grund (*bilā sabab šar'ī*) an sich nehmen. Tut er es dennoch, so muss er es zurückerstatten. Art. 319 Nr. 1 ZGB enthält zusätzlich eine Norm über die condictio indebiti. Das heißt, wer etwas erhält, was nicht ihm, sondern einem anderen geschuldet wird, ist verpflichtet, es demjenigen zurückzuerstatten, der ihm z.B. einen Geldbetrag irrtümlicherweise überwiesen hat. Art. 319 Nr. 2 ZGB enthält die Regelung des Falles, der mit § 951 BGB vergleichbar ist; das heißt eine Vorschrift über den Rechtsverlust durch Verbindung, Vermischung oder Verarbeitung. Der Gläubiger kann in diesen Fällen von demjenigen, zu dessen Gunsten die Rechtsveränderung eingetreten ist, ohne hier auf das einzuhaltende Verfahren einzugehen, Wertersatz fordern. Dass auch Ansprüche aufgrund der ungerechtfertigten Bereicherung verjähren können, ist selbstverständlich. Maßgebend ist Art. 336 ZGB. Das heißt, derartige Ansprüche verjähren z.B. bei der condictio indebiti binnen drei Jahren ab dem Tag, an dem dem Schuldner bekannt geworden ist, dass er an einen Nichtgläubiger geleistet hat. Im Übrigen muss man sich auch in den VAE auf die Verjährung eines Anspruchs einredeweise berufen. Der Richter beachtet sie nicht von Amts wegen, denn es handelt sich nicht um eine Einwendung (Art. 488 ZGB)[40].

4. Forderungsabtretung

Ein nach wie vor in den VAE höchstrichterlich nicht gänzlich geklärtes Problem ist das der *Forderungsabtretung*. Es sei hier deshalb kursorisch dargestellt[41]. Im ägyptischen Zivilgesetzbuch sind diese Probleme dank der

40 S. dazu bereits IPG 2003-04 Nr. 7 (*Köln*).

41 Dazu auch schon *Krüger*, ZvglRWiss 97 (1998), 369 f. – In einem *Exkurs* sei gesagt: Die Zession bereitet auch im islamisch-*schiitischen* Recht und demzufolge noch heute im *Iran* Probleme, denn dort wurde die Forderungsabtretung, anders als eine Reihe von Rechtsinstituten des Allgemeinen Teils des Schuldrechts, *nicht* aus Frankreich in das ZGB von 1928-35 übernommen; s. *Imâmî* (Fn. 26), I 337 f., der auf S. 338 auch den französischen Begriff „cession de créance“ benutzt. Lediglich die Schuldübernahme (ḥawāla; jetzt auch als intiqāl-i dain [auch als „cession de dette“ bei *Imâmî* aaO I 335] bezeichnet), basierend auf islamischem Recht, wird in Art. 724 – 733 ZGB kodifiziert. Sicher ist, dass Art. 292 ZGB nicht die Zession regelt, weil in dieser Norm nur die drei Möglichkeiten der Novation (*tabdīl-i ta'ahhud*) normiert werden, die einen Fall des Erlöschens von Verbindlichkeiten (*suqūt-i ta'ahhudāt*) darstellen: Novation durch Auswechslung der Verbindlichkeit, Novation mit Schuldnerwechsel und Novation mit Gläubigerwechsel (*Imāmī* aaO I 337 – 339). Dies entspricht übrigens auch islamischem Recht; z.B. *Bussi*, Principi di diritto musulmano, Mailand 1943, 139 (Novation ist ein Fall der „estinzione del rapporto obbligatorio“).
Sehr umfangreich zur Problematik *Amin*, Commercial Arbitration in Islamic and Iranian Law, Teheran 1988, 392 – 418. Er argumentiert, dass die Forderungsabtretung unter die „*ḥawāla*“ zu subsumieren sei (S. 413); zu ihrer Wirksamkeit sei damit stets die Zustimmung des Schuldners erforderlich (S. 399). Soweit in Art. 38 des Insolvenzgesetzes (*qānūn-i i'sār*) von 1313/1934 (enthält keine § 398 BGB

entsprechende Regelung der Zession, sondern setzt sie bestenfalls voraus; im Übrigen Schutzvorschrift im Zusammenhang mit Insolvenz oder Zahlungsunfähigkeit) und in Art. 25 des Versicherungsvertragsgesetzes von 1315/1936 (Zustimmung des Schuldners erforderlich) Zessionsregeln enthalten sind, handele es sich nicht um verallgemeinerungsfähige spezifische Regeln (S. 414 – 416). Dies gilt m.E. zumindest, bis sich die Rechtsprechung auf die üblichen Zessionsfälle erstreckt.
Imāmī aaO I 338 sagt dagegen ohne nähere Begründung, dass die Zustimmung des Schuldners [*rezāyat-i madyūn*] zur Forderungsabtretung [intiqāl-i talab] *nicht* erforderlich sei und verweist lediglich auf Art. 38 des Insolvenzgesetzes, in dem eine in etwa § 407 BGB entsprechende Regelung enthalten ist.
Safā'ī, Huqūq-i madanī (Zivilrecht), Teheran 1351/1971-72, II 264 f. Fn. 10, stellt im Zusammenhang mit seiner Darstellung der Novation mit Gläubigerwechsel ausdrücklich fest, dass dies etwas anderes ist als eine Zession, was nicht immer sorgfältig geschieden werde, und diskutiert die Frage, ob eine Forderungsabtretung, anders als die Novation, ohne Zustimmung des Schuldners möglich sei. Er bejaht dies ohne Begründung und sagt nur, dass für die Zustimmung des Schuldners *keine* Notwendigkeit (zarūrat) bestehe.
Langrūdī, Dā'irat al-ma'ārif huqūq-i madanī wa-tiğārī (Enzyklopädie des Zivil- und Handelsrechts), Teheran 2537 K./1977-78, I 320, sagt zwar, dass die französischen Regeln über die Zession nicht in das iranische ZGB übernommen wurden, meint jedoch, ihre Existenz könne aus Art. 10 ZGB (Grundsatz der Vertragsfreiheit) hergeleitet werden, und gelangt zu dem Ergebnis (S. 332), sie sei nach französischem Vorbild in das iranische Recht übernommen worden. Bei seiner Darstellung stützt er sich jedoch auf französische bzw. belgische Quellen (z.B. S. 321, 323, 325, 330) und nimmt an, die Vereinbarung einer Forderungsabtretung zwischen dem Zedenten und Zessionar sei regelmäßig ohne Zustimmung des Schuldners möglich.
Bemerkenswert ist, dass in der gesamten Literatur an keiner Stelle Nachweise aus der Rechtsprechung zitiert werden. Mir ist bisher lediglich *ein* veröffentlichtes Urteil des iranischen OGH bekannt geworden, in dem ein *erstinstanzliches Gericht* erwähnt, dass es sich beim „*intiqāl-i talab*" (Übertragung einer Forderung) um eine „*ḥawāla*" handelt (und damit gemäß Art. 725 ZGB für die Wirksamkeit die Zustimmung des Dritten erforderlich ist); im Kassationsverfahren kam es darauf jedoch nicht an, so dass die Frage nicht erörtert höchstrichterlich geklärt werden musste; *OGH*, Urteil Nr. 2254, 25.10.1335/15.1.1957, Mağmū'a-yi rawīye-yi qadâ'ī az sāl 1328 tā sāl 1342 (Sammlung der gerichtlichen Praxis vom Jahre 1328 [1949-50] bis zum Jahre 1342 [1963-64], 2. Aufl. Teheran 1353/1974-75, II 355 – 364.
Die Rechtsliteratur geht, wie dargestellt, teilweise von der Zulässigkeit der Zession aus. Angesichts des Umstandes, dass nach Art. 4 und 12 der Verfassung von 1979 seither auch alle zivilrechtlichen Gesetze und Vorschriften im Einklang mit den islamisch-schiitischen Maßstäben stehen müssen, bleibt jedoch ungewiss, ob das Rechtsinstitut der Forderungsabtretung (in französischer Form), weil nicht ohne weiteres islamischrechtlich, von der Rechtsprechung akzeptiert wird. Dies gilt insbesondere deshalb, weil – wie gesagt – die in Art. 1689 – 1701 des französischen Code civil geregelte „cession de créance", obwohl es möglich gewesen wäre, *nicht* in das iranische ZGB übernommen wurde. Würde jedoch, was nicht ungewöhnlich wäre, die Zession unter die islamischrechtliche „*ḥawāla*" subsumiert (so *Amin* aaO 394 ff.), wäre in jedem Fall die Zustimmung des Schuldners erforderlich. Die Frage der Zulässigkeit und Wirksamkeit einer Zession nach iranischem Recht (insbesondere ohne die Zustimmung des Schuldners) kann deshalb aufgrund der mir zugänglichen Quellen nicht definitiv beantwortet werden, wenngleich die dem überwiegenden Teil der Literatur zu entnehmenden Rechtsanzeichen dafür zu sprechen scheinen.

klaren Systematik übersichtlich geregelt. In dem betreffenden Kapitel im Allgemeinen Teil des Schuldrechts wird unter der Überschrift „Übertragung von Verbindlichkeiten" (*intiqāl al-iltizām*) eindeutig zwischen der Forderungsabtretung/*ḥawālat al-ḥaqq* (Art. 303 – 314 ZGB) und der Schuldübernahme/*ḥawālat ad-dain* (Art. 315 – 322 ZGB) geschieden[42]. Dieselbe Systematik ist in Art. 339 – 374 des irakischen ZGB enthalten: Art. 339 – 361 regeln die Schuldübernahme und Art. 362 – 374 die Forderungsabtretung[43]. Diese Normen sind jedoch nicht in dieser Form aus dem irakischen in das jordanische Schuldrecht übernommen worden, wenngleich insbesondere das irakische ZGB Vorbild des jordanischen ist. Im jordanischen Recht wird im Wesentlichen auf der Basis der osmanischen Mejelle (Art. 673 – 700) und des muršid al-ḥairān nur die Schuldübernahme (*ḥawāla*) geregelt[44]. Sie wird in Art. 673 der Mejelle gesetzlich definiert als „Übertragung einer Schuld (Arab. *dain*, Türk. *deyn*) von einem Schuldner auf einen anderen"[45].

Die VAE haben in Art. 1106 – 1132 ZGB insoweit leider nur unmittelbar auf das jordanische Vorbild, die osmanische Mejelle bzw. den muršid al-ḥairān (also *hanafitische* Quellen) – und nicht auf das irakische Recht – zurückgegriffen[46], obwohl gemäß Art. 1 Abs. 1 ZGB grundsätzlich *malikitisches* Recht zur Lückenfüllung und Interpretation der Vorschriften im ZGB maßgebend ist. Nach dem islamischen Recht des *hanafitischen* Ritus, der in Jordanien dominiert, ist das Rechtsinstitut der Forderungsabtretung nicht bekannt. Im islamischen Recht gilt (mit einer gewissen Ausnahme bei den Malikiten[47]) der Grundsatz, dass die

---

Dass es sich bei der Zession im iranisch-schiitischen Recht offensichtlich um ein nicht einfach zu klärendes Problem handelt, ergibt sich auch aus der Darstellung von *Badamchi* (Digest of Commercial Laws of the World, Islamic Republic of Iran: Digest, S. 15; Stand: 2004). Dargestellt wird nämlich recht intensiv jedes Stichwort mit Ausnahme des „assignment", das bisher nur als Überschrift erscheint.

42 Ausführlich dazu *Sanhūrī*, Al-wasīṭ fī šarḥ al-qānūn al-madanī (Kommentar zum ZGB), III (Kairo 1964), 411 – 441 (Allgemeines zur Übertragung von Verbindlichkeiten), 442 – 551 (zur Forderungsabtretung), 552 – 625 (zur Schuldübernahme).

43 Text der ägyptischen bzw. irakischen Normen in englischer und französischer bzw. deutscher Übersetzung bei *Krüger*, Arabische Staaten – Das Recht der Forderungsabtretung, 4. Aufl. Köln 1996, 14 – 19 bzw. 23 – 26.

44 S. dazu die Gesetzesmotive zu Art. 993 – 1017 ZGB, veröffentlicht unter dem Titel Al-muḏakkirat al-īḍāḥīya li-l-qānūn al-madanī al-urdunnī (Erläuterndes Memorandum zum jordanischen ZGB), Amman 1977, herausgegeben von der Anwaltskammer Amman, II 635 – 644.

45 „Havale, *deyni* (also Schuld; Hervorhebung von mir) zimmetden diğer zimmete nakletmekdir."

46 S. die vielen Hinweise in den Gesetzesmotiven (Fn. 15), 804 – 818.

47 *Morand*, De quelques particularités du droit musulman des obligations, Bull.Lég.Comp. 58 (1928-29), 360 – 378 (361) = Etudes de droit musulman et de droit coutumier berbère, Algier 1931, 66 (unter Bezugnahme auf *Ibn 'Āṣim*, Tuḥfat al-ḥukkām); s. zur Problematik auch *Santillana*, Istituzioni di diritto musulmano malichita, Rom 1926-1938, II 200 f.

Übertragung einer Forderung (*tamlīk al-ḥaqq*) bzw. der Verkauf einer Forderung (*bai' al-ḥaqq bi-l-ḥaqq*) unter Lebenden nichtig (*bāṭil*) ist[48]. Maßgeblich hierfür sind wohl zwei Gesichtspunkte: Zum einen soll dem Schuldner ohne seine Zustimmung kein neuer Gläubiger vor die Nase gesetzt werden und zum anderen spielen hier wahrscheinlich auch *ġarar*-Gesichtspunkte eine Rolle, wie *Wichard*[49] darlegt. Die Übertragung einer Forderung kann zwar vertraglich vereinbart werden, aber ohne Zustimmung des Schuldners zu der Abrede zwischen dem Zedenten und Zessionar kann er stets mit befreiender Wirkung weiterhin an den Zedenten leisten. Dementsprechend – und nach dem jordanisch-islamischen Vorbild – kennt das Recht der VAE *keine* eindeutige Normierung des Rechts der Zession. In Art. 1106 – 1132 ZGB wird auf der Grundlage islamisch-hanafitischen Rechts grundsätzlich nur die Schuldübernahme gesetzlich geregelt. Immerhin ist in den genannten Vorschriften erstaunlicherweise auch eine Regel enthalten, die eigentlich nur die Zession betreffen kann.

Auszugehen ist von folgender Lage: In Art. 1106 ZGB wird das Rechtsinstitut der „*ḥawāla*" definiert als die Übertragung (*naql*) einer Schuld (*dain*) und (nicht: oder) einer Forderung (*muṭālaba*) aus der „ḏimma" (etwa Obhut) des „*muḥīl*" (Übertragender einer Schuld und Forderung) in die des „*muḥāl 'alaihi*" (Übertragungsempfänger). Findet eine derartige Transaktion zwischen diesen beiden Parteien statt, so ist ihre Wirksamkeit gemäß Art. 1109 ZGB stets abhängig von der Zustimmung des Dritten[50]. Ob damit wirklich eine Zession in unseren Sinn gemeint wird, ist zumindest höchst zweifelhaft und wird von der Rechtsprechung m.E. mit Recht auch nicht angenommen[51]; denn gemäß Art. 1110 ZGB muss zur Wirksamkeit einer „*ḥawāla*" „the transferor be *indebted* to the creditor"[52]. Die Zession wird damit nicht gesetzlich geregelt[53].

Ferner wird in Art. 1130 Nr. 2 ZGB unter Rückgriff auf ägyptisches und irakisches Recht bestimmt, dass eine „*ḥawāla*" gegenüber Dritten (insbesondere

---

48 Statt vieler *Tyan*, Cession de dette et cession de créance dans la théorie et pratique du droit musulman, Ann.Fac.Dr. Beyrouth 7 III-IV (1946), 23 – 37 (z.B. S. 27: «principe de l'intransmissibilité des créances»; nach *Tyan*, S. 35 existierte jedoch in der Praxis – ohne präzisen Beleg - auch die Zession); *Dourmoussis*, Le principe de la liberté des contrats dans le droit occidental et dans le droit musulman, Genf 1917, 224 f. («... la cession des créances est ... une opération inconnue et impossible.«); *Morand*, (Fn. 47), 361 f. = Etudes (Fn. 47) 66 – 68; *Chehata* (Fn. 32), 96 f.; *Ansay*, Hukuk Tarihinde Islām Hukuku (Das islamische Recht in der Rechtsgeschichte), 4. Aufl. Ankara 2002, 153 (auf hanafitischer Grundlage). – Die beiden Sonderfälle der Übertragung einer Forderung donandi atque mortis causa lasse ich hier beiseite.

49 *Wichard* (Fn. 10), 175 – 179.

50 *Tyan* (Fn. 48), 32, spricht von „créancier cédant", „débiteur cédé" und „tiers cessionaire".

51 Nachweis in Fn. 61.

52 So zutreffend *Foster*, Arab L.Q. 19 (2004), 184.

53 Ebenso *Foster* aaO.

den Schuldnern) nur dann wirksam ist, wenn diese in einem datierten Dokument zustimmen oder von dem Rechtsgeschäft durch eine amtliche Benachrichtigung (*i'lān rasmī*) Kenntnis erhalten. Hierbei handelt es sich um eine typische Regelung im Bereich der Forderungsabtretung, auf die von der Judikatur in derartigen Fällen zurückgegriffen wird[54], und es bleibt unklar, weshalb sie in dem Kapitel über die „*ḥawāla*“ enthalten ist. Alles vorstehend zum Recht der „*ḥawāla*“ Gesagte ist übrigens den Art. 993 – 1017 des jordanischen ZGB entnommen worden. Weder die Gesetzesmotive zu diesem Gesetzbuch noch zum ZGB der VAE enthalten allerdings in Bezug auf die Zession Erhellendes[55].

Dass das islamische Recht das Institut nicht (zumindest nicht klar) enthält, kann schwerlich deutlicher als in den Gesetzesmotiven zum irakischen Zivilgesetzbuch von 1951 gesagt werden. Unter deren Nummer 17 findet man nämlich: Nur das kodifizierte Recht der Schuldübernahme (*ḥawālat ad-dain*) entspricht islamischem Recht (*al-fiqh al-islāmī*), die Zession (*ḥawālat al-ḥaqq*) dagegen ist westlichen Gesetzen (*qawānīn ġarbīya*) entnommen worden[56]. Soweit ist man in den VAE jedoch nicht gegangen. Nur in Art. 891 ZGB ist in einem Einzelfall die Zession gesetzlich klar vorgesehen. Der Werkunternehmer kann seine Ansprüche gegen den Besteller (Auftraggeber) ohne dessen Zustimmung durch vertragliche Vereinbarung an einen Subunternehmer abtreten. Das Rechtsinstitut ist dem Gesetz also durchaus bekannt[57].

Da das Problem der Forderungsabtretung häufiger auftritt und das schillernde Rechtsinstitut der „wakāla“ nicht einfach in den Griff zu bekommen ist, mussten

---

[54] Nachweis in Fn. 60.

[55] Gesetzesmotive zum jordanischen ZGB (Fn. 44), II 635 – 644; Gesetzesmotive zum ZGB der VAE (Fn. 15), 804 – 818.

[56] Die Gesetzesmotive (al-asbāb al-mūǧība) zum irakischen ZGB sind mir zugänglich in der hier zur Verfügung stehenden Textausgabe des Gesetzes, al-qānūn al-madanī, Bagdad o.J., 4 – 9. – Zutreffend z.B. *Dilger*, Das Rechtswesen in Äypten, in: *Schamp* (Hrsg.), Ägypten, Tübingen 1977, 509 – 529 (516): Schuldübernahme ist im Gegensatz zur Forderungsabtretung islamischrechtlich. Die traditionellen Rechtswerke enthalten dementsprechend keine besonderen Kapitel über die Übertragung von Verbindlichkeiten (intiqāl al-iltizām); dazu kurz *d'Emilia*, Scritti di diritto islamico, Rom 1976, 644.

[57] S. dazu bereits *Krüger*, ZvglRWiss 97 (1998), 369 f. – Im Rahmen des Kaufrechts der Mejelle (Art. 282 S. 1) besteht allerdings wohl in einem Sonderfall die Möglichkeit einer Zession im islamisch-hanafitischen Recht, denn hier kann in der Tat wohl nur die Übertragung einer Forderung gemeint sein: „Semen-i mebi'i almak üzere bāyi' bir kimseyi müşteri üzerine *havale* ederse hakk-ı habsini iskat etmiş olur.“ *Deutsch*: Wenn der Verkäufer jemandem *das Recht* überträgt, vom Käufer den Preis der verkauften Sache zu fordern, verliert er [der Verkäufer] sein „*hakk-ı habs*“ (Zurückbehaltungsrecht). - Die verkaufte Sache ist in diesem Fall unverzüglich an den Käufer zu übergeben. Deutlich wird hierbei, dass es sich bei der „*ḥawāla*“ um einen schillernden Rechtsbegriff handelt, der in Ausnahmefällen anscheinend auch die Zession betreffen kann. Auch *Tyan* (Fn. 48), 36, nennt diese Norm mit allerdings nicht völlig korrekter Übersetzung aus dem Türkischen.

sich inzwischen auch die Gerichte damit befassen. Insoweit ist festzustellen, dass die Kassationshöfe Abu Dhabi und Dubai unterschiedlich argumentieren. Während in Dubai Zessionen jetzt akzeptiert werden, gilt dies für Abu Dhabi nicht ohne weiteres. Auf die Argumentationen der Gerichte (z.T. analoge Anwendung einzelner Regeln über die *ḥawālat ad-dain*/Schuldübernahme) will ich nicht intensiver eingehen. Auch das Problem, dass aufgrund des ZGB-Änderungsgesetzes Nr. 1/1987 in handelsrechtlichen Sachen grundsätzlich keine zivilrechtlichen Normen anzuwenden sind[58], spielt gelegentlich eine Rolle.

Nach der inzwischen gefestigten Rechtsprechung des *Kassationshofs Dubai* ist die Abtretung einer Forderung durch Vertrag zwischen dem Zedenten und Zessionar möglich, ohne dass der Schuldner zustimmen muss. Damit der Zessionar Dritten (insbesondere dem Schuldner) gegenüber die Forderung erwirbt, ist es ausreichend, dass der Schuldner – ebenso wie z.B. im Irak (Art. 363 ZGB), in Oman[59] und selbstverständlich in Frankreich (Art. 1690 Cc: „signification“) – von der Übertragung des Rechts durch förmliche Mitteilung („*i'lān rasmī*“/„official notice“) unterrichtet wird oder der Zession zustimmt[60]. Gestützt wird die Voraussetzung der Benachrichtigung des Schuldners auf Art. 1130 Nr. 2 ZGB (entspricht Art. 683 der Mejelle, allerdings nur für die Schuldübernahme), einer Regelung, die in dem Kapitel über die „ḥawāla“ enthalten ist. Der *Kassationshof Dubai* argumentiert ohne jeden Rückgriff auf islamischrechtliche Grundsätze oder – mit Ausnahme von Art. 1130 Nr. 2 ZGB – auf Normen des ZGB. Die Rechtsbasis, auf die rekurriert wird, bleibt unklar.

Der *Kassationshof Abu Dhabi* geht davon aus, dass das ZGB *keine* Regelung der Zession enthält und verlangt für die Wirksamkeit einer Forderungsabtretung die

58 Der Hintergrund dieses bisher einzigen Änderungsgesetzes ist Art. 714 ZGB, der das Verbot von Kreditzinsen unter Privaten bestimmt. Da Zinsen im Geschäftsverkehr in den VAE stets üblich waren sowie sind und 1987 noch kein Handelsgesetzbuch existierte, wurde der sachliche Geltungsbereich des ZGB eingeschränkt und Zinsen waren damit im Handelsverkehr weiterhin möglich; näher dazu *Krüger*, Recht van de Islam 14 (1997), 85 f.; *ders.*, ZvglRWiss 97 (1998), 381 – 383; *Tamimi*, Interest under the UAE Law and as applied by the Courts of Abu Dhabi, Arab L.Q. 17 (2002), 50 – 52; *Lovett/Witzmann*, [National Report] United Arab Emirates, Yearb.Isl. & Midd.East.L. 10 (2003-04), 225 – 237 (226 f.).

59 Zwei Urteile in deutscher Übersetzung bei *Krüger* (Fn. 43), 70 – 72; Hinweis auf die beiden Entscheidungen auch bei *Elwan*, Die Rechtsordnung des Sultanats Oman, insbesondere dessen Handelsprozessordnung, in: Festschrift für Reinhold Trinkner, Heidelberg 1995, 525 – 547 (546).

60 *Kassationshof Dubai*, 34/99, 1.5.1999, Arab L.Q. 17 (2002), 86 – 88 = *Price/Al Tamimi*, United Arab Emirates Court of Cassation Judgments 1998-2003, Leiden 2005, 195 – 197 (Leitsatz: „For the assignment of a right to be valid, the debtor's agreement is not required.“); weitere Nachweise aus der Rechtsprechung des *Kassationshofs Dubai* von 1996 bis 2000 bei *Foster*, Arab L.Q. 19 (2004), 186.

Zustimmung aller drei Parteien (Zedent, Zessionar und Schuldner)[61]. In seinem Urteil vom 25.3.1999 gelangt das Gericht dann erstaunlicherweise jedoch zu folgendem Ergebnis: Die Regeln des 1986 in Kraft getretenen Zivilgesetzbuches können nicht angewandt werden, weil der Fall nach den *vor* 1986 geltenden Normen zu beurteilen ist und nach früherem Recht sei die Zession wirksam. Vor dem Inkrafttreten des ZGB war in *Abu Dhabi* im Zweifel islamisches Recht anzuwenden, das in der malikitischen Gestaltung die Zession kennt. Es könnte damit möglicherweise begründet werden, gesagt wird dies in dem Urteil jedoch nicht.

In einem anderen Fall hat der *Kassationshof Abu Dhabi* entschieden, dass in *handelsrechtlichen* Sachen die Regeln des ZGB nicht anzuwenden sind[62]. Ausreichend für die Wirksamkeit einer Zession ist, dass die zwischen dem Zedenten und dem Zessionar getroffene Vereinbarung über die Abtretung einer Forderung dem Schuldner förmlich bekannt gegeben wurde[63]. Auf welcher Rechtsgrundlage dieses Ergebnis erzielt wird, bleibt wiederum unklar. Das HGB der VAE enthält jedenfalls keine zessionsrechtlichen Sonderregeln für Handelsgeschäfte[64].

Als Ergebnis bleibt festzuhalten, dass das Problem der Forderungsabtretung in den VAE nach wie vor heikel bleibt.

5. Verjährung

Ein weiterer Punkt, der wegen islamischrechtlicher Normen u.U. problematisch sein kann, sei kurz erwähnt. Das Rechtsinstitut der *Verjährung* (murūr az-zamān) ist, wie in dubio allgemein bekannt, in der šarīʿa nicht enthalten. Das heißt, ein einmal entstandener Anspruch kann vom Gläubiger im Prinzip zeitlich unbefristet geltend gemacht werden, was übrigens auch noch grundsätzlich in der osmanischen Mejelle vorgesehen wird, denn nach deren Art. 1674 gilt *„tekkadüm-ü zaman ile hak sākıt olmaz“* (durch Zeitablauf erlischt kein Anspruch). Einige Klageausschlussfristen sind in ihr jedoch enthalten.

Das Recht der VAE kennt die Verjährung dagegen ohne weiteres in traditioneller Formulierung: Ein Recht erlischt nicht durch Zeitablauf, aber ein Anspruch wird, falls vom Schuldner nicht zugestanden, nach Fristablauf *nicht mehr gehört*. Die sog. regelmäßige Verjährungsfrist beträgt 15 Jahre, sofern

---

61 *Kassationshof Abu Dhabi*, 127/19, 25.3.1999, Arab L.Q. 16 (2001), 300 – 302; dazu *Foster*, Arab L.Q. 19 (2004), 185 f.

62 Gestützt wird dies ziemlich sicher auf das ZGB-Änderungsgesetz Nr. 1/1987.

63 Mitgeteilt im Afridi & Angell Monthly Newsletter vol. 15 no . 9 (15.9.1998), 5.

64 Die „cession des créances professionelles“ wird z.B. in Marokko in Art. 529 – 536 HGB, Dahir Nr. 1-96-83, Gesetz Nr. 15/1995, veröffentlicht im Bulletin Officiel Nr. 4418 vom 3.10.1996, geregelt.

keine kürzere eingreift (Art. 473 und Art. 210 Nr. 3 ZGB). Normiert wird die gesetzliche Regel damit in der Form einer Klage-, nicht einer Anspruchsverjährung. Im Übrigen wird in den Art. 473 ZGB nachfolgenden Artikeln das Verjährungsrecht ausführlich geregelt. Für Delikte und Quasidelikte wird die Verjährungsfrist einheitlich auf drei Jahre festgesetzt (Art. 336 ZGB). Für Hemmung und Unterbrechung der Verjährung sind keine Besonderheiten erkennbar (Art. 481 – 487 ZGB). Dass die Verjährung nur durch Einrede (keine Einwendung), geltend gemacht werden kann, ist bereits gesagt (Art. 488 ZGB) worden. Die Rechtsprechung hat mit der Anwendung der verjährungsrechtlichen Normen im ZGB, soweit ersichtlich, keine Probleme[65].

6. Innominatverträge

Schließlich eine letzte Bemerkung zum ZGB: Anders als grundsätzlich im traditionellen islamischen Recht – mit Ausnahme der hanbalitischen Rechtsschule[66] – sind nicht nur Nominatverträge, also im Gesetz normierte Vertragstypen, zulässig[67], sondern wegen des Grundsatzes der Vertragsfreiheit auch *Innominatverträge*/'uqūd ġair musammāt (Art. 128 ZGB). Nach Art. 126 ZGB kann alles Gegenstand eines Vertrages sein, was nicht gegen gesetzliche Bestimmungen oder die guten Sitten verstößt. Im handelsrechtlichen Bereich folgt dies klar aus Art. 2 des HGB von 1993. In den VAE gilt im vermögensrechtlichen Privatrecht unstreitig der Grundsatz *al-'aqd al-qānūnī huwa šarī'at aṭ-ṭarafain*; das heißt, der Vertrag bildet das Gesetz zwischen den Parteien. Auf Innominatverträge werden die Regeln des Allgemeinen Teils des Schuldrechts angewandt[68].

C. Handelsrecht

I. Allgemeines

Damit komme ich zu der zweiten großen Kodifikation auf dem Gebiet des Privatrechts, dem *Handelsgesetzbuch*, Gesetz Nr. 18/1993, das am 18.12.1993 in Kraft getreten ist (Art. 4 EinfVO)[69]. Es beruht weitestgehend auf kuwaitischen (und damit auf ägyptischen) Vorbildern; denn Dreh- und Angelpunkt der Handelsgesetzbücher in den kleinen Staaten auf der Arabischen Halbinsel ist

---

[65] So schon *Krüger*, ZvglRWiss 97 (1998), 378 – 380.

[66] Näher *Krüger*, Studi Maġrebini N.S. 2 (2004), 217 – 220; *ders.*, ZvglRWiss 97 (1998), 366 – 369; *ders.*, Recht van de Islam 14 (1997), 79 f.

[67] Statt aller *Schacht*, An Introduction to Islamic Law, 2. Aufl. Oxford 1966, 144 („Islamic law does not recognize the liberty of contract"); *Spies/Pritsch*, Klassisches islamisches Recht, in: Handbuch der Orientalistik, 1. Abt., Ergänzungsband III, Leiden 1964, 220 – 343 (222: Die šarī'a „ ...kennt nicht ... den Grundsatz der Vertragsfreiheit").

[68] Gesetzesmotive (Fn. 15), 95 f.

[69] Veröffentlicht im Gesetzblatt Nr. 255 vom 20.9.1993.

insbesondere nach den kuwaitischen Rechtsreformen im Jahre 1980 das dortige HGB, Gesetz Nr. 68/1980[70]. Neben einigen wichtigen Einleitenden Bestimmungen (Art. 1 - 3[71]) ist das HGB der VAE in fünf Bücher gegliedert: Handel im Allgemeinen (Art. 4 – 71; handelsrechtliche Verpflichtungen und Verträge (Art. 72 – 370); Bankgeschäfte (Art. 371 – 477); Wertpapierrecht (Art. 478 – 644) sowie Konkurs und Vergleich (Art. 645 – 900).

In diesem Zusammenhang kann selbstverständlich keine umfangreiche Darstellung des Handelsrechts gegeben werden[72]. Es seien lediglich einige Besonderheiten erwähnt, jedoch nicht näher dargestellt.

II. Handelsvertreterrecht

Im Vordergrund des Interesses deutscher Kaufleute, insbesondere aus dem Bereich der Konsumgüterindustrie, steht ganz zweifellos das Recht der Handelsvertreter und Eigenhändler. Regeln über die Handelsvertretungen sind zwar im HGB (Art. 197 – 216) enthalten. Diese spielen im Geschäftsverkehr mit Ausländern jedoch nur eine untergeordnete Rolle, weil insoweit das Gesetz über die Regelung der Handelsvertretungen, Gesetz Nr. 18/1981 i.d.F. der Gesetze Nr. 14/1988[73] und Nr. 13/2006, als lex specialis vorgeht (Art. 3 HGB). Der sachliche Geltungsbereich dieses Gesetzes erstreckt sich auch auf Eigenhändler und enthält – insbesondere in der Interpretation durch die VAE-Gerichte, wie wohl bekannt – erhebliche Schutzvorschriften zugunsten einheimischer Kaufleute. Nach den jüngsten Änderungen aufgrund des Gesetzes Nr. 13/2006[74] ist dies nicht mehr ganz so dramatisch wie bisher, jedoch weiterhin *sehr* problematisch. Nachdem ich eine Vielzahl von Beiträgen über dieses Thema

---

70 Näher dazu *Krüger*, Internationales Recht in Kuwait nach den Gesetzesreformen 1980-1981, RIW 1983, 801 – 811.

71 Art. 2 Nr. 1 enthält den Grundsatz der Vertragsfreiheit. In Art. 2 Nr. 2 wird die Hierarchie der anzuwendenden Normen in Handelssachen statuiert: 1. Primär gelten vertragliche Vereinbarungen, falls nicht vorhanden, die Normen des HGB; 2. Dann besonderes bzw. örtliches Handelsgewohnheitsrecht (bzw. Handelsbrauch), das Vorrang vor allgemeinen Regeln hat; 3. Mangels der unter Nr. 1 und 2 genannten Regeln gelten zivilrechtliche Normen, sofern sie nicht den allgemeinen Grundsätzen der Handelsgeschäfte widersprechen. Art. 2 Nr. 3 bestimmt, dass vertragliche Bestimmungen unwirksam sind, falls sie dem Gesetz oder den guten Sitten widersprechen.

72 Eine Übersicht über den Inhalt des HGB gibt *Price*, [National Report] United Arab Emirates, Yearb.Isl. & Midd.East.L. 1 (1994), 303 – 331 (307 – 329).

73 Text des Gesetzes i.d.F. von 1988 in deutscher Übersetzung bei *Krüger*, VAE – Handelsvertreterrecht, 2. Aufl. Köln 1993, 41 – 55.

74 Veröffentlicht im Gesetzblatt Nr. 449 vom 14.6.2006.

veröffentlicht habe[75], will ich an dieser Stelle nicht schon wieder etwas hierzu schreiben und verweise auf den Beitrag von *Klaiber* in diesem Band[76].

III. Recht der Incoterms

Das HGB enthält in seinen Art. 133 – 163, wie auch in einigen anderen arabischen Staaten (Kuwait, Oman, Bahrain, Qatar und Jemen) feststellbar, Normen über International Commercial Terms, also über die Incoterms. Geregelt wird insbesondere der fob- und cif-Kauf. Dies ist weltweit *unüblich*, weil man generell die von der Internationalen Handelskammer (Paris) entworfenen Incoterms (heute die Incoterms 2000) benutzt; denn diese sind für den internationalen Geschäftsverkehr ausreichend und werden in unregelmäßigen Abständen den sich ändernden Geschäftspraktiken angepasst. Durch die vertragliche Vereinbarung der Incoterms 2000 werden viele Unsicherheiten im internationalen Geschäftsverkehr beseitigt. Achtet man bei Verträgen mit VAE-Partnern allerdings nicht darauf, diese Incoterms zu vereinbaren, können sich bei der Rechtswahl zugunsten des Rechts der VAE Probleme ergeben, weil die dort gesetzlich normierten Incoterms (weil älter) keineswegs immer den Incoterms 2000 entsprechen[77].

IV. Bankgarantien und Dokumentenakkreditive

Bemerkenswert ist auch, dass in den VAE das aus Handelsgewohnheitsrecht hervorgegangene Rechtsinstitut der Bankgarantie (*ḫiṭāb aḍ-ḍamān*), das in der Praxis des Außenhandels entwickelt wurde, gesetzlich geregelt ist (Art. 412 und 414 – 419 HGB[78]). Auch dies beruht auf arabischen Vorbildrechtsordnungen (Irak, Kuwait, Bahrain, Oman, Ägypten, Jemen). Dass auch das Recht des Dokumentenakkreditivs (*i'timād mustanadī*) gesetzlich geregelt wird (Art. 428 – 439 HGB), ist danach nicht verwunderlich, zumal dies auch in mehreren arabischen Staaten – allerdings nicht nur dort[79] – bekannt ist (Irak, Kuwait,

---

75 Zuletzt *Krüger*, An Introduction to Commercial Law in the States of the Arab Peninsula, Studi Maġrebini N.S. 1 (2003), 137 – 165 (154 – 161) mit Nachweisen eines Teils meiner einschlägigen Publikationen in Fn. 45.

76 *Klaiber*, Das Vertriebsrecht der VAE unter Berücksichtigung der jüngsten Gesetzesänderungen, unten S. 135 ff; dazu auch schon *Klaiber*, VAE entschärfen Handelsvertreterrecht, Recht & Steuern International Nr. 7 (2006), 55 – 57; *ders.*, VAE erhöhen Rechtssicherheit für ausländische Lieferanten, ebenda Nr. 11/2006, 65 – 67; *ders.*, VAE nehmen weitere Feinsteuerung im Vertriebsrecht vor, ebenda Nr. 12/2006, 59 – 62.

77 Weitere Hinweise bei *Krüger*, Studi Maġrebini N.S. 1 (2003), 148.

78 Normtext in deutscher Übersetzung bei *Krüger*, Arabische Staaten – Recht der Bankgarantien, 2. Aufl. Köln 1994, 28 f.

79 Nachweise bei *Schütze*, Das Dokumentenakkreditiv im internationalen Handelsverkehr, 4. Aufl. Heidelberg 1996, 22 – 44, mit Übersetzungen der einschlägigen Normen aus arabischen Handelsgesetzbüchern.

Bahrain, Jemen, Oman, Ägypten). Inhaltlich weichen die Vorschriften nicht wesentlich von dem üblichen internationalen Standard ab[80].

V. Zinsproblematik

Dass Zinsen im kaufmännischen Geschäftsverkehr der VAE zulässig sind, wird allgemein bekannt sein, auch wenn in Art. 76 HGB lediglich eine Norm über Kreditzinsen (Höchstsatz 12%) enthalten ist. Dies gilt nicht nur für Kredit-, sondern nach völlig einheitlicher Rechtsprechung auch für Verzugszinsen (*fawā'id at-ta'ḫīr*)[81]. Die Gerichte entscheiden durchgängig gesetzeskonform[82]. Zinseszinsen (*fawā'id 'alā mutaǧammid al-fawā'id*) sind dagegen rechtswidrig, weil sie gegen islamischrechtliche Grundsätze verstoßen[83]. Dass die Verfassungsmäßigkeit von Zinsen bereits 1981 vom *Verfassungsrechtssenat des Obersten Bundesgerichts* (Kassationshof Abu Dhabi) festgestellt wurde, sei lediglich der Vollständigkeit halber angemerkt[84].

D. Familien- und Erbrecht

I. Allgemeines

Zum Schluss wird das dritte große Gesetzbuch, dessen Verabschiedung jahrelang auf sich warten ließ[85], der *qānūn al-aḥwāl aš-šaḫṣīya*, also das Gesetz über das Personalstatut (im Nachstehenden: PersStG) Nr. 28/2005[86], teilweise kursorisch dargestellt. Es ist aufgrund seines Art. 363 am 30.11.2005 in Kraft getreten. Erfreulich ist, dass im Anschluss an den Normtext im Gesetzblatt auch die sehr ausführlichen Gesetzesmotive veröffentlicht sind[87]. Damit steht eine

---

80 Näher *Krüger* (Fn. 78), 9 – 12 (zur Bankgarantie); zu beiden Rechtsinstituten kurz *ders.*, Studi Maġrebini N.S. 1 (2003), 149 f.

81 Mit Büchern über die Zinsproblematik in der islamischen Welt kann man inzwischen ganze Bibliotheken füllen. Deshalb sei hier zur Situation in den VAE nur verwiesen auf *Krüger*, ZvglRWiss 97 (1998), 381 – 383; aus islamwissenschaftlicher Sicht insbesondere *Lohlker*, Schari'a und Moderne, Stuttgart 1996, 107 – 141; *ders.*, Das islamische Recht im Wandel – Ribā, Zins und Wucher in Vergangenheit und Gegenwart, Münster 1999.

82 So bereits *Krüger*, Recht van de Islam 14 (1997), 85 f.; *ders.*, ZvglRWiss 97 (1998), 381 – 383; *ders.*, Studi Maġrebini N.S. 1 (2003), 152 f.; *Tamimi*, Arab L.Q. 17 (2002), 50 – 52. – Eine Vielzahl einschlägiger Urteile findet man leicht bei *Price/Al Tamimi* (Fn. 83) und *Price/Al Tamimi* (Fn. 60).

83 *Kassationshof Abu Dhabi*, 26/18, 31.12.1996; Urteil bei *Price/Al Tamimi*, United Arab Emirates Court of Cassation Judgments 1989-1997, Den Haag 1998, 171 – 173. – Ebenso z.B. auch in Kuwait gemäß Art. 115 HGB, Gesetz Nr. 68/1980.

84 Gesch.-Z. 14/9 vom 28.6.1981; zu dem Urteil z.B. *Tamimi*, Arab L.Q. 17 (2002), 50; *Krüger*, Recht van de Islam 14 (1997), 85.

85 Zu einem Gesetzentwurf kurz *Ebert*, Das Personalstatut arabischer Länder – Problemfelder, Methoden, Perspektiven, Frankfurt 1996, 85.

86 Verkündet im Gesetzblatt Nr. 439 vom 30.11.2005, S. 9 – 118.

87 Gesetzesmotive ebenda S. 119 – 478.

erste – amtliche – Kommentierung zur Verfügung. Im Übrigen gibt es bereits einen allerdings nicht allzu ergiebigen zweibändigen Kommentar eines Rechtsanwalts[88].

Ich beschränke mich im Nachstehenden im Wesentlichen auf das im Vordergrund der deutschen Gerichtspraxis stehende Ehe- und Scheidungsrecht. Geregelt wird nach den Einleitenden Bestimmungen nebst Zuständigkeitsregeln (Art. 1 – 16) der gesamte Bereich des Familien- und Erbrechts in fünf Büchern im Wesentlichen auf der Grundlage *malikitischen* Rechts, was insbesondere für das Ehe- und Kindschaftsrecht gilt[89].

Aus dem Bereich der Allgemeinen Bestimmungen sei zunächst mitgeteilt, dass das PersStG seit seinem Inkrafttreten auf alle familien- und erbrechtlichen Rechtsverhältnisse anzuwenden ist. Auch auf vorher erteilte Scheidungsbescheinigungen (*išhādāt aṭ-ṭalāq*) und auf noch nicht rechtskräftig abgeschlossene Scheidungsverfahren wird rückwirkend das PersStG und nicht früheres Recht (also traditionelles malikitisches Recht[90]) angewandt (Art. 1 Nr. 1 PersStG). Wegen der in Art. 1 Nr. 2 PersStG enthaltenen interpersonalen Regelung verweise ich auf meinen Beitrag über das Kollisionsrecht in diesem Band[91].

Hinsichtlich der Lückenfüllung gilt gemäß Art. 2 Nr. 3 PersStG dieselbe Regelung wie in Art. 1 Abs. 1 ZGB und in Art. 6 des Beweisgesetzes, Gesetz Nr. 10/1992. Das heißt, primär ist zurückzugreifen auf die Normen der *malikitischen* Rechtsschule. Wichtig ist, dass gemäß Art. 3 PersStG – anders als grundsätzlich[92] im Bereich des vermögensrechtlichen Privatrechts (Art. 9 ZGB) – Fristen und Termine nicht nach dem gregorianischen, sondern nach dem Hidschra-Kalender[93] bestimmt werden. Hinsichtlich des Verfahrensrechts gelten, sofern im PersStG keine Sonderregeln enthalten sind, die Bestimmungen

---

88 *Muḥammad Maḥmūd*, Šarḥ qānūn al-aḥwāl aš-šaḫṣīya (Kommentar zum PersStG), Abu Dhabi 2006. Bd. 1 (Art. 1 – 158: Allgemeines, Ehe- und Scheidungsrecht), Bd. 2 (Art. 159 – 363: Personen-, Kindschafts- und Erbrecht). In ihm wird allerdings vielfach nur der Text der amtlichen Gesetzesmotive wiedergegeben.

89 Die im Nachstehenden genannten Artikel beziehen sich, sofern nichts Abweichendes gesagt wird, stets auf die Normen des PersStG.

90 Z.B. *Krüger*, Das Recht der Eheschließung in den Vereinigen Arabischen Emiraten, StAZ 1999, 65 – 68 (66); *ders*., Zur Praxis des internationalen Privatrechts in den Vereinigten Arabischen Emiraten, in: Festschrift für Erik Jayme, München 2004, I 477 – 484 (479); in beiden Beiträgen mit Rechtsprechungsnachweisen.

91 *Krüger*, Einführung in das internationale Privat- und Zivilprozessrecht der VAE, Abschnitt B IV 4, oben S. 93.

92 Eine Ausnahme gilt im Bereich des ZGB für die Volljährigkeit einer Person, die gemäß Art. 85 Nr. 2 ZGB mit der Vollendung des 21. Lebensjahres nach dem Hidschra-Kalender eintritt (also mit etwa 20 Jahren und vier Monaten).

93 Das muslimische Hidschrajahr ist rund elf Tage kürzer als unser Sonnenjahr.

der Zivilprozessordnung, Gesetz Nr. 11/1992 i.d.F. des Gesetzes Nr. 30/2005[94], und die des Beweisgesetzes, Gesetz Nr. 10/1992[95] (Art. 4 PersStG)[96].

Art. 5 – 16 enthalten ausführliche Regeln über die Zuständigkeit der Gerichte in Angelegenheiten des Familien- und Erbrechts. Nach Art. 5 PersStG sind die Gerichte in den VAE in derartigen Sachen international zuständig für Staatsangehörige der VAE und für Ausländer mit Wohnsitz oder gewöhnlichem Aufenthalt dort. Ausreichend zur Begründung ihrer Zuständigkeit ist auch, wenn Ausländer in den VAE arbeiten. Liegen diese Voraussetzungen nicht vor, besteht die internationale Zuständigkeit der Gerichte in den VAE ferner in den in Art. 6 PersStG enumerierten Fällen (z.B. dann, wenn eine Ehe in den VAE geschlossen wurde). Art. 7 – 16 enthalten die einschlägigen Vorschriften über die örtliche Zuständigkeit (*iḫtiṣāṣ maḥallī*) usw. der emiratischen Gerichte[97].

II. Verlöbnis- und Eherecht

1. Verlöbnisrecht

Das erste Buch des PersStG regelt das Eherecht (Art. 17 – 97). Begonnen wird mit dem Verlöbnis (*ḫiṭba*). Qualifiziert wird es als ein bloßes gegenseitiges Eheversprechen. (Art. 17). Jede Partei kann von der Verlobung zurücktreten (Art. 18 Nr. 1 S. 1); denn es handelt sich nicht um einen bindenden Vertrag (genauer: Ehevertrag/*'aqd az-zawāǧ*), sondern nur um das Versprechen, einen Vertrag zu schließen[98]. Rechtlich relevant sind, wie eigentlich in allen Rechtsordnungen, nur die Folgen eines Verlöbnisbruchs. Man unterscheidet in Art. 18 drei Konstellationen: Einseitige Beendigung des Verlöbnisses, gemeinsame Beendigung und Beendigung durch den Tod eines der Nupturienten.

Wird das Verlöbnis von einer Partei unbegründet aufgehoben und dadurch der anderen ein materieller oder immaterieller Schaden (*ḍarar*) zugefügt, so kann sie eine angemessene Entschädigung (*ta'wīḍ*) verlangen. Dabei führt nicht der Rücktritt vom Verlöbnis, sondern das durch ihn verursachte Ereignis zum Schadensersatzanspruch (Art. 18 Nr. 1 S. 2). Ferner wird bestimmt: Der Verlobte kann bei Beendigung des Verlöbnisses durch die Frau die Rückzahlung einer bereits gezahlten Brautgabe (*mahr*) oder, falls nicht mehr vorhanden,

---

94 Gesetzblatt Nr. 235 vom 8.3.1992 bzw. Nr. 440 vom 14.12.2005.

95 Gesetzblatt Nr. 233 vom 25.1.1992.

96 Einzelheiten zu den vier Artikeln in den Gesetzesmotiven (Fn. 87), 126 – 128.

97 Näher Gesetzesmotive (Fn. 87), 128 – 139. – In Dubai ist inzwischen die Verordnung Nr. 8/2006 über die Einzelheiten der Zuständigkeit der Gerichte usw. in familien- und erbrechtlichen Sachen erlassen worden (Gesetzblatt Dubai Nr. 217 vom 28.12.2006).

98 Gesetzesmotive (Fn. 87), 140 – 142; s. ferner zum islamischen Verlöbnisrecht z.B. *Nasir*, The Islamic Law of Personal Status, 3. Aufl. Den Haag 2002, 45 f.

Wertersatz fordern. Die Rückgabe von Verlobungsgeschenken ist obligatorisch, sofern nachgewiesen wird, dass sie eine Anzahlung auf die Brautgabe waren (Art. 18 Nr. 4). Falls der Verlobte das Verlöbnis beendet und die Frau mit der gezahlten Brautgabe bereits Einrichtungsgegenstände gekauft hat, so kann sie zwischen der Rückgabe der Brautgabe und der Übergabe der gekauften Gegenstände wählen (Art. 18 Nr. 3).

Bricht einer der beiden Verlobten grundlos (*bi-ġair muqtaḍā*) das Verlöbnis, so hat er keinen Anspruch auf Rückgewähr dessen, das er der anderen Partei geschenkt hat. Diesen Anspruch hat in diesem Fall nur die verlassene Partei (Art. 18 Nr. 5). Bei begründetem Rücktritt vom Verlöbnis hat die Gegenseite die erhaltenen Gegenstände oder, falls nicht mehr vorhanden, Wertersatz zu leisten (Art. 18 Nr. 6). Wird das Verlöbnis einvernehmlich beendet, hat jeder von beiden die anlässlich der Verlobung geschenkten Gegenstände, die noch vorhanden sind, zurückzugeben (Art. 18 Nr. 7). Endet das Verlöbnis durch den Tod einer der Parteien oder durch einen Grund, den keiner der beiden zu vertreten hat, oder entsteht ein Ehehindernis, so ist keine der beiden Parteien verpflichtet, Geschenke (*hadāyā*) zurückzugeben (Art. 18 Nr. 8)[99].

2. Recht der Eheschließung

Die Ehe wird in Art. 19 definiert als (zivilrechtlicher) Vertrag (*'aqd*), der beiden Parteien die rechtliche Erlaubnis gibt, einander zu genießen (*istimtā'*); das heißt, den Sexualtrieb zu befriedigen. Durch den Vertrag soll unter der Leitung des Ehemanns eine dauerhafte Familie (*usra mustaqirra*) begründet werden, wozu beide Ehegatten beizutragen haben. Voraussetzung für die Eheschließung ist grundsätzlich, dass beide Parteien das 18. Lunarjahr (etwa 17 Jahre und sechs Monate) vollendet haben (Ehemündigkeit). Ist eine der Parteien (oder beide) jünger als 18 Lunarjahre, so kann die Ehe nur mit gerichtlicher Erlaubnis geschlossen werden, wenn der Betreffende geschlechtsreif ist (Art. 30). Ist der Verlobte doppelt so alt wie die Braut oder noch älter, so kann eine Ehe nur mit Zustimmung der beiden Nupturienten und mit gerichtlicher Erlaubnis (*iḏn*) geschlossen werden, wenn ein Interesse (*maṣlaḥa*) an der Eheschließung besteht (Art. 21 Nr. 2)[100].

Der Ehevertrag wird geschlossen zwischen dem Bräutigam sowie dem Ehevormund (*walī az-zawāǧ*) der Frau (Art. 38 Nr. 1)[101] und kommt durch Angebot (*īǧāb*) und Annahme (*qabūl*) zustande (Art. 38 Nr. 3). Nur bei einer

[99] S. im Übrigen die Gesetzesmotive (Fn. 87), 142 – 145, und *Nasir* (Fn. 98), 46 – 48.

[100] Durch diese Regelung sollen anscheinend Ehen verhindert werden, die von sehr alten Männern mit sehr jungen (auch minderjährigen) Mädchen geschlossen werden, was nicht nur in den VAE, sondern auch in anderen Golfstaaten häufiger vorkommt.

[101] Also nicht mit der Frau selbst.

volljährigen Frau[102] hat der „walī" ihre Zustimmung zur Heirat einzuholen (Art. 39). Allerdings darf der Ehevormund keine Ehe für eine Geschäftsunfähige oder Minderjährige ohne Erlaubnis des Richters (*iḏn al-qāḍī*) schließen (Art. 28). Eine Ehe, die ohne Vormund (*'aqd bi-ġair walī*) geschlossen wird, ist gemäß Art. 39 nichtig (*bāṭil*). Der Ehevertrag ist auch von dem Eheschließungsbeamten (*ma'ḏūn*) zu unterzeichnen (Art. 39)[103]. Ein Ehevertrag kann durch einen Vertreter (*wakīl*) geschlossen werden (Art. 37). Der Ehevormund einer Frau ist gemäß Art. 32 primär ihr Vater und bei dessen Fehlen ein männlicher Verwandter der Braut in der Reihenfolge, in der der Betreffende erbberechtigt ist (Sohn, Bruder, Onkel [Bruder des Vaters]). Existiert kein Ehevormund, so ist der Richter der gesetzliche „*walī*" (Art. 35). Weitere Voraussetzung ist, dass bei der Ehezeremonie, also dem Vertragsschluss, zwei männliche muslimische Zeugen anwesend sind[104]. Schließt ein Muslim jedoch mit einer nicht-muslimischen Frau die Ehe, sind zwei männliche Zeugen der Religionszugehörigkeit der Frau zulässig (Art. 48).

Zum *Inhalt des Ehevertrages*[105] sei kurz gesagt: In ihm ist in jedem Fall eine Klausel über die vom Ehemann gezahlte (oder teilweise später zu zahlende) Brautgabe (*mahr*) aufzunehmen; denn nach malikitischer Ansicht ist sie eine Voraussetzung (*rukn*) der Eheschließung. Das heißt jedoch nur, dass sie nicht ausgeschlossen werden darf[106]. Geregelt werden sollte im Hinblick auf Art. 52 Nr. 2 sicherlich auch, dass die gestundete Brautgabe nicht nur bei Scheidung oder dem Tod des Ehemanns fällig wird, sondern zu jeder Zeit (oder zu einem bestimmten Termin) von der Frau geltend gemacht werden kann. Eine Vereinbarung kann ferner darüber getroffen werden, ob die Frau stets in dem gemeinsamen Haus leben muss und ob sie ihrem Mann an einen anderen Ort folgen muss, wenn er es will (Art. 75). Sinnvoll ist des Weiteren eine Klausel darüber, dass die Frau auch außerhalb des Hauses berufstätig sein darf (Art. 72 Nr. 2). Auch über die Ausgestaltung des Unterhalts können vertragliche Vereinbarungen getroffen werden (Art. 66). Angesichts des Umstandes, dass ein Mann mit mehr als einer Frau verheiratet sein darf, sind auch vertragliche Vereinbarungen darüber möglich, ob die zweite Frau im selben Haus wohnen

---

102 Volljährigkeit tritt gemäß Art. 85 Nr. 2 ZGB mit der Vollendung des 21. Lebensjahres nach dem Hidschra-Kalender ein (etwa 20 Jahre und vier Monate).

103 Insoweit wird in Art. 27 Nr. 3 bestimmt, dass der Justizminister eine entsprechende Verordnung zu erlassen hat.

104 Nach bisheriger Rechtsprechung mussten die Zeugen nicht persönlich bei der Heirat anwesend sein; es reichte ihre Kenntnis von der Eheschließung aus; *Erstinstanzliches Gericht Dubai*, 655/1992, 15.7.1998, Al Sharif Legal Bulletin Nr. 2 (Oktober 1998), 3; s. zu diesem Urteil bereits *Krüger*, StAZ 1999, 67.

105 Ein Vertragsmuster, das ergänzt werden kann, ist abgedruckt bei *Rieck*, Islamische Eheverträge, 12. Aufl. Köln 2003, 18 f., eine Publikation des Bundesverwaltungsamts (Köln).

106 Statt vieler *Krüger*, Ehe und Brautgabe, FamRZ 1977, 114 – 118 (115); *Waletzki*, Ehe und Ehescheidung in Tunesien, Berlin 2001, 183.

kann wie die erste (Art. 77). Eine Klausel, durch die die Frau von ihrem Mann bevollmächtigt wird, in seinem Namen gegen sich selbst die Verstoßung (*ṭalāq*) auszusprechen, also eine Bevollmächtigung der Ehefrau, als Vertreterin ihres Manns gegen sich selbst die Verstoßung auszusprechen (*tafwīḍ aṭ-ṭalāq*), ist dagegen in den VAE nicht erforderlich. Klauseln dieser Art waren und sind nur in den islamischen Ländern erforderlich, in denen eine Frau keine Möglichkeit besitzt, die Ehe auf ihren Wunsch *gerichtlich* lösen zu können[107]. Diese Art der Scheidung wird dementsprechend in den VAE auch nicht geregelt.

Unterschieden wird zwischen absoluten und relativen *Ehehindernissen*. In keinem Fall kann eine Ehe zwischen den in Art. 42 – 44 (beruhend auf Koran IV 23) genannten Blutsverwandten (*qarāba*) oder Verschwägerten (muṣāhara), den sog. *maḥramāt* oder *maḥārim*, geschlossen werden. Dasselbe gilt in den Fällen der Milchverwandtschaft/*riḍā'*, wenn die Nupturienten in ihren beiden ersten Lebensjahren von derselben Amme gestillt wurden (Art. 46). Zu den relativen Ehehindernissen zählen z.B.: Die Heirat mit einer fünften Frau und die Eheschließung einer muslimischen Frau mit einem nichtmuslimischen Mann (Art. 47 Nr. 2 und 8)[108]. Ein muslimischer Mann kann dagegen gemäß Art. 47 Nr. 7 mit einer Frau der *„ahl al-kitāb*" (der Angehörigen einer Buchreligion [Christinnen, Jüdinnen]) die Ehe schließen, nicht jedoch mit einer heidnischen Frau, was bereits aus dem Koran folgt; denn nach Vers II 221 ist – in der Übersetzung von *Rudi Paret* – „eine gläubige Sklavin besser als eine heidnische Frau".

3. Recht der Ehewirkungen

a) Persönliche Ehewirkungen

Das Recht der Ehewirkungen wird primär in Art. 54 – 56 systematisch geregelt. Unterschieden wird zwischen den gemeinsamen Rechten und Pflichten der Eheleute (Art. 54), den Rechten der Frau (Art. 55) und denen des Mannes (Art. 56)[109].

[107] Statt vieler kurz zu dieser Problematik *Abu Zahra*, Family Law, in: *Khadduri/Liebesny*, Law in the Middle East, Washington 1955, I 132 – 178 (147).

[108] Ein vorübergehendes oder relatives Ehehindernis deshalb, weil der Mann sich von einer seiner vier bisherigen Frauen trennen bzw. der nichtmuslimische Mann zum Islam übertreten kann. - Ein Mann kann rechtmäßig mit bis zu vier Frauen gleichzeitig verheiratet sein (Art. 47 Nr. 2). – Das Ehehindernis der Religionsverschiedenheit für Frauen wird sehr ernst genommen. Noch vor rund zehn Jahren wurde ein libanesischer Christ, der eine emiratische muslimische Frau geheiratet hatte, in den VAE inhaftiert und zu einem Jahr Haft und 39 Stockschlägen verurteilt; der Libanese konvertierte daraufhin zum Islam; Bericht in Neues Deutschland Nr. 270 vom 19.11.1996.

[109] Näher Gesetzesmotive (Fn. 87), 185 – 190.

Gemeinsame Rechte und Pflichten der Eheleute sind: Der gegenseitige Anspruch auf Genuss (*istimtāʿ*) im Rahmen des Gesetzes (Art. 54 Nr. 1) sowie gemäß Art. 54 Nr. 2 der Anspruch auf Sexualverkehr (*musākana*). Dieser Anspruch besteht für eine Ehefrau nicht in allen Rechtsschulen, denn nach hanafitischer und schafiitischer Auffassung handelt es sich insoweit um ein Recht nur des Mannes. Nach malikitischer Lehre dagegen hat auch die Ehefrau einen Anspruch auf Sexualverkehr[110]. Ferner zählen hierzu eine von Respekt und Mitgefühl getragene Verbindung, um das Wohl der Familie zu sichern, und die Pflicht, für die Erziehung und das Wohl der Kinder zu sorgen (Art. 54 Nr. 3 und 4).

Hinsichtlich der *Frau* gilt im Bereich der persönlichen Ehewirkungen gemäß Art. 55, dass sie das Recht hat, eine begonnene Ausbildung abzuschließen und dass sie ihre Verwandten in auf- und absteigender Linie sowie ihre Schwestern besuchen und von ihnen besucht werden darf. Ihr darf des weiteren von ihrem Ehemann aufgrund der in Art. 55 Nr. 5 enthaltenen Generalklausel kein materieller (*māddī*) oder immaterieller (*maʿnawī*) Schaden (*ḍarār*) zugefügt werden, und sie hat im Fall einer Mehrehe (*taʿaddud az-zauǧāt*) Anspruch darauf, in gerechter (also gleicher) Weise behandelt zu werden wie die andere(n) Frau(en). Im Übrigen hat eine Ehefrau das Recht, dass ihr Mann ihr eine adäquate Wohnung (bzw. Haus) zur Verfügung stellt (Art. 74).

Der *Ehemann* hat gemäß Art. 56 folgende Rechte gegenüber seiner Frau: Sie schuldet ihm respektvollen[111] Gehorsam (*ṭāʿa bi-l-maʿrūf*), hat den Haushalt zu führen und die in ihm befindlichen Gegenstände zu schützen (*ḥifāẓ*). Ferner hat sie die Pflicht, die Kinder zu stillen, sofern kein medizinisch bedingtes Hindernis besteht. Des Weiteren hat der Ehemann das Recht, seine Eltern oder Kinder aus einer Ehe mit einer anderen Frau in die eheliche Wohnung aufzunehmen, wenn er verpflichtet ist, für deren Unterhalt zu sorgen und dadurch seiner Frau kein Schaden entsteht (Art. 76 Nr. 1). Eine Frau ist dagegen grundsätzlich nicht berechtigt, gemeinsam mit ihren Kindern (eines anderen Mannes) in der ehelichen Wohnung zu leben. Dies gilt nur dann nicht, wenn der Ehemann dem ausdrücklich oder stillschweigend zustimmt oder die Kinder offensichtlich Schaden nehmen, wenn sie von ihrer Mutter getrennt werden oder

[110] *Elwan*, Empfängnisregelung und Abtreibung im Islam, in: Rechtsvergleichung und Rechtsvereinheitlichung – Festschrift zum 50jährigen Bestehen des Instituts für ausländisches und internationales Privat- und Wirtschaftsrecht der Universität Heidelberg, Heidelberg 1967, 439 – 470 (455 mit Nachweisen in Fn. 52); ferner z.B. *Santillana* (Fn. 47), I 231.

[111] In adjektivischer Form bedeutet „maʿrūf" in deutscher Übersetzung wörtlich u.a. freundlichen, gefälligen, wohltuenden, entgegenkommenden oder rücksichtsvollen [Gehorsam]. Das passt jedoch alles in deutscher Übersetzung nicht so recht; deshalb habe ich den Begriff „respektvoll" gewählt.

wenn außer der Ehefrau kein anderer „*walī*“ (Vormund) vorhanden ist (Art. 76 Nr. 2).

b) Ehegüter- und Ehevermögensrechtliches

Begonnen wird mit ehegüterrechtlichen Fragen. In den VAE gilt – in Übereinstimmung mit dem islamischen Recht aller Schulen – aufgrund Art. 62 Nr. 1 der Güterstand der *Gütertrennung*. Eine volljährige Frau hat das Recht, frei über ihr Vermögen zu verfügen. Der Ehemann ist nicht berechtigt, ohne die Zustimmung seiner Frau Verfügungen über ihr Vermögen zu treffen. Hat einer der beiden Eheleute zur Vergrößerung des Familienvermögens, zum Bau eines Hauses usw. beigetragen, so hat er im Fall des Todes des anderen oder nach Ehescheidung einen Anspruch auf Auszahlung seines Anteils. Im Übrigen besitzt der Ehemann kein Recht, sich in Angelegenheiten des privaten Vermögens (*amwāl ḫāṣṣa*) seiner Frau einzumischen (Art. 55 Nr. 4).

Sehr wichtig ist selbstverständlich das Problem der *Brautgabe* (mahr)[112], weil es sich hierbei in den allermeisten Fällen um die einzige finanzielle Sicherung der Ehefrau nach der Scheidung und – neben ihrem gesetzlichen Erbanspruch[113] – um eine weitere im Falle des Todes des Ehemanns handelt[114]. Eine ausführliche Regelung ist in Art. 49 – 53 in eindeutig traditioneller Weise enthalten. Unter der Brautgabe wird das verstanden, was ein Ehemann seiner Frau anlässlich der Heirat an Vermögen (*māl*) schenkt (Art. 49). Es gibt gemäß Art. 49 keinen Mindestsatz der Brautgabe, jedoch eine gesetzlich bestimmte Höchstgrenze. Einschlägig ist insoweit das seit dem 31.12.1997 geltende Gesetz über die Begrenzung (der Höhe) der Brautgabe, Gesetz Nr. 21/1997[115], das nach dem

---

[112] Gesetzesmotive (Fn. 87), 179 – 185. - Näher dazu zuletzt *Krüger*, Beharrung und Entwicklung im islamischen Rechtsbereich (unter besonderer Berücksichtigung des ehelichen Vermögensrechts), in: Internationales Familienrecht für das 21. Jahrhundert – Symposium zum 65. Geburtstag von Ulrich Spellenberg, München 2006, 171 – 205 (178 - 181, 189 – 199); *Wurmnest*, Die Brautgabe im Bürgerlichen Recht, FamRZ 2005, 1878 - 1885; zu einem besonderen Aspekt *Jindani*, The Concept of *mahr* (Dower) in Islamic Law: The Need of Statutory Recognition by English Law, Yearb.Isl. & Midd.East.L. 11 (2004-2005), 219 – 227 (erschienen 2007).

[113] Die gesetzliche Erbquote einer Ehefrau beträgt ein Viertel, falls aus der Ehe keine Kinder hervorgegangen sind (Art. 323 Nr. 1), und ein Achtel, falls aus der Ehe ein Kind hervorgegangen ist (Art. 324).

[114] S. dazu bereits *Krüger*, FamRZ 1977, 116; *Dilger*, Das Schweigen des Gesetzgebers als Mittel der Rechtsfortbildung im Bereich des islamischen Rechts, in: Festschrift für Hans Robert Roemer, Beirut/Wiesbaden 1979, 81 – 93 (93); weitere Nachweise bei *Krüger* (Fn. 112), 194 f.

[115] Veröffentlicht im Gesetzblatt Nr. 312 vom 31.12.1997; näher dazu *Krüger*, Das Recht der Eheschließung in den Vereinigten Arabischen Emiraten, StAZ 1999, 65 – 68 (66 f.). - Die Höhe der bei der Heirat zu zahlenden Brautgabe wird gesetzlich begrenzt auf 20.000 AED (etwa 4.200 EUR), die bei Scheidung oder Tod des Ehemanns fällige Brautgabe auf 30.000 AED (etwa 6.300 EUR). Werden höhere Beträge vereinbart, so wird die Ehe

Inkrafttreten des PersStG weiterhin gilt[116]. Wird im Ehevertrag die Höhe des „*mahr*" nicht bestimmt (was selten vorkommen wird), so hat die Frau Anspruch auf die durchschnittliche Brautgabe (*mahr mitl*), die in ihren sozialen Kreisen üblich ist (Art. 51 Nr. 2).

Die Frau wird aufgrund des Ehevertrages Eigentümerin der Brautgabe und kann frei über sie verfügen. Irgendwelche abweichenden vertraglichen Vereinbarungen sind irrelevant (Art. 50). Das „*mahr*" kann vor, bei oder nach der Heirat übergeben werden. Der Betrag des „*mahr*" kann, wie üblich, geteilt und muss nicht vollständig bei der Heirat gezahlt werden (Art. 52 Nr. 1). Die Brautgabe (zumindest teilweise) ist spätestens anlässlich des Vollzugs der Ehe (*duḫūl*) zu zahlen. Ihr noch nicht gezahlter Teil ist fällig beim Tod des Ehemanns oder bei Scheidung (Art. 52 Nr. 2), sofern vertraglich nicht Abweichendes vereinbart wurde. Erhält die Ehefrau keine Brautgabe, so ist sie berechtigt, den Vollzug der Ehe zu verweigern (Art. 53 Nr. 1). Ferner sei vorsorglich ausdrücklich gesagt, dass die Frau durch den Ehevertrag gemäß Art. 50 auch das Eigentum an dem gestundeten Teil der Brautgabe erwirbt, denn nach dem Recht der VAE geht es bereits mit Abschluss des Vertrages über (Art. 1275 ZGB)[117], was in Übereinstimmung mit dem islamisch-malikitischen Recht steht[118].

Gemäß Art. 55 Nr. 1 hat die Ehefrau einen Anspruch auf *Unterhalt* (*nafaqa*) gegen ihren Mann. Einzelheiten werden in Art. 63 – 77 geregelt[119]. Zum Unterhalt gehören Kosten für Nahrung, Kleidung, Wohnung, medizinische Versorgung und für Dienstboten, falls sie in der Familie, aus der die Frau kommt, üblich sind (Art. 63 Nr. 1). Hierfür hat allein der Ehemann aufzukommen (Art. 55 Nr. 1, 66 und 67). Der Anspruch besteht ex lege; es kommt insoweit weder auf eine gerichtliche Entscheidung noch auf eine vertragliche Vereinbarung an (Art. 67). Die Höhe des Unterhalts bemisst sich nach der sozialen Stellung der Eheleute und in diesem Rahmen nach der Leistungsfähigkeit des Mannes und der Bedürftigkeit der Frau (Art. 63 Nr. 2). Er wird ggf. gerichtlich bestimmt, und seine Höhe kann bei der Änderung der wirtschaftlichen Verhältnisse auf Antrag erhöht oder reduziert werden (Art. 64 Nr. 1). Unterhaltsansprüche verjähren binnen drei Jahren (Art. 67).

Im Fall einer widerruflichen (*rağ'ī*) Scheidung, die die Ehe nicht auflöst (Art. 104 Nr. 1), bleibt der Unterhaltsanspruch der Ehefrau bestehen. Bei einer

---

dadurch zwar nicht nichtig, jedoch können die Beträge, die die genannten übersteigen, vor den Gerichten in den VAE nicht eingeklagt werden.

[116] Gesetzesmotive (Fn. 87), 180.

[117] S. beispielsweise für das Kaufrecht Art. 511 ZGB.

[118] *Santillana* (Fn. 47), I 219 („Dal momento del contratto, la moglie acquista la proprietà del dono nuziale ..."); zum (schiitischen) Iran *Krüger* (Fn. 112), 179.

[119] Gesetzesmotive (Fn. 87), 195 – 204.

unwiderruflichen (*bā'in*) Scheidung besteht der Anspruch lediglich für die Dauer der sog. Wartefrist/*'idda* (Art. 107)[120]; ist die Frau in diesem Fall schwanger, besitzt sie ihn bis zur Geburt des Kindes (Art. 69).

Grundsätzlich gilt nach islamischem Recht aller Schulen, dass ehelicher Ungehorsam (*nušūz*) der Ehefrau zum Verlust ihres Unterhaltsanspruchs führt[121]. Nach dem PersStG der VAE verliert dementsprechend eine Ehefrau ihren Unterhaltsanspruch u.a. dann, wenn sie sich ihrem Mann (sexuell) verweigert[122] oder wenn sie ohne rechtlichen Grund ablehnt, in die eheliche Wohnung zu ziehen, wenn sie die eheliche Wohnung rechtsgrundlos verlässt, wenn sie ihren Mann daran hindert, in die eheliche Wohnung zu kommen oder wenn sie sich ungerechtfertigt weigert, ihren Mann auf einer Reise zu begleiten (Art. 71). Sofern es rechtlich zulässig oder üblich ist, kann sie allerdings das Haus verlassen, ohne dass dies als Verletzung des Gehorsams (*tā'a*) der Ehefrau angesehen wird (Art. 72 Nr. 1). Ebenso verletzt sie dann nicht ihre Gehorsamspflicht, wenn sie außerhalb des Hauses arbeitet, sofern sie dies bereits vor der Heirat getan hat oder ihr Ehemann diese Tätigkeit billigt oder eine entsprechende Klausel im Ehevertrag enthalten ist und dies nicht dem Familieninteresse schadet. Eine entsprechende Klausel im Ehevertrag muss vom Eheschließungsbeamten (*ma'ḏūn*) bestätigt worden sein (Art. 72 Nr. 2). Insoweit sind, wie bereits ausgeführt, klare vertragliche Regelungen anlässlich der Eheschließung zu treffen, damit die Frau nicht ihren Unterhaltsanspruch verliert.

III. Scheidungsrecht

Das zweite Buch des PersStG (Art. 98 – 158) enthält zuerst das Recht der Eheauflösung (*farq az-zawāǧ*). Grundsätzlich hat nach islamischem Recht, wie allgemein bekannt, nur der Ehemann das Recht, die Ehe einseitig aufzulösen (durch „*ṭalāq*" = Verstoßung). Der Ehefrau steht das Recht, die Ehe zu beenden (oder dabei mitzuwirken) nur in engen Grenzen zu. Das PersStG folgt im Grunde diesen Prinzipien, gibt der Frau jedoch im Rahmen der gerichtlichen Scheidung durchaus Rechte auf eine Ehescheidung.

Die Verstoßung/*ṭalāq* (einseitige Erklärung des Manns) wird selbstverständlich an erster Stelle im Gesetz ausführlich (Art. 99 – 109) geregelt[123], bevor kurz die

[120] Die Wartefrist beträgt für eine Frau, die nicht schwanger ist, drei Menstruationsperioden (Art. 139 Nr. 2). Bei Schwangeren endet sie mit der Geburt des Kindes (Art. 138 Nr. 2).

[121] Statt aller *Nasir* (Fn. 98), 100 f. - Der arabische Terminus für eine ungehorsame Frau ist „*nāšiz*" (Plural „*nawāšiz*").

[122] So schon *Kassationshof Dubai*, 1/1996, 22.3.1997, Al Tamimi Law Update Nr. 146 (Mai 2003), 3: Eine Frau hat nur dann Anspruch auf Unterhalt, wenn sie ihre Gehorsamspflicht erfüllt; da in casu kein Sexualverkehr, weil Frau von ihrem Mann getrennt lebt, hat sie deshalb keinen Anspruch auf Unterhalt.

[123] Gesetzesmotive (Fn. 87), 218 – 225.

sog. *ḫul'*-Scheidung (Art. 110 f.) folgt[124]. Abschließend werden sehr ausführliche Bestimmungen über die Ehescheidung durch gerichtliche Entscheidung (*tafrīq bi-ḥukm al-qāḍī*) normiert (Art. 112 – 135)[125].

Der *Ehemann* kann seine Frau mündlich oder schriftlich durch „*ṭalāq*" verstoßen (Art. 99 Nr. 2), ohne dass von ihm Gründe genannt werden müssen. Er kann die Verstoßung auch durch einen hierzu bevollmächtigten Vertreter (*wakīl*) erklären lassen (Art. 100). Sie ist jedoch in den VAE kein rein privates Rechtsgeschäft mehr; denn sie muss von einem Richter bestätigt werden (Art. 106 Nr. 1), was auch in mehreren anderen arabischen Staaten gilt. Jede Verstoßung, die in Abweichung von dieser Regel erklärt wird, muss vor einem Gericht bewiesen oder erneut erklärt[126] werden (Art. 106 Nr. 2).

Die *ḫul'-Scheidung* wird in Art. 110 Nr. 1 in traditioneller Weise definiert. Hierbei handelt es sich um einen Vertrag der Eheleute, der den Selbstloskauf der Frau gegen Zahlung eines Entgelts (*badal*) durch sie oder einen Dritten an den Ehemann regelt[127]. Der „*ḫul'*" geht von der Frau aus und wird als „*mu'āwaḍa*"-Geschäft[128] qualifiziert. Die „*ḫul'*"-Scheidung – gegen Zahlung einer Kompensation an den Ehemann – gilt als Widerruf (*fasḫ*) des Ehevertrages (Art. 110 Nr. 4). Sträubt sich der Ehemann hartnäckig (*rafḍ*), in diese Form der Scheidung einzuwilligen[129], und muss deshalb befürchtet werden, dass er göttliche Gebote verletzt, so kann ihn – abweichend von Art. 110 Nr. 1 – der *Richter* dazu gegen Zahlung eines angemessenen Entgelts (*badal maqbūl*) verurteilen (Art. 110 Nr. 5). Bei der Einschaltung des Richters in diesen Fällen handelt es sich um eine jüngere Entwicklung.

Am wichtigsten sind wahrscheinlich die Voraussetzungen und Gründe, unter denen eine Ehe durch *gerichtliche Entscheidung* (*tafrīq bi-ḥukm al-qāḍī*) aufgelöst werden kann (Art. 112 – 135). Der Antrag auf gerichtliche Ehescheidung (*ṭalab at-taṭlīq*) kann sowohl von der Frau als auch vom Mann gestellt werden (z.B. Art. 112, 114, 117). Dies ist bemerkenswert, weil er ohnehin aufgrund Art. 99 das Recht der Verstoßung der Ehefrau durch „*ṭalāq*" besitzt. Der Hintergrund dieser Regelung ist wahrscheinlich, dass für den Mann

---

124 Gesetzesmotive (Fn. 87), 226 – 228.

125 Gesetzesmotive (Fn. 87), 228 – 245.

126 Im Gesetzestext findet man hierfür den Terminus „*iqrār*" (wörtlich: Anerkenntnis).

127 Möglich ist auch der Verzicht der Frau auf den noch nicht gezahlten Teil der Brautgabe.

128 Austausch von Rechten oder Vermögenswerten.

129 Näher zu dieser Problematik z.B. *Zilfi*, „We don't get along": Women and *Hul'* Divorce in the Eighteenth Century, in: *Zilfi* (Hrsg.), Women in the Ottoman Empire, Leiden 1997, 264 – 296; ferner z.B., insbesondere zur Rechtslage in Ägypten, *Rohe*, Das neue ägyptische Familienrecht: Auf dem Weg zu einem zeitgenössischen islamischen Recht, StAZ 2001, 193 – 207; *Denker*, Die Wiedereinführung des *Khul'* und die Stärkung der Frauenrechte, in: *Tellenbach/Hanstein* (Hrsg.), Beiträge zum islamischen Recht IV, Frankfurt 2004, 125 – 209.

bei einem gerichtlichen Verfahren insbesondere in den Fällen des Art. 117 bei alleiniger Verursachung des Schadens (*ḍarar*) durch die Frau (also wohl Alleinverschulden) die Möglichkeit besteht, dass sie ihm eine angemessene Entschädigung (*badal munāsib*) zu zahlen hat (Art. 120 Nr. 2), während dies bei einem „*talāq*" nicht der Fall wäre.

Scheidungsgründe sind: Bestimmte Krankheiten, die das normale Zusammenleben unmöglich macht und u.a. die hieraus resultierende Unmöglichkeit des Genusses von Sexualverkehr (*mut'at al-ğinsīya*) gemäß Art. 112 Nr. 1. Verleitet eine Partei die andere zur Eheschließung und verschweigt dabei ein Hindernis, so liegt gleichfalls ein Scheidungsgrund vor (Art. 114 Nr. 1). Gemäß Art. 114 Nr. 2 gilt die Impotenz des Ehemanns ebenso als Scheidungsgrund wie die Nichtzahlung der Brautgabe (Art. 116). Dasselbe gilt für die Nichtzahlung des Unterhalts durch den Ehemann (Art. 124 Nr. 1), seine Abwesenheit für längere Zeit (Art. 125 Nr. 2, 129) und die Inhaftierung für die Dauer von drei Jahren oder länger. Die Ehefrau kann den Antrag auf Scheidung ein Jahr nach Strafantritt stellen (Art. 131). Nach Art. 132 kann sie des Weiteren die Scheidung beantragen, wenn ihr Mann mit ihr vier Monate oder mehr nicht sexuell verkehrt[130]. Am wichtigsten ist wahrscheinlich die auf islamisch-*malikitischem* Recht[131] beruhende Generalklausel (Art. 117): Danach kann ein Antrag auf Ehescheidung gestellt werden, wenn eine Partei während der Ehe durch die andere einen Schaden (*ḍarar*) erleidet, der die Fortführung der Ehe unmöglich macht[132]. Diese Norm entspricht im Wesentlichen dem auch auf malikitischem Recht beruhenden Art. 31 Nr. 2 des tunesischen Code du Statut Personnel von 1956 i.d.F. des Gesetzes Nr. 81/1981, der dort – wie nicht anders zu erwarten – zu den mit Abstand meisten Scheidungsurteilen geführt hat[133].

Scheidungsverfahrensrechtliches in den VAE wird nicht näher erörtert. Hier gibt es Neuerungen. In den Fällen der Zufügung eines Schadens (*ḍarar*) oder von Zwist (*šiqāq*) zwischen den Eheleuten wird zunächst durch eine „*lağnat tauğīh al-usra*" (etwa: Commission for Family Guidance) versucht, die Parteien wieder zu versöhnen. Misslingt dies, kommt es zu der auf dem Koran (IV 35) beruhenden Einschaltung von zwei Schiedsrichtern (*ḥakamān*), bevor das Scheidungsurteil erlassen wird (Art. 16, 118 Nr. 2 – 121).

---

130 Hierbei handelt es sich um eine alte Form der Verstoßung (*ẓihār*), etwa um einen Enthaltsamkeitseid; das heißt die Lossagung von der Ehe durch den Mann durch die Formel „*anti 'alaiya ka-ẓahr ummī*" (etwa: Du bist mir [so unberührbar] wie der Rücken meiner Mutter); sie wird in den Gesetzesmotiven (Fn. 87), 243, ausdrücklich genannt.

131 Insbesondere kennen die Hanafiten diese Generalklausel nicht; statt aller *Nasir* (Fn. 98), 119.

132 Ausführlich hierzu die Gesetzesmotive (Fn. 87), 233 – 235.

133 Man vgl. hierzu z.B. *aš-Šarīf*, Qawānīn al-aḥwāl aš-šaḫṣīya wa-l-madanīya fī Tūnis, Tunis 1987, 80 – 93 (Leitsätze von 42 Urteilen); ferner z.B. *Nasir* (Fn. 98), 120 f.

Beschlossen wird das zweite Buch des PersStG mit Regeln über die Wartefrist der Ehefrau nach Scheidung (*'idda*) in Art. 136 – 141 und über das *tatsächliche* Personensorgerecht (*ḥaḍāna*), das primär der Mutter (Art. 146) bis zum Erreichen der Volljährigkeit des Kindes (Art. 143 Nr. 2)[134] zusteht (Art. 146 Nr. 1). Die Ausübung dieses Rechts darf gemäß Art. 142 nicht in einer Weise erfolgen, die den Rechten des Inhabers der Personensorge (*wilāyat an-nafs*) widerspricht[135]. Erwähnt sei lediglich, dass die Mutter mit einem minderjährigen Kind grundsätzlich nicht ohne die schriftliche Zustimmung des Manns ins Ausland reisen darf; verweigert er seine Zustimmung, kann ein Richter darüber entscheiden (Art. 149).

IV. Inhaltsübersicht über die Bücher 3 bis 5 PersStG

Das dritte Buch (Art. 159 – 239) enthält zunächst (Art. 159 – 177) das Recht der Rechts- und Geschäftsfähigkeit (*ahlīya*) sowie das Kindschaftsrecht, soweit es nicht bereits im Zusammenhang mit der der Mutter bis zum Erreichen der Volljährigkeit der Kinder zustehenden „ḥaḍāna", der tatsächlichen Personensorge (Art. 142 – 158), geregelt wird. Nach einigen allgemeinen Bestimmungen (Art. 178 – 180) folgen die Personensorge (*wilāyat an-nafs*) in Art. 181 – 187 und anschließend in Art. 188 – 227 die Vermögenssorge (*wilāyat al-māl),* die beide grundsätzlich dem Vater zustehen (Art. 181 und 188).

Das vierte Buch (Art. 240 – 273) regelt die gewillkürte Erbfolge, also das Vermächtnis (*waṣīya*), und das fünfte (Art. 274 – 312) Fragen des Nachlasses und der Eröffnung des Erbgangs (*tarika*) in Art. 274 – 312; schließlich sind in Art. 313 – 361 die Normen über die gesetzlichen Erben enthalten.

Lediglich über ein Drittel des Nachlasses darf vom Erblasser schriftlich oder mündlich (Art. 246) von Todes wegen verfügt werden (Art. 243). Ein *Vermächtnis* ist auch dann wirksam, wenn es zu Gunsten einer Person errichtet wird, die einer anderen Religion als der Erblasser angehört (Art. 249). Wird allerdings eine letztwillige Verfügung zu Gunsten einer Person getroffen, die vom Islam abgefallen ist, so ist sie gemäß Art. 270 Nr. 6 nichtig (*bāṭil*). *Gesetzlicher Erbe* kann nur eine Person werden, die derselben Religion angehört wie der Erblasser (Art. 318).

Erwähnt sei in diesem Zusammenhang kurz auch, dass in das Erbrecht der VAE jetzt das Rechtsinstitut des gesetzlichen (oder zwingenden) Vermächtnisses (*waṣīya wāǧiba*) eingeführt wurde (Art. 272), das im islamischen Recht der vier noch maßgeblichen sunnitischen Rechtsschulen unbekannt ist. Der Hauptgrund

---

134 21 Lunarjahre (etwa 20 Jahre und vier Monate) gemäß Art. 172.

135 Dies ist gemäß Art. 181 Nr. 1 in erster Linie der Vater. – Hinsichtlich des Sorgerechts nach Scheidung können nach der Rechtsprechung Vereinbarungen zwischen den Eheleuten/Eltern getroffen werden; *Krüger*, StAZ 1999, 67 f.

hierfür ist, wie auch in einer Reihe anderer arabischer Staaten (z.B. Ägypten, Algerien, Kuwait, Oman, Tunesien), die nur unzureichende erbrechtliche Absicherung der Abkömmlinge von Kindern des Erblassers (also seiner Enkel) wegen des im traditionellen islamischen Recht fehlenden Grundsatzes der Repräsentation. Das heißt, wenn die Kinder des Erblassers vor oder zugleich mit ihm verstorben sind, wird ein Vermächtnis zu Gunsten der Enkel des Erblassers aus sozialen Gründen zwingend angeordnet[136].

Rechtsvergleichend ist übrigens interessant, dass im römischen Recht eine in etwa vergleichbare Entwicklung festzustellen ist. Das ius civile gewährte ursprünglich nämlich nur den *agnati*, den Verwandten in der männlichen Linie, ein gesetzliches Erbrecht. Aus Billigkeitserwägungen (aequitate motus) wurde später durch die Rechtsprechung der Prätoren „... supplendi ... iuris civilis gratia propter utilitatem publicam ...“ – aufgrund ihres ius honorarium[137] – allen näheren Blutsverwandten über die männliche oder weibliche Linie (agnati oder proximi cognati), selbst wenn sie *nicht heredes* nach ius civile waren, die Einweisung in den Nachlass (bonorum possessio) gewährt (z.B. den Kindern der Tochter des Erblassers)[138].

136 Näher dazu Gesetzesmotive (Fn. 87), 341, die auch bei *Muḥammad Maḥmūd* (Fn. 88), II 144 f., ohne eigene Kommentierung abgedruckt sind; Einzelheiten zum gesetzlichen Vermächtnis u.a. bei *Ebert*, Das Erbrecht arabischer Länder, Frankfurt 2004, 145 – 147; *Scholz*, Erbrecht der maghrebinischen Staaten und deutscher ordre public, Hamburg 2006, 148 – 156; *Umstätter*, Das Testament im ägyptischen Erbrecht, Frankfurt 2000, 76 – 86.

137 *Papinian*, Dig. 1.1.7.

138 *Gaius*, Institutiones, 3. 30.

DAS VERTRIEBSRECHT DER VEREINIGTEN ARABISCHEN EMIRATE
unter Berücksichtigung der jüngsten Gesetzesänderungen

Dr. Sven Klaiber, Köln[1]

Inhalt

Das Vertriebsrecht der Vereinigten Arabischen Emirate (VAE) erwies sich 2006 als Zielscheibe zahlreicher gesetzlicher Änderungen[2], wovon die wichtigsten im Bundesgesetz Nr. 13/2006 enthalten sind. Flankiert wird die damit einhergehende Neufassung des Handelsvertretergesetzes jedoch durch den Erlass oder die Modifizierung zahlreicher Nebenbestimmungen, wie sie etwa im register- oder verbraucherschutzrechtlichen Bereich geregelt sind. Diese Änderungen kursorisch aufzuzeigen, soll Gegenstand nachfolgender Ausführungen sein.

1. Rechtsgrundlage

Vertriebsverhältnisse unterliegen dem so genannten Handelsvertretergesetz[3] (HVG) aus dem Jahr 1981[4]. Dieses wurde bislang zwei Mal geändert, nämlich zum einen 1988[5] und jüngst im Juni 2006[6]. Das Gesetz regelt vorwiegend die

---

1 Der Autor ist Referent im Referat für ausländisches Wirtschafts- und Steuerrecht der Bundesagentur für Außenwirtschaft (*bfai*) und dort für die MENA-Region zuständig.

2 Zu weiteren Zivilrechtsänderungen in der jüngeren Vergangenheit s.o. in diesem Band, S. 101 ff: *Krüger*, „Grundzüge des Privatrechts der Vereinigten Arabischen Emirate".

3 Bundesgesetz Nr. 18/1981 vom 11.8.1981, verkündet im Amtsblatt Nr. 94 vom 28.8.1981, 10 –18. Das Gesetz wird durch die Verordnung Nr. 47/1989, verkündet im Amtsblatt Nr. 204 vom 30.9.1989 und am selben Tag in Kraft getreten, konkretisiert (so genannte Durchführungsverordnung, für die sich im englischen Sprachgebrauch der Terminus „executive regulations" eingebürgert hat).

4 Zum Handelsvertreterrecht in den VAE allgemein *Krüger*, RIW 1993, 993 – 996; *Ochs*, IWB 2003, 405 – 407.

5 Bundesgesetz Nr. 14/1988 vom 26.12.1988, verkündet im Amtsblatt Nr. 196 vom 8.1.1989, 25 - 30.

gewerberechtlichen Aspekte einer Handelsvertreterbeziehung, wie etwa die Pflicht zur Registrierung, normiert aber auch elementare Bereiche der materiellen Vertriebsbeziehung, wie sie z.B. in der Vertragsbeendigung und im Ausgleichsanspruch zum Ausdruck kommen. Dem Absatzmittler räumt es eine sehr günstige Rechtsposition ein, die dafür sorgt, dass das Vertriebsrecht der VAE in internationalen Kreisen zutreffend als stark protektionistisch ausgerichtet gilt.

Soweit sich im HVG keine einschlägigen Vorschriften finden bzw. dieses – etwa in Ermangelung einer Registrierung des Absatzmittlers – nicht einschlägig ist, muss auf das Handelsgesetzbuch[7] (HGB) aus dem Jahr 1993 zurückgegriffen werden. Sonderbestimmungen zur Absatzmittlung finden sich dort in den Artt. 197 bis 271. Sofern dann immer noch keine Bestimmung passt, sind die Vorschriften des Zivilgesetzbuchs[8] (ZGB) subsidiär heranzuziehen, speziell die der Stellvertretung (Artt. 149 bis 156) und die des Auftragsrechts (Artt. 924 bis 961).

2. Anwendungsbereich des HVG und Nationalitätserfordernis

In persönlicher und sachlicher Hinsicht ist das HVG immer dann anwendbar, wenn jemand für einen anderen den Absatz von Waren oder Dienstleistungen gegen Entgelt innerhalb der VAE vermittelt. Dies ergibt sich aus der Definition der „Handelsvertretung" in Art. 1 HVG. Deren Wortlaut ist denkbar weit gefasst. Schnell wird klar, dass sich darunter nicht nur der Handelsvertreter im Sinne der §§ 84 ff. des deutschen HGB wieder findet, der im fremden Namen und auf fremde Rechnung tätig wird, sondern auch der Vertragshändler (Eigenhändler), der im eigenen Namen und auf eigene Rechnung agiert. Im Zuge eines Erst-Recht-Schlusses ist das HVG dann auch auf den Franchisenehmer anwendbar[9], der bekanntlich enger in die Vertriebsorganisation des Lieferanten eingebunden ist als der Eigenhändler.

Liegt ein Vertriebsverhältnis in den VAE vor, ist also der Anwendungsbereich des HVG nach dessen Art. 1 eröffnet, so wird ein Ausländer schon in der Folgenorm, nämlich in Art. 2 HVG, mit einem Verbot konfrontiert: er darf weder Vertriebsaktivitäten in den VAE entfalten, noch Anteile an einer Gesellschaft halten, die solches tut. Diese Vorschrift behält die Absatzmittlung im Hoheitsgebiet der VAE den eigenen Staatsangehörigen beziehungsweise den sich zu 100% in inländischer Hand befindlichen Gesellschaften vor. Daraus

---

6 Bundesgesetz Nr. 13/2006 vom 3.6.2006, verkündet im Amtsblatt Nr. 449 vom 14.6.2006, 13 – 15, und am selben Tag in Kraft getreten.

7 Bundesgesetz Nr. 18/1993.

8 Bundesgesetz Nr. 5/1985.

9 So auch das erstinstanzliche Gericht in Dubai (rezensiert in Middle East Executive Reports, Juli 1994, 6).

folgt, dass auch das Konstrukt eines „Vertriebs-Joint-Ventures", in dem der ausländische Teil auf 49% beschränkt bleibt und das in der Praxis teilweise geduldet wird, sich streng genommen außerhalb der Legalität bewegt.

Bislang konnte man sich fragen, ob Angehörige der übrigen Staaten des Golfkooperationsrates[10] (GCC) den Staatsangehörigen der VAE gleichgestellt sind. Schließlich wurde ihnen per Bundesgesetz Nr. 23/2005 vom 31.10.2005 das Recht eingeräumt, bis zu 100% an emiratischen Gesellschaften zu halten. Die übrigen Ausländer sind auf maximal 49% der Anteile beschränkt. Dürfen also GCC-Staatsangehörige Vertriebsgesellschaften in den VAE gründen? Die Antwort lautet – zumindest de lege lata – „nein", denn durch das Gesetz Nr. 23/2005 wurde lediglich das allgemeine Gesellschaftsrecht modifiziert. Dass sich an Vertriebsgesellschaften nichts ändern soll, folgt bereits aus der Tatsache, dass der Gesetzgeber Art. 2 des HVG als lex specialis bei der letzten Änderung im Juni 2006 unangetastet gelassen hatte. Dennoch wurde vereinzelt GCC-Staatsangehörigen Groß- und Einzelhandelsaktivitäten gestattet; in Dubai etwa erging dazu bereits im Januar 2000 eigens eine Verordnung[11]. Mittlerweile aber hat der Gesetzgeber für Klarheit gesorgt und GCC-Staatsangehörigen die Ausübung von Handelsvertreteraktivitäten in Art. 1 Ziff. 3 der Verordnung des Ministerrats Nr. 4/2007 vom 14.1.2007 verboten[12].

Zur Klarstellung ist noch auf eine weitere Tatsache hinzuweisen: Direktlieferungen an Abnehmer in den VAE sind auch im Falle eines ausländischen Lieferanten zulässig. Einzelexportgeschäfte benötigen also keinen lokalen Absatzmittler. Es ist allerdings darauf zu achten, dass in solch einem Fall Abnehmer nur sein kann, wer über eine gesonderte Importlizenz verfügt. Das gilt auch für Geschäfte aus einer Freihandelszone heraus. Wer deshalb in größerem Stil den Markt der VAE bedienen möchte, wird früher oder später die Einschaltung eines lokalen Absatzmittlers nicht vermeiden können, will er sich durch und durch rechtmäßig verhalten.

3. Schutz vor eigenmächtiger Registrierung

Das HVG verleiht dem lokalen Vertriebspartner eine für europäische Verhältnisse ungewohnte Fülle an Rechten. Bereits *ex lege* stehen ihm die Alleinvertriebsrechte (Exklusivität) zu. Die Vertragsbeendigung ist mit großen Schwierigkeiten verknüpft, auch wenn die jüngste Gesetzesänderung insoweit

---

10 Mitgliedstaaten sind Kuwait, Saudi-Arabien, Bahrain, Qatar, die VAE und Oman. Zur Zeit bemüht sich der Jemen intensiv um eine Aufnahme.

11 *Schütz* in Lex Arabiae, IV,1 (Januar 2000), 2 – 4. Zuvor sah schon eine Verordnung der Stadtverwaltung Dubai aus dem Jahr 1991 sowie das Bundesgesetz Nr. 2/1989 Ähnliches vor (vgl. NuMOV-Rundschreiben 11/91 und Middle East Executive Reports, Oktober 1989, 5).

12 Verkündet im Amtsblatt Nr. 460 vom 15.1.2007, 66 - 68.

für etwas Abhilfe sorgen konnte. Dennoch ist die ordentliche Kündigung einer unbefristeten Vertragsbeziehung immer noch nicht möglich, und dem Vertreter steht ein Ausgleichsanspruch zu, der keine Obergrenze kennt und der – auch bei mittelfristiger Vertragslaufzeit – mehrere Jahresprovisionen betragen kann.

Auf all diese im HVG verankerten Positionen kann sich jedoch nur berufen, wessen Handelsvertretung im so genannten Handelsvertreterregister (commercial agencies register), das beim Wirtschafts- und Handelsministerium geführt wird, eingetragen ist[13]. Artikel 3 HVG, der die Registrierung vorschreibt und statuiert, dass einem nicht registrierten Vertriebsverhältnis jegliche Anerkennung zu versagen ist und dass Ansprüche daraus „nicht gehört werden sollen", ist deshalb eher in seiner Eigenschaft als zivilrechtliche Obliegenheit des Vertreters zu verstehen denn als gewerberechtliche Registrierungspflicht.

Es überrascht folglich nicht, wenn der Absatzmittler ein massives Interesse zeigt, in das Handelsregister eingetragen zu werden, während der Prinzipal in der Regel darauf hinwirken wird, zunächst auf Basis einer unregistrierten Vertretung liefern zu können. In der Praxis ist solch eine Konstellation tatsächlich öfter anzutreffen. Der Vertreter agiert eingangs auf Grundlage eines nicht registrierten „Gentlemen's Agreement". Bewährt er sich, wird er nach einer gewissen Zeitspanne („Probezeit") in das Register eingetragen.

Für viele Lieferanten stellt sich dann die bange Frage, wie man unterbinden kann, dass sich der Vertreter während dieser Probezeit eigenmächtig registrieren lässt. Kann der Vertreter etwa durch Vorlage eines bloßen „Letter of Intent" die Registrierung erreichen?

Die Frage war bislang mit einem „jein" zu beantworten. Theoretisch ist der Schutz vor einer eigenmächtigen Registrierung durch den Vertreter bereits im HVG selbst angelegt, denn dieses verlangt in seinen Artt. 4 und 10, dass der Vertreter für die Eintragung einen notariell beglaubigten Vertrag vorlegen muss. Ein emiratischer Notar beglaubigt einen solchen Vertrag grundsätzlich nur in Anwesenheit beider Parteien. Außerdem akzeptiert er ausschließlich Arabisch als Vertragssprache. Kann der Prinzipal nicht in die VAE reisen, so hat er seine Willenserklärung von einem heimischen Notar beurkunden zu lassen. Das Dokument ist sodann auf dem Weg Notar – Präsident des Landgerichts –

[13] So die höchstrichterliche Rechtsprechung, vgl. z.B. Kassationshof Dubai, Entscheidung, Nr. 213/1998 vom 14.2.1999. Allerdings ist eine Entscheidung des Kassationshofs Abu Dhabi (Nr. 484/1999 vom 26.10.1999) bekannt geworden, die dem nicht registrierten Absatzmittler „Schadensersatz" nach Vertragsbeendigung zusprach. Die dogmatische Grundlage suchte das Gericht freilich nicht innerhalb des HVG – zu eindeutig ist der Wortlaut des Art. 3 -, sondern in „allgemeinen Rechtsgrundsätzen" des Schadensrechts. Dabei dürfte es sich aber um einen einmaligen „Ausreißer" des Gerichts gehandelt haben; das Urteil ist nicht Teil einer ständigen Rechtsprechung.

Auslandsvertretung der VAE überzubeglaubigen (legalisieren)[14]. Diese Schritte sorgen bereits für einen gewissen Schutz vor übereilter Registrierung[15].

Dennoch kam es in der Praxis immer wieder vor, dass sich Vertriebspartner absprachewidrig in das Register eintragen ließen. Deshalb hat das Wirtschaftsministerium nun eine weitere Klippe auf dem Weg zur Registrierung geschaffen. Nach Art. 1 der Verordnung Nr. 168/2006 vom 16.4.06[16] muss der Wunsch zur Registrierung gesondert zum Ausdruck gebracht werden. Das kann entweder durch eine Bestimmung im Handelsvertretervertrag selbst erfolgen, oder aber durch ein separates, vom Prinzipal ausgefertigtes Schriftstück. In wörtlicher Übersetzung lautet die Vorschrift:

> *„Die Registrierung einer Handelsvertretung im Handelsvertreterregister des Ministeriums ist unzulässig, sofern sich nicht aus dem Vertretervertrag das Einverständnis zur Registrierung ins Handelsvertreterregister ergibt, oder sofern der Handelsvertreter nicht im Besitz eines Schreibens des Prinzipals ist, aus dem sich das Einverständnis zur Registrierung der Handelsvertretung ins Handelsvertreterregister ergibt.* “

Wie die Behörden diese etwas umständlich formulierte Bestimmung handhaben werden, bleibt abzuwarten. Einer Registrierung gegen den Willen des Prinzipals schiebt die Neuregelung zumindest theoretisch einen klaren Riegel vor. In der Praxis ist es jetzt sogar möglich, die Registrierung vorbeugend zu verhindern und das Registeramt um die Eintragung eines Sperrvermerks zu ersuchen.

4. Exklusivität

Wie oben bereits angedeutet, stehen dem Vertreter die Alleinvertriebsrechte bereits kraft Gesetzes zu. Diese als „Exklusivität“ in den Fachjargon eingegangene Stellung ist in Art. 5 HVG normiert; ihn flankieren die Artt. 7 und 23 HVG.

Artikel 5 HVG besagt, dass sich der Lieferant für den Vertrieb eines bestimmten Produkts oder Dienstleistung in einem gewissen Gebiet nur eines einzigen (registrierten) Vertreters bedienen darf, wobei die Mindestgröße des Gebiets

---

[14] Die Beglaubigung durch den Präsidenten des Landgerichts nennt man „Vorbeglaubigung“; eine Endbeglaubigung durch das Bundesverwaltungsamt (das insoweit an Stelle des früher zuständigen Auswärtigen Amts getreten ist) ist nicht mehr nötig.

[15] Hat der Absatzmittler eine Registrierung erschlichen, obwohl der Vertrag nicht notariell beglaubigt war, ordnen die Gerichte eine Deregistrierung an, vgl. Appellationsgericht Abu Dhabi, Urteil vom 5.1.1998 (mitgeteilt in Middle East Executive Reports, März 1999, 6 f.); siehe auch *Rass*, Lex Arabiae II, 4 (Oktober 1999), 77 f.

[16] Verkündet im Amtsblatt Nr. 447 vom 16.5.06, 360 – 361, und am selben Tag in Kraft getreten.

mindestens eines der sieben Emirate umfassen muss. Artikel 7 HGB rundet die Exklusivstellung des Vertreters insoweit ab, als er ihm einen Provisionsanspruch bei so genannten Parallelimporten zuspricht: Ist für den Lieferanten ein Vertreter registriert, so entsteht diesem für jedes Geschäft, das der Lieferant im Vertriebsgebiet mit Dritten hinsichtlich der registrierten Produkte selbst oder durch einen anderen Vertreter abschließt, auch dann ein Anspruch auf Provision, wenn der Vertreter am Vertragsschluss gar nicht beteiligt war. Die öffentlich-rechtliche Norm in Art. 23 schließlich sichert dem Vertreter das Recht zu, seine Ansprüche mit Hilfe der Zollbehörden zur Geltung zu bringen: er kann Parallelimporte beschlagnahmen lassen. Zwar werden die Zollbehörden von Amts wegen, und nicht erst auf Betreiben des Vertreters tätig, die Aufhebung der Beschlagnahme ist jedoch an die Zustimmung des Ministeriums und die des Vertreters geknüpft.

Dass sich diese Quasi-Monopolstellung auf die Entwicklung der Verbraucherpreise nicht günstig auswirkt, haben die Verantwortlichen mittlerweile erkannt. Bereits im Oktober 2005 erließ der Ministerrat die Verordnung Nr. 1/538[17], kraft derer bestimmte Produktgruppen aus der Exklusivvertriebspflicht ausgenommen wurden. Betroffen waren hauptsächlich Lebensmittel wie Milchpulver, Kondensmilch, Babynahrung, Speiseöl, Reis, Mehl, Hühner, Tee, Kaffee, Käse, Nudeln, Zucker, Fleisch und Fleischprodukte, Fischprodukte, gefrorenes Gemüse und Dosengemüse, aber auch Babywindeln. Soweit ein entsprechendes Vertriebsverhältnis im Handelsvertreterregister bereits eingetragen war, hatte eine Löschung zu erfolgen.

Es kann dahingestellt bleiben, ob es für diese Verordnung eine Rechtsgrundlage gab oder nicht, denn mittlerweile hat der Gesetzgeber Art. 23 HVG zu einer solchen Ermächtigungsnorm umgewandelt. Der Ministerrat kann nun jedwedes Produkt von der exklusiven Vertreterpflicht ausnehmen. Das entsprechende Änderungsgesetz zum HVG (Nr. 13/2006 vom 3.6.2006) sieht dies am Ende von Art. 23 n.F. jetzt ausdrücklich vor.

5. Beendigung einer befristeten Vertriebsbeziehung

Die einseitige Beendigung einer Handelsvertreterbeziehung ist äußerst schwierig und de facto nur bei grobem Fehlverhalten des Vertreters möglich. Das Gesetz ging bis zum Juni 2006 sogar soweit, die bloße Nichtverlängerung eines von Anfang an befristeten Vertragsverhältnisses als unzulässige Rechtsausübung[18] zu qualifizieren.

Zumindest davon ist der Gesetzgeber jetzt abgerückt. Denn nach Erlass des Änderungsgesetzes zum HVG (Nr. 13/2006) wird die Nichtverlängerung einer

---

17 Vom 31.10.2005.

18 Arab.: *isā' isti'māl al-ḥaqq*.

Vertreterbeziehung als Beendigungsgrund ausdrücklich anerkannt. Der Passus, nach dem ein solches Verhalten als unzulässige Rechtsausübung anzusehen sei (vormals Art. 9, 2. HS. HVG), wurde durch Gesetz Nr. 13/2006 gestrichen. Demgegenüber besagt Art. 8 Abs. 2 HVG in seiner neuen Fassung:

> *„Eine zeitlich befristete Handelsvertreterbeziehung ist mit ihrem Fristablauf als beendet anzusehen, soweit sich die Parteien nicht im Jahr vor [dem Zeitpunkt der] Beendigung auf eine Verlängerung geeinigt haben."*

Der Lieferant, der also ein befristetes Vertriebsverhältnis nicht mehr über das Fristende hinaus verlängern mag, ist vom Vorwurf des rechtsmissbräuchlichen Verhaltens befreit. Doch wie ist es um den Ausgleichsanspruch bestellt – ist dieser damit auch weggefallen? Immerhin fungierte das Tatbestandsmerkmal der unzulässigen Rechtsausübung in Art. 9 der Altfassung des HVG noch als Anknüpfungspunkt für „Schadensersatz", sofern die übrigen Anspruchsvoraussetzungen erfüllt waren, wie Erfolg bei der Absatzförderung, das Fehlen von Rechtfertigungsgründen und der Eintritt eines Schadens.

Artikel 9 HVG in seiner neuen Fassung lautet nun ganz schlicht:

> *„Verursacht die Vertragsbeendigung einer der Parteien einen Schaden, so kann die geschädigte Partei von der schädigenden Partei Ersatz ihres Schadens[19] verlangen."*

Wo denn überhaupt der Schaden liege – kann man sich als unvoreingenommener Jurist fragen – wenn doch der Vertreter von vornherein weiß oder damit rechnen muss, dass das Vertriebsverhältnis nach Ablauf der Befristung enden werde? In der Dogmatik des deutschen Schadensrechts kann man dem Absatzmittler weder über das positive noch über das negative Interesse zu einem sekundärrechtlichen Ausgleich, also zu einem vertraglichen Schadensersatz, verhelfen. Denn das Erfüllungsinteresse kann nicht berührt sein, wenn der Prinzipal seiner vertraglichen Verpflichtung – die sich in der Hauptsache auf Zahlung der Provision beläuft – immer ordnungsgemäß Folge geleistet, mithin seine Verpflichtung erfüllt hat. Und das negative Interesse ist schon deshalb nicht berührt, weil durch die zulässige Befristung kein schutzwürdiges Vertrauen des Vertreters auf das Fortbestehen des Vertragsverhältnisses geweckt wird.

In der deutschen Rechtsdogmatik ist es dementsprechend kein Schadensersatz, der dem Handelsvertreter nach Vertragsbeendigung zusteht, sondern ein Ausgleichsanspruch im Sinne von § 89b HGB. Dabei handelt es sich um einen Anspruch sui generis, der nicht im Schadensersatzrecht – also im

---

19 Arab.: *ta'wīḍ 'ain al-aḍrār.*

Sekundärleistungsrecht – normiert ist, sondern zu den primären Leistungspflichten gehört und damit unter die Rubrik „Erfüllungsanspruch“ fällt. Er dient dazu, nicht mehr amortisierbare Goodwill-Dienste des Vertreters abzugelten, die nach Zielsetzung des Gesetzgebers von der Zahlung der Provision nicht abgedeckt worden sind. Zu diesen Goodwill-Diensten gehört in erster Linie das Aufbauen eines Kundenstammes, aber auch die Intensivierung bereits bestehender Kontakte.

Nimmt man die Tatbestandsvoraussetzung in Art. 9 der Altfassung des emiratischen HVG genauer unter die Lupe, so war ein Schadensersatzanspruch zu leisten, wenn dem Vertreter durch die Nichtverlängerung „ein Schaden[20] zugefügt“ wurde oder wenn er dadurch um „den zu erwartenden Erfolg seiner Bemühungen gebracht“[21] wurde.

Schon diese Formulierung zeigt, dass der Schadensersatzanspruch in Art. 9 a.F. gewisse Leistungen des Handelsvertreters, die in Zukunft nicht mehr sinnvoll sind, honorieren möchte. Nichts anderes aber als die Amortisierung von Goodwill-Diensten ist damit gemeint, so dass sich hinter dem vermeintlichen Schadensersatzanspruch in Art. 9 a.F. zumindest in der überwiegenden Mehrzahl der praktischen Anwendungsfälle dieser Norm ein Ausgleichsanspruch verbarg. Deswegen ist und war es legitim, diese Rechtsposition im Deutschen mit dem Terminus „Ausgleichsanspruch“ zu übersetzen[22].

Daran will auch die Neufassung von Art. 9 HVG, wo der Anspruch immer noch unter der Bezeichnung „Schadensersatz“ geregelt ist, nichts ändern. Schon allein deswegen ist es nahe liegend, dass diese Vorschrift am status quo ante nichts ändern will, dass also nach wie vor eine Ausgleichszahlung fällig wird, wenn der Prinzipal den Vertrag nicht verlängern möchte. Schlimmer noch: zusätzliche Tatbestandsvoraussetzungen wie die offensichtliche Absatzsteigerung, die die Altfassung von Art. 9 HVG noch postulierte, sind ersatzlos gestrichen worden.

Was also, so kann man weiterfragen, bringt dem Prinzipal dann die Neuregelung? Er ist vom Vorwurf der unzulässigen Rechtsausübung befreit, muss aber nach wie vor einen Ausgleichsanspruch erfüllen, der – im Gegensatz zur deutschen Rechtslage – nach oben keiner Kappungsgrenze unterliegt. Anscheinend bringt ihm die Neuregelung lediglich einen moralischen Persilschein, dem er aber materiell nichts abgewinnen kann.

---

20 Arab.: *aḍrār*.

21 Arab.: *yafūtu 'alaihi iğtinā' al-fa'ida al-murtaqaba min ğirā' ğuhūdihi*.

22 So z.B. *Krüger*, RSI November 2003, 24 ff; *Hadler* im AWO-Fachreport Vertretungsvergabe in den Vereinigten Arabischen Emiraten, August 2006, 20 f.; *Seifert*, IWB 2003, 408.

Und doch: die Neuregelung in Art. 9 HVG darf in diesem Zusammenhang nicht ohne den ebenfalls neu geregelten Art. 8 Abs. 1 HVG betrachtet werden, denn darin manifestiert sich Sinn und Zweck der Gesetzesänderung.

Artikel 8 Abs. 1 n.F. HVG besagt, dass eine neue Vertretung eingetragen werden darf, wenn hinsichtlich der alten – also zuvor eingetragenen – Vertretung

- die Frist abgelaufen ist,
- sich beide Parteien über die Beendigung der Vertretung einig sind *oder*
- eine gerichtliche Löschungsanordnung ergeht.

Jetzt reicht also der bloße Fristablauf als Löschungsgrund aus. Früher musste erst gerichtlich festgestellt werden, ob ein Fall der unzulässigen Rechtsausübung vorlag. Bis zu einer verfahrensabschließenden Entscheidung konnte der alte Vertreter nicht aus dem Register gestrichen werden. Im Zusammenhang mit der oben dargestellten Exklusivstellung konnte dies zum vollständigen Erliegen des Vertriebs im entsprechenden Gebiet führen. Nun muss eine gerichtliche Löschungsanordnung nicht mehr abgewartet werden; die bloße Nichtverlängerung berechtigt zur Löschung des alten und zur Eintragung des neuen Vertreters. Auch die Registrierungsvorschriften wurden in einer separaten Verordnung inzwischen angepasst (dazu sogleich mehr unter Punkt 7). Damit ging der Vertriebspartner seines wichtigsten Druckmittels verlustig. Anwälte berichten, dass die Vertreter und Händler nach Ablauf einer befristeten Vertragsbeziehung mit anschließender Löschung aus dem Register deshalb wenig motiviert sind, Ausgleichsansprüche einfordern.

6. Beendigung einer unbefristeten Vertriebsbeziehung

Im Wesentlichen unverändert geblieben ist hingegen das grundsätzliche Verbot einer einseitigen Vertragsauflösung durch den Prinzipal. Unterliegt der Vertrag nämlich keiner Befristung – wurde er also auf unbestimmte Zeit abgeschlossen – so darf der Lieferant nur einseitig kündigen, wenn es dafür einen Rechtfertigungsgrund[23] gibt. Er bleibt dann in der Regel auch von der Zahlung einer Ausgleichssumme frei.

Was genau unter einem solchen Rechtfertigungsgrund zu verstehen ist – auf diese Frage bleibt auch die Neuregelung eine Antwort schuldig. Rückgriff ist deshalb nach wie vor auf die von der Rechtsprechung schon zur alten Rechtslage entwickelten Fallgruppen[24] zu nehmen. Zur Kündigung berechtigt danach z.B. ein Verstoß gegen vertraglich vereinbarte Umsatzziele[25] oder ein Verhalten, das

23 Arab.: *sabab yubarrar inhā'*.

24 Überblick bei *Krüger*, RSI November 2003, 25 f.

25 Kassationshof Dubai, Urteil Nr. 149/2000 vom 23.9.2000 (mitgeteilt in Arab Law Quarterly 17/2002, 97); der Vertreter konnte sich in diesem Fall nicht einmal auf force

zu einem erheblichen Umsatzrückgang führt[26]. Anerkannt sind im Übrigen folgende Kündigungsgründe:

- Handeln mit Konkurrenzprodukten (falls abredewidrig)[27];
- Verstoß gegen die persönlichen Anforderungen an den Handelsvertreter (z.B. Wechsel der Staatsangehörigkeit, Übertragung von Gesellschaftsanteilen an einen Ausländer, vgl. Art. 1 HVG);
- Zerstörung der Vertrauensbasis durch einen erheblichen Personalwechsel beim Vertriebspartner[28];
- Abtretung der Rechte des Vertreters an einen Dritten[29];
- Verletzung einer Wettbewerbsklausel[30].

Fehlt es an solch einem wichtigen Grund, ist eine ordentliche Kündigung auch dann ausgeschlossen, wenn sie vertraglich vereinbart war[31]; dem Prinzipal bleibt dann nichts anderes übrig, als sich durch die Zahlung der Ausgleichssumme „freizukaufen".

7. Angleichung der Registervorschriften

Das Wirtschaftsministerium hat sein Registerrecht der neuen Rechtslage im HVG angepasst und durch Verordnung Nr. 381/2006 vom 7.9.2006[32] die Löschungsgründe enumerativ festgelegt. Liegt einer der sieben aufgeführten Tatbestände vor, muss das Registeramt die Eintragung des Vertriebsverhältnisses löschen. Im Einzelnen zählt Art. 1 der Verordnung folgende Fallgestaltungen auf:

- Ein beglaubigtes Schreiben wird vorgelegt, aus dem sich ergibt, dass das Vertriebsverhältnis in beiderseitigem Einvernehmen aufgehoben worden ist.
- Es ergeht eine richterliche Löschungsanordnung.
- Im Falle eines befristeten Vertriebsverhältnisses wird im Jahr vor Fristablauf keine Verlängerungsvereinbarung vorgelegt.

---

majeure (Irak-Krieg1991) berufen; Urteil 157/2000 vom 23.9.2000 (mitgeteilt in Arab Law Quarterly 17/2002, 99).

26 Kassationshof Dubai, Urteil Nr. 1222/2000 vom 26.11.2000.

27 Appellationsgericht Dubai, Urteil Nr. 479/1995 vom 29.10.1997 (mitgeteilt in Al-Tamimi Law Update, November 1997, 2); Kassationshof Dubai, Urteil Nr. 399/1997 vom 22.1.1998.

28 Kassationshof Dubai, Urteil Nr. 156/1998 vom 20.12.1998; Rezension bei *Krüger*, Nachrichten für Außenhandel vom 29.3.1999.

29 Kassationshof Dubai, Urteil Nr. 70/97 vom 8.11.1997 (mitgeteilt in Al-Tamimi Law Update Nr. 28, 2).

30 Kassationshof Abu Dhabi, Urteil Nr. 63/18 vom 17.11.1996 (im konkreten Fall allerdings verneint).

31 Kassationshof Abu Ḍhabi, Urteil Nr. 443/24 vom 12.5.2002.

32 Die Verordnung ist mit ihrer Verkündung im Amtsblatt Nr. 454 (275 f.) am 28.9.06 in Kraft getreten.

- Ein vom Absatzmittler oder dessen Stellvertreter unterzeichnetes Antragsformular auf Löschung der Registrierung wird vorgelegt.
- Ein beglaubigtes Schreiben des Prinzipals/Lieferanten wird vorgelegt, aus dem sich schon vor Fristablauf dessen Wunsch zur Nichtverlängerung ergibt (die Löschung kann dann erst nach Ablauf der Frist vorgenommen werden).
- Ein ganzes Jahr ist nach Fristablauf verstrichen, ohne dass der Vertreter einen Antrag auf Verlängerung der Registrierung gestellt hat.
- Der Ministerrat erlässt eine Verordnung, die den Import von Produkten, die Gegenstand des Vertriebsverhältnisses sind, liberalisiert (im Sinne von Art. 23 des neu gefassten HVG).

Artikel 2 der Verordnung Nr. 381/2006 enthält eine Vorschrift des intertemporalen Rechts. Danach werden Vertriebsbeziehungen, die vor Inkrafttreten des Änderungsgesetzes Nr. 13/2006 zum HVG registriert worden waren (also vor dem 14.6.06), nur dann erneuert, wenn sich die Parteien in ihrem Vertrag darauf verständigt haben oder wenn der Vertriebspartner etwas vorlegt, aus dem sich die einvernehmliche Fristverlängerung um einen weiteren Zeitraum ergibt. Im Klartext bedeutet dies, dass die neu gefassten Artt. 8 und 9 HVG auch auf Vertriebsverhältnisse Anwendung finden, die vor dem 12.6.06 registriert wurden. Enthalten diese eine Befristung, so endet das Vertreterverhältnis ipso iure am Tag des Fristablaufs, ohne dass dem Prinzipal der Vorwurf rechtsmissbräuchlichen Verhaltens zu machen ist, wie das noch hinsichtlich der alten Rechtslage der Fall gewesen war. War ein Vertriebsverhältnis auf unbestimmte Zeit abgeschlossen, so ergibt sich im Vergleich zur alten Rechtslage sowieso keine große Änderung: Eine einseitige Beendigung (Kündigung) ist nach wie vor nur in außerordentlichen Fällen, etwa bei grobem Fehlverhalten der anderen Seite, möglich.

Artikel 3 der Verordnung Nr. 381/2006 stellt schließlich klar, dass die Duldung einer Deregistrierung nicht auch den Verzicht auf Schadensersatz- oder Ausgleichsansprüche – zwischen beiden Begriffen wird terminologisch auch hier nicht unterschieden – bedeutet.

8. Eliminierung des Schlichtungskomitees

Eine weitere Neuerung enthält Art. 3 des Änderungsgesetzes Nr. 13/2006. Dieser hebt die Artt. 27 und 28 HVG ersatzlos auf. Da diese beiden Vorschriften die Zusammensetzung und den Geschäftsgang des Schlichtungskomitees zum Gegenstand hatten, ist davon auszugehen, dass dieses Gremium mit der Neuregelung aus der Welt geschafft wurde. Streitigkeiten aus Handelsvertreterverhältnissen können nun unmittelbar vor staatlichen Gerichten anhängig gemacht werden.

Bislang musste zuerst der Schlichtungsausschuss, der sich aus Vertretern des Ministeriums, der Kommunen und der IHK zusammensetzte, angerufen werden. Erst nach einer Entscheidung des Ausschusses stand der Rechtsweg zu den ordentlichen Gerichten offen. Das Problem lag für den ausländischen Lieferanten oftmals in der dem lokalen Vertreter äußerst wohlwollend gesonnenen Grundhaltung dieses Gremiums. Es tendierte im Regelfall stark in Richtung Schutz des lokalen Absatzmittlers. Der weitere Vorteil für den Lieferanten liegt auf der Hand: Auseinandersetzungen gehen jetzt wesentlich schneller zu Ende – ein nicht zu unterschätzender Faktor, wenn man bedenkt, dass der Vertreter die Freigabe von beschlagnahmten Parallelimporten für die Dauer des Verfahrens grundsätzlich vereiteln kann (Art. 23 HVG).

9. Auswirkungen des neuen Verbraucherschutzgesetzes

An dieser Stelle ist auf eine weitere Gesetzesänderung hinzuweisen, die sich zumindest indirekt auf das Vertriebsrecht der VAE auswirkt. Am 13.8.06 verabschiedete der Bundesgesetzgeber das Gesetz Nr. 24/2006 über den Schutz des Verbrauchers[33]. Es trat am 26.11.06 in Kraft und beinhaltet in Art. 11 spezielle Pflichten des Absatzmittlers dem Verbraucher gegenüber. Nach Abs. 1 ist jeder Handelsvertreter oder Vertragshändler verpflichtet, sämtliche vom Hersteller oder Lieferanten eingeräumte Garantien zu erfüllen. Dauert die Erfüllung der Garantie mehr als zwei Wochen, so ist nach Abs. 2 der Vorschrift dem Verbraucher unentgeltlich eine gleichartige Ware zur Verfügung zu stellen, und zwar so lange, bis der Vertriebspartner die Garantie erfüllt hat.

Abgesehen von der Tatsache, dass das Gesetz hier zum ersten Mal begrifflich zwischen Handelsvertreter einerseits und Vertragshändler (Eigenhändler) andererseits differenziert – für letztere Form der Absatzmittler bedient sich das Gesetz des Terminus *muwazzi'*, was man für eine Rückübersetzung des englischen *distributor* halten darf – liegt die Bedeutung der Neuregelung darin, dass der Pflichtenkreis des Absatzmittlers dem Verbraucher gegenüber erweitert wird. Dies wirkt sich zwangsläufig auch auf das Verhältnis Lieferant – Absatzmittler aus. So hat der Absatzmittler ein legitimes Interesse daran, dass der Lieferant ihm ausreichend Ersatzteile zur Verfügung stellt. Andererseits ist dem Lieferanten daran gelegen, dass der Mittler den verbraucherschutzrechtlichen Vorgaben nachkommt, fallen Verstöße doch in erster Linie auf ihn zurück. Deshalb sollte sich der Lieferant schon im Stadium der Vertragsanbahnung Gedanken darüber machen, wie er die Einhaltung dieser Verpflichtung auch im Innenverhältnis absichern möchte. Er sollte erwägen, ob bestimmte Verstöße in dieser Hinsicht nicht unter die zur außerordentlichen Kündigung berechtigenden Gründe aufzunehmen sind.

---

[33] Zum neuen Verbraucherschutzgesetz s. in diesem Band, S. 149 ff: *Keimer*, „Neuere Entwicklungen im Handels- und Wirtschaftsrecht der V.A.E.“.

10. Beitritt zum UN-Schiedsabkommen[34]

Als 138. Staat sind die VAE mit Wirkung zum 19.11.2006 dem New-Yorker UN-Übereinkommen über die Anerkennung und Vollstreckung ausländischer Schiedssprüche beigetreten[35]. Damit stellt sich die Frage, ob Streitigkeiten aus einer Vertriebsbeziehung einer Schiedsklausel unterstellt werden können bzw. ob ein im Ausland ergangener Schiedsspruch in den VAE vollstreckbar ist. Die staatlichen Gerichte der VAE sind nämlich für vertriebsrechtliche Streitigkeiten nach wie vor ausschließlich zuständig (Art. 6 S. 2 HVG)[36]. Davon abweichende Gerichtsstandsklauseln haben vor ihnen keinen Bestand. In Deutschland ergangene Gerichtsentscheidungen sind in den VAE zudem nicht vollstreckbar[37]. Unter Umständen gibt das New-Yorker Übereinkommen dem ausländischen Lieferanten zumindest über die schiedsverfahrensrechtliche Schiene eine Lösung an die Hand[38].

Doch selbst die Prognose eines beherzten Optimisten wird insofern unweigerlich ins Schwärzliche tendieren. Denn zum einen enthält das Abkommen in seinem Art. II Ab1 den Vorbehalt der Schiedsfähigkeit. Danach muss ein Vertragsstaat nur dann eine schriftliche Schiedsvereinbarung anerkennen, wenn „der Gegenstand des Streits auf schiedsrichterlichem Weg geregelt werden kann". Dies beurteilt jeder Vertragsstaat nach seinem autonomen Recht, und bislang waren Handelsvertreterbeziehungen einer Schiedsklausel in den VAE nicht zugänglich[39]. Es ist deshalb davon auszugehen, dass sich die staatlichen VAE-Gerichte über die Schiedsklausel einer Handelsvertretervereinbarung hinwegsetzen und ihre Zuständigkeit bejahen[40].

---

34 Zum internationalen Schiedsrecht der VAE s.o. in diesem Band, S. 79 ff: *Krüger*, „Einführung in das internationale Privat- und Zivilprozessrecht der Vereinigten Arabischen Emirate".

35 Das Zustimmungsgesetz (VO Nr. 43/2006) wurde im Amtsblatt Nr. 450 vom 28.6.2006 auf 37 verkündet. Vorbehalte haben die VAE keine gemacht.

36 Ausführlich dazu *Krüger*, in FS Schütze, München 1999, 405 f.

37 Kassationshof Dubai, Urteil Nr. 17/2001 vom 10.3.2001, rezensiert von *Krüger*, IPRax 2001, 376 f., *Saoudi*, in: DIAC Journal I, 2 (Juni 2004), 38 – 43 und *Azhari* in DIAC Journal I, Special Edition (Oktober 2005), 30 – 38. Zur Anerkennung und Vollstreckung ausländischer Urteile in den VAE allgemein *Krüger*, IPRax 2005, 5; *Bälz* in *Geimer/Schütze*, Der internationale Rechtsverkehr in Zivil- und Handelssachen, München 2005, 28. EL, Länderbericht VAE, 1155-6 bis 1155-8.

38 Zum IZPR der VAE allgemein: *Krüger*, RIW 1993, 384 – 387.

39 Kassationshof Dubai, Urteil 221/14 vom 20.3.1994; *Krüger*, RIW 1993, 996; *ders.* Nachrichten für Außenhandel vom 30.6.1994; auch die Rezension einer – leider undatierten – Entscheidung des Kassationshofs Abu Dhabi in Arab Law Quarterly 1995, 337 – 339.

40 So auch *Bälz*, Vereinigte Arabische Emirate treten der New York Convention bei, veröffentlicht am 12.9.2006 unter der Homepage der Gesellschaft für Arabisches und Islamisches Recht (GAIR) e.V., www.gair.de.

Zum anderen steht auch die Anerkennung und Vollstreckung eines ausländischen Schiedsspruchs unter einem Schiedsvorbehalt und muss sich am ordre public des Vollstreckungsstaates messen lassen (Art. V Ab2 des Abkommens). Auch insoweit war die ganz einhellige Auffassung in Literatur und Rechtsprechung bislang eindeutig[41]: die dem Absatzmittler im HVG eingeräumten Rechtspositionen seien unabdingbare Vorschriften, die nicht nur der vertraglichen Disposition der Parteien entzogen sind, sondern auch unter den ordre public fallen, so dass sich z.B. die Wahl eines anderen Rechts als das der VAE verbietet. Deshalb werden wohl auch künftig außerhalb der VAE ergangene Schiedssprüche über Handelsvertreterstreitigkeiten nicht anerkannt und vollstreckt werden. Anzeichen dafür, dass in dieser Hinsicht ein Paradigmenwechsel eingeleitet wurde, fehlen gänzlich.

[41] *Bälz*, in: *Geimer/Schütze*, 1155-8.

NEUERE ENTWICKLUNGEN IM HANDELS- UND WIRTSCHAFTSRECHT DER VEREINIGTEN ARABISCHEN EMIRATE (VAE) [1]

RA Christoph Keimer, Dortmund

Inhalt

---

[1] Bei dem Aufsatz handelt es sich um die ausgearbeitete Fassung meines Vortrages, den ich am 28.10.2006 auf der Jahrestagung der Gesellschaft für arabisches und islamisches Recht in Köln gehalten habe. Ich möchte an dieser Stelle Herrn Prof. Dr. Ebert und Herrn Prof. Dr. Krüger für die Gelegenheit danken, meine über die Jahre gesammelten rechtlichen Erkenntnisse im Handels- und Wirtschaftsrecht der VAE mit dem sehr fachkundigen und anspruchsvollen Auditorium der GAIR teilen und vertiefen zu dürfen. Herrn Prof. Dr. Krüger, Universität zu Köln und Herrn Dr. Sven Klaiber, Bundesagentur für Außenwirtschaft, Köln, danke ich für die mannigfaltigen Anregungen und Überlassung vieler Informationen und Quellen zum emiratischen Recht. Herrn Prof. Dr. Krüger möchte ich insbesondere dafür danken, dass er mir den Entwurf seines Beitrages zu diesem Band vorab zur Abstimmung überlassen hat.

A. Einleitung

Seit den 70er Jahren haben sich die Golfstaaten und insbesondere die Vereinigten Arabischen Emirate (VAE) dank ihrer enormen Erdöl- und Erdgasvorkommen zu wichtigen Handelspartnern der Industrienationen entwickelt. Mit dem schnellen wirtschaftlichen Aufschwung und der Internationalisierung des Handels ging die Notwendigkeit einher, auch das bestehende Rechtssystem zu reformieren, um den nicht unerheblich geänderten Rahmenbedingungen Rechnung zu tragen. Insbesondere das Wirtschaftsrecht musste angesichts der seit 1996 bestehenden Mitgliedschaft der Vereinigten Arabischen Emirate in der Welthandelsorganisation (WTO) den internationalen Standards angenähert werden, damit eine verlässliche Grundlage für ausländische Unternehmen und Investoren geschaffen werden konnte. Das Wirtschaftsrecht basiert somit heute zum überwiegenden Teil auf jüngeren, ständig aktualisierten Gesetzen, die das vormals gültige islamische Recht überlagern und diesem zumeist als speziellere Gesetze vorgehen.

Nicht alles, was in Europa jedoch als rechtlich selbständig gelten mag, gilt in gleicher Weise auch für die Golfregion und die VAE. Während die örtliche Geschäftswelt mit diesen Regelungen vertraut ist oder zumindest vertraut zu sein scheint, sind ausländischen Geschäftsleuten die rechtlichen Besonderheiten oftmals unbekannt. Geschäftliche Fehlschläge sind deshalb nicht selten auf Unkenntnis des lokalen Rechts zurückzuführen. Wie bei jeder Geschäftsaktivität mit internationalem Anknüpfungspunkt ist es daher auch für den ausländischen Investor im nahen und mittleren Osten unerlässlich, den Markteintritt nicht nur in wirtschaftlicher Hinsicht vorzubereiten, sondern diesen auch rechtlich abzusichern.

Wer sich länger mit den rechtlichen Rahmenbedingungen in den Vereinigten Arabischen Emiraten beschäftigt hat, weiß, dass dies gar nicht so einfach ist, denn insbesondere in den letzten Jahren haben die VAE gerade im Bereich Handel und Wirtschaft eine Flut neuer Gesetze erlassen (müssen), um internationalen Ansprüchen gerecht zu werden. Dieser Aufsatz soll dazu beitragen, einen Überblick über die wichtigsten handels- und wirtschaftsrechtlichen Gesetzeswerke und deren Entwicklungen in der letzten Zeit zu vermitteln. Ein Anspruch auf Vollständigkeit ist damit natürlich nicht verbunden, zumal seit dem 28.10.2006 (Tag der Jahrestagung des GAIR) und dem Zeitpunkt der Veröffentlichung dieses Bandes eine Vielzahl neuer Gesetze erlassen oder auch nur angekündigt worden sind, auf die hier schon aus Platzgründen nicht immer eingegangen werden kann.

B. Handels- und Wirtschaftsrecht

Das Handels- und Wirtschaftsrecht der VAE ist mittlerweile überwiegend kodifiziert. Für einen deutschen Händler oder Investor wichtige Gesetze sind insbesondere das VAE-Zivilgesetzbuch (VAE-ZGB, Gesetz Nr. 5/1985 in der Fassung des Änderungsgesetzes Nr.1/1987), VAE-Handelsgesetzbuch (VAE-HGB, Gesetz Nr. 18/1993), VAE- Handelsvertretergesetz (VAE-HVG, Gesetz Nr. 18/1981 in der Fassung der Änderungsgesetze Nr. 14/1988 und Nr. 13/2006) und das VAE-Handelsgesellschaften-Gesetz (VAE-HGG, Gesetz Nr. 8/1984 in der Fassung der Änderungsgesetze Nr. 13 aus 1988, Nr. 15 aus 1998 und 2006). Daneben gibt es natürlich noch eine Reihe weiterer föderaler und lokaler Regelwerke, auf die hier jedoch nicht näher eingegangen werden kann. Insbesondere sind hier – soweit dafür nach der VAE-Verfassung (VAE-Verfassung aus dem Jahr 1971) Gesetzkompetenz besteht – Vorschriften der einzelnen Emirate insbesondere im wirtschaftsverwaltungsrechtlichen Bereich zu nennen, die aber teilweise von einander abweichen können.

I. Handelsvertreterrecht

Von jeher beschäftigt den deutschen Exporteur die Problematik des durchaus als protektionistisch zu bezeichnenden Handelsvertretrechts der VAE. Gerade in den VAE gab und gibt es insoweit erhebliche rechtliche und tatsächliche Besonderheiten für den ausländischen Kaufmann zu beachten, die den Vorschriften des deutschen Handelsgesetzbuches fremd sind. Der einheimische Vertriebsmittler genießt bei Anwendbarkeit des lokalen VAE-HVG erhebliche Schutzrechte, die es ihm – zumindest bislang – ermöglicht haben, den ausländischen Prinzipal gerade bei Streitigkeiten im Hinblick auf eine Beendigung des Vertriebsverhältnisses durch einen vollständigen Importstopp und hohe Ausgleichsforderungen erheblich unter Druck zu setzen.

Dies gilt aber grundsätzlich nur für Vertriebsvertretungen, die im Handelsvertreterregister der VAE eingetragen sind. Liegt eine Registrierung nicht vor – was eigentlich verboten ist, aber häufig vorkommt und stellenweise auch zu empfehlen ist –, so können Ansprüche aus dem Vertriebsvertrag gem. § 3 VAE-HVG vor Gerichten der VAE nicht eingeklagt werden. Die Rechtsprechung der beiden Kassationsgerichtshöfe in Abu Dhabi und Dubai ist hierzu jedoch uneinheitlich. Ist die Vertretung registriert, so gab es in der Vergangenheit erhebliche, wenn nicht sogar unüberwindliche Probleme, einen entsprechenden Vertretervertrag aufzulösen und aus dem Register zu löschen, was aber Voraussetzung ist für eine Neueintragung (Art. 8 VAE-HVG). Aufgrund des lange erwarteten Änderungsgesetzes Nr. 13/2006 vom 3.06.2006 ist hier jedoch seit Juli 2006 eine entscheidende Änderung eingetreten. Die alte Regelung des VAE-HVG, wonach die bloße Nichtverlängerung eines befristeten Vertretervertrages als unzulässige Rechtsausübung anzusehen war und deshalb als Beendigungsgrund grundsätzlich ausschied, wurde ausdrücklich aufgehoben. Demgegenüber besagt die neue

Regelung nunmehr, dass eine befristete Vertretung mit Ablauf der vertraglichen Frist endet, sofern sich die Parteien nicht rechtzeitig vor Ablauf des Vertrages auf eine Verlängerung geeinigt haben. Das bedeutet weiter, dass nach Ablauf der Befristung die registrierte Vertretung auf Antrag einer der beiden Vertragsparteien (nach altem Recht war dies nur dem Handelsvertreter möglich) durch das zuständige Wirtschaftsministerium gelöscht wird, außer die Parteien verständigen sich auf eine Verlängerung. Das stellt eine erhebliche Besserstellung der Rechtsposition des ausländischen Prinzipals dar, da eine Deregistrierung vor Erlass des Änderungsgesetzes ohne Zustimmung des Vertreters oder des Gerichtes nicht möglich war. Es kann deshalb bei Abschluss neuer Vertreterverträge nur angeraten werden, diese zeitlich zu befristen und insbesondere auf automatische Verlängerungsklauseln zu verzichten.

Bzgl. aller weiteren Einzelheiten dieser und noch weiterer Änderungen des VAE-HVG zum Vorteil des ausländischen Handelspartners verweise ich auf den Beitrag von Klaiber in diesem Band[2].

II. Verbraucherschutzrecht/Produkthaftung

1.

Für den ausländischen Händler und Investor, der vor Ort seine Waren und/oder Dienstleistungen vertreiben will, ist es nicht nur wichtig zu wissen, was *er für* Rechte hat, sondern auch, was sein Kunde und/oder der Endverbraucher für Rechte geltend machen kann. Ähnlich wie in Deutschland sind auch in den VAE bislang verbraucherschutzrechtliche Aspekte nicht einheitlich geregelt gewesen, sondern waren – verstreut – im VAE-ZGB, VAE-HGB und anderen Bundes– oder Landesverordnungen geregelt. Im Gegensatz zu Deutschland, in dem es ein bundeseinheitliches Verbraucherschutzgesetz noch nicht gibt, haben die VAE am 13.8.2006 das sog. Verbraucherschutzgesetz oder „Consumer Protection Law" (VAE-VSG, Bundesgesetz Nr. 24/2006[3]) erlassen, das Verbraucher durch die Einrichtung eines Systems staatlicher Aufsichtsbehörden und Gewährung verschiedener Rückgriffs- und Haftungsrechte gegen Lieferanten und Hersteller schützen soll.

2.

Bislang erschöpfte sich der gesetzliche Verbraucherschutz in den VAE weitestgehend in den Regelungen des VAE-ZGB und des VAE-HGB, die aber weit verstreut und vielen Verbrauchern offensichtlich unbekannt waren. Dabei handelt es sich überwiegend um die gesetzlichen Regelungen zur Nichtigkeit, Unwirksamkeit und Anfechtbarkeit von Willenserklärungen/Verträgen im Allgemeinen (Art. 176 –198 ff. VAE-ZGB) und zu Mängelgewährleistung, Garantien,

---

2 *Klaiber*, Das Vertriebsrecht der VAE unter Berücksichtigung der jüngsten Gesetzesänderungen, unten S. 135 ff.

3 Englischer Gesetzestext abgedruckt in Al Tamimi Law Update Nr. 188 (November 2006), S. 14 ff.

Verzug, Haftung, Rückabwicklung etc. bei Kaufverträgen im Besonderen (u.a. Art. 543 –555 VAE-ZGB und Art. 96 ff VAE-HGB). Daneben konnten produkthaftungsähnliche Ansprüche bislang wohl nur über die deliktsrechtliche Generalklausel des Art. 282 VAE-ZGB geltend gemacht werden, wonach jedermann verpflichtet ist, einem anderen einen Schaden zu ersetzen, der ihm aufgrund einer pflichtwidrigen Handlung kausal entstanden ist.[4] Sofern man kartellrechtliche Regelungen unter Verbraucherschutz subsumieren kann, fehlten insoweit bislang aussagekräftige Regelungen. Auch im VAE-HGB sind derartige Regelungen nicht enthalten. Dort findet man lediglich – ansatzweise – wettbewerbsrechtliche, allerdings schadensersatzbewehrte Normen (Art. 64-70 VAE-HGB), die es Kaufleuten u.a. anderem verbietet, Kunden durch unzutreffende Angaben über Produkte abzuwerben oder beim Verkauf ihrer Waren Kunden zu täuschen. Daneben existiert seit dem Jahr 2000 eine Bundesbehörde, die Emirates Standardisation and Metrology Authority (ESMA), deren Aufgabe es war, verpflichtende oder freiwillige Standards für Produkte, wie Lebensmittel, technische Geräte etc. zu schaffen.[5] Direkte und durchsetzbare Rechte für Verbraucher wurden dadurch jedoch nicht begründet.

3.

Das am 26.11.2006 in Kraft getretene VAE-VSG ist als Rahmengesetz ausgestaltet und verweist mehrfach (z.B. Art. 3 und Art. 20 VAE-VSG) auf noch zu erlassende Ein- und Durchführungsvorschriften, beispielsweise hinsichtlich der Definition eines „ungewöhnlichen Preisanstiegs" oder von „monopolistische Praktiken". Diese „Implementing Regulations" sind bislang nicht erlassen worden. Auch die nach dem Gesetz neu geschaffenen Bundesbehörden („Higher Committee for Consumer Protection" und das „Consumer Protection Department" beim zuständigen Wirtschaftsministerium) sind nach Wissen des Verfassers bislang noch nicht operativ tätig. Diese sollen jedoch im Wesentlichen die Durchsetzung des VAE-VSG überwachen, Verbraucherbeschwerden entgegennehmen und ggfls. Verbraucher und deren Interessen vor Gericht zu vertreten (Art. 17 VAE-VSG). Verstöße gegen das VAE-VSG sind (Art. 18) sind strafbewehrt und Waren sowie Mittel, die zu ihrer Produktion gedient haben, können konfisziert werden (Art. 19 VAE-VSG).

4.

Der wesentliche, materielle Inhalt des VAE-VSG findet sich in den Kapiteln 4 (Art. 5-15 VAE-VSG) und 5 (Art. 16-17 VAE-VSG). Kapitel 2 und 3 befassen sich mit der Einrichtung der o.g. Bundesbehörden und deren Rechte und Pflichten; Kapitel 6 regelt die diversen Strafen, Rechte der „Consumer Law Enforcement Officers" und begründet Ermächtigungsgrundlagen für das Bundeskabinett zur Änderung des Gesetzes.

---

4 Vereinigte Arabische Emirate, Rechtstips für Exporteure, BFAI 1998, S. 27/28.

5 *Wallmann*, Has product liability landed in the UAE?, Al Tamimi Law Update Nr. 186 (September 2006), S. 6 ff.

Kapitel 4 VAE-VSG enthält zusammengefasst im Wesentlichen folgende Regelungen:

- Rücknahme- und Ersatzpflicht des Lieferanten/Verkäufers[6] im Falle von Mängeln (Art. 5 VAE-VSG))
- Verbot für Lieferanten/Verkäufer, Interessen oder Gesundheit des Verbrauchers durch das Anbieten und Inverkehrbringen von gefälschten oder schlechten Waren (Art. 6 VAE-VSG) zu beeinträchtigen
- Ausführliche Beschriftungsvorschriften, die den Lieferanten/Verkäufer verpflichten, alle wesentlichen Informationen über die Ware und deren Inhaltsstoffe sowie etwaige Warnhinweise in arabischer Schrift an den Waren lesbar anzubringen (Art. 7 VAE-VSG)
- Pflicht zur Anbringung des Preises an der Ware und Recht des Verbrauchers auf Erstellung einer aussagekräftigen Rechnung (Art. 8 VAE-VSG)
- Pflicht des Lieferanten/Verkäufers und – bei lokaler Herstellung – gesamtschuldnerisch mit dem Hersteller zum Ersatz jedweden Schadens, der einem Verbraucher durch den Verbrauch und Genuss der Waren, nicht rechtzeitiger Zurverfügungstellung von Ersatzteilen und Nichteinhaltung von Garantien entsteht (Art. 9 VAE-VSG)
- Waren müssen den gültigen Standards entsprechen (Art. 10 VAE-VSG)
- Handelsvertreter und Distributeure müssen für die vom Hersteller gewährten Garantien und Gewährleistungen einstehen; werden im Garantiefall 2 Wochen überschritten, muss der Vertreter bis zur Wiederbeschaffung vergleichbare Güter unentgeltlich zur Verfügung stellen (Art. 11 VAE-VSG)
- Lieferanten/Verkäufer sind angehalten, sich in ihren Verträgen zu verpflichten, für Afters Sales Service, Reparatur und Rücknahme der Ware im Falle eines Mangels innerhalb einer gewissen Frist Sorge zu tragen (Art. 12 VAE-VSG)
- Entsprechendes hat ein Dienstverpflichteter zu garantieren; tut er es nicht, muss er ggfls. dem Verbraucher dessen bereits gezahlte Vergütung zurückerstatten (Art. 13 VAE-VSG)
- Verbot für Lieferanten und Verkäufer, Preise zu drücken oder Waren zurückzuhalten, um die Marktpreise zu beeinflussen oder höhere Preise als Listenpreise zu verlangen (Art. 14 VAE-VSG)
- Pflicht der Lieferanten/Verkäufer, die Behörden von jedem Mangel ihrer Produkte in Kenntnis zu setzen, die geeignet sind, den vertragsgemäßen Gebrauch der Waren oder Dienstleistungen zu verhindern (Art. 15 VAE-VSG)

---

6 Definition des „Suppliers“ in Art. 1 VAE-VSG umfasst sowohl den Verkäufer, den Lieferanten als auch den Hersteller.

Kapitel 5 VAE-VSG enthält zusammengefasst im Wesentlichen folgende Regelungen:

- Verbraucher[7] sind berechtigt, Personen- und Sachschäden nach den allgemeinen Bestimmungen ersetzt zu verlangen; dieses Recht kann vertraglich nicht abbedungen werden (Art. 16 VAE-VSG)
- Das Consumer Protection Department hat das Recht, Verbraucher bei Gericht und anderen Behörden zu vertreten; unabhängig vom Recht der Parteien, Rechtsschutz bei den ordentlichen Gerichten zu suchen, kann das Department daneben zum Schutz der Verbraucher eine Erledigung der Streitigkeit herbeiführen; derartige Entscheidungen können durch den zuständigen Minister überprüft werden lassen (Art. 17 VAE-VSG)

5.

Neben den erweiterten Pflichten für Handelsvertreter (Art. 11) sticht vor allem Art. 9 VAE-VSG hervor, der – bislang verschuldensunabhängig – eine Art Produkthaftung des Lieferanten/Verkäufers – bei lokaler Produktion auch des Herstellers – vorsieht für Schäden, die dem Verbraucher „durch den Ge- und Verbrauch der Waren" entstehen. Dem Wortlaut nach ist diese Haftung sehr (zu) weit, was Wallmann[8] nicht zu Unrecht zu dem Beispiel veranlasst hat, dass „...danach selbst der Kunde, der sich mit einem absolut mangelfreien Hammer auf den Kopf schlägt, dafür Schadensersatz vom Verkäufer verlangen kann". Dass dies nicht sein kann, liegt auf der Hand, weshalb hier durch die Durchführungsvorschriften dringend Eingrenzung geboten ist. Ein Blick in § 1 des deutschen Produkthaftungsgesetzes (ProdHaftG) könnte hier weiterhelfen, wonach eine bloße Kausalität zwischen Schaden und Produkt nicht ausreicht, sondern der Schaden muss durch einen *Fehler des Produktes* herbeigeführt worden sein. Ebenfalls fehlt im Gesetz eine klare Definition des „Herstellers", wie es beispielsweise § 4 ProdHaftG vorsieht. Art. 9 VAE-HSG macht den Lieferanten/Verkäufer neben dem Hersteller im Falle eines Schadens zu Gesamtschuldnern, aber nur dann, wenn der Hersteller lokal produziert hat. Eigentlich schließt die Definition des „Suppliers" in Art. 1 VAE-VSG bereits den Hersteller mit ein (s.o.). Soll der ausländische Hersteller, der nicht lokal produziert, dann von dieser Haftung ausgenommen sein? Was ist, wenn im Ausland produziert wurde, der Hersteller aber eine Niederlassung in den VAE hat? Fragen, die noch der Beantwortung durch den Gesetz- und Verordnungsgeber bedürfen, damit das VAE-VSG seine volle Wirkung entfalten kann.
Wichtig sind weiter die kartell- und wettbewerbsrechtlichen Regelungen zur Vermeidung von Beeinträchtigungen des freien Marktes zu Lasten der Verbraucher. Hier kann das Higher Committee bei durch Krisen oder sonstige außergewöhnliche Umstände hervorgerufene Preisanstiege Maßnahmen zur Preisdämp-

---

7 Definition in Art. 1 VAE-VSG: „Jedes Individuum, das entgeltlich oder unentgeltlich Waren oder Dienstleistungen für persönliche oder Zwecke Dritter bezieht".

8 *Wallmann* 2006, S. 8 (vgl. oben Fn 5).

fung treffen (Art. 3 VAE-VSG). Preisabsprachen oder andere Maßnahmen, Preise zu beeinflussen oder zu kontrollieren, sind verboten (Art. 14 VAE-VSG). Wie und wann genau das geschehen soll, ist noch unklar, weshalb diese unbestimmten Rechtsbegriffe noch der Konkretisierung bedürfen.

6.
Es bleibt festzuhalten, dass offensichtlich angesichts der Internationalisierung des lokalen Marktes und der weiter ins Land strömenden Verbraucher der unterschiedlichsten Nationalitäten, der Gesetzgeber versucht, die Rechte des Verbrauchers deutlich klar- und herauszustellen, zu schützen und einem System zu unterstellen, das es dem Verbraucher nunmehr erlaubt, deutlich einfacher gegen den Verkäufer/Lieferanten und/oder den Hersteller im Schadensfall vorzugehen. Die Lieferanten und Produzenten werden sich darauf einzustellen haben.

III. Arbeitsrecht

1.
Die VAE besitzen – im Gegensatz zu Deutschland – ein einheitliches Arbeitsgesetzbuch, das VAE-Bundesgesetz Nr. 8 aus 1980 (VAE-AG) in der Fassung einer Vielzahl von Änderungsgesetzen und Verordnungen, die seit dem Inkrafttreten 1980 erlassen worden sind. Das VAE-AG ist seit geraumer Zeit in Überarbeitung, und sollte schon vor Jahren erneuert werden. Am 5. Februar 2007 wurde dann in einer für die VAE einmaligen Aktion der Entwurf des neuen VAE-AG auf einer Webpage bilingual veröffentlicht und die Allgemeinheit aufgefordert, Ihre Meinung und Kommentare dazu abzugeben, wovon auch zwei Monate – so lange war der Entwurf im Netz – rege Gebrauch gemacht wurde. Der Arbeitsminister der VAE, S.E. Dr. Ali Al Kaabi, wies damals daraufhin, dass mit der Verabschiedung des neuen Arbeitsgesetzes im Dezember 2007 zu rechnen sei, was abzuwarten bleibt.

Das VAE-AG – auch das neue – regelt alle Aspekte der Beziehungen zwischen Arbeitgeber und Arbeitnehmer, wie Arbeitszeiten, Arbeitsbedingungen, Kündigungen, Kündigungsschutz, Abfindungen, Sorgfalts- und Ersatzpflichten des Arbeitgebers sowie sonstige regelungsbedürftige Inhalte. Die arbeitsrechtlichen Bestimmungen hängen dabei zum Teil direkt mit aufenthaltsrechtlichen Vorschriften zusammen. Denn ausländische Arbeitnehmer erhalten nur dann eine dauerhafte Aufenthaltserlaubnis (Residence Visa), wenn sie über eine Arbeitserlaubnis (Work Permit) verfügen. Das „UAE Ministry of Labour and Social Affairs“ hat einen Musterarbeitsvertrag ausgegeben, der von Arbeitnehmer und Arbeitgeber unterschrieben und beim zuständigen Arbeitsamt des jeweiligen Emirats (Labour Department) registriert werden muss. Darüber hinaus können weitere Bedingungen vereinbart werden, was auch häufig zu empfehlen ist. Diese dürfen jedoch gesetzliche Vorgaben nicht zum Nachteil des Arbeitnehmers abändern, was Art. 7 VAE-AG ausdrücklich vorsieht.

2.

Das lokale Bevölkerungswachstum und die Tatsache, dass die VAE weiter überwiegend von ausländischen Arbeitnehmern abhängig sind, haben mittlerweile zu einer hohen Arbeitslosigkeit der lokalen Erwerbsfähigen, vor allem aber der Jugend, geführt. Das, obwohl Art. 9 VAE-AG ein Recht auf Arbeit für die lokale Bevölkerung statuiert und Art. 14 VAE-AG vorschreibt, dass Ausländer nur dann beschäftigt werden dürfen, wenn keine Einheimischen den Job machen können. Deshalb hat man schon vor Jahren begonnen, die so genannte *Emiratisierung* voranzutreiben, die allerdings durch viele geschickte Maßnahmen der lokalen Unternehmen häufig umgangen wurde.

Mittlerweile hat der Bundesgesetzgeber Vorschriften[9] erlassen, wonach nun vor allem Banken, Versicherungen und Gesellschaften, die mehr als 50 Mitarbeiter beschäftigen, seit 2005 jährliche Quoten (4, 5 und 2%) bei der Einstellung von einheimischen Arbeitnehmern zwingend erfüllen müssen, wollen sie nicht Strafen oder einen Einstellungsstopp riskieren. Einheimische, die zur Erfüllung der Quoten eingestellt werden, aber – im Verhältnis zu ihrer Qualifikation – zu wenig verdienen (Minimum 3000,00 AED), werden aber bei der zu erfüllenden Quote seit 2006 nicht mehr berücksichtigt.[10] Aber auch bei den bislang nicht betroffenen Arbeitgebern achten die Behörden verstärkt darauf, dass diese im Sinne des Art. 14 VAE-AG offene Stellen bevorzugt mit Staatsbürgern der VAE besetzen. Dies wird neuerdings auch dadurch weiter verstärkt, dass Unternehmen ab einer gewissen Emiratisierungsquote (mind. 2%) deutlich geringere offizielle Gebühren für Arbeitserlaubnisse, deren Erneuerung sowie andere arbeitsamtliche Transaktionen zahlen müssen als die Unternehmen, die keine, zu wenig Einheimische oder überproportional Ausländer beschäftigen. Insoweit gelten derzeit drei verschiedene Kategorien (A, B, und C) mit unterschiedlichen Gebührenrahmen.

Einheimische Schwerbehinderte dürfen überdies nicht mehr mit der Begründung von Arbeitgebern abgewiesen werden, dass sie behindert seien.[11] Mittlerweile ist es sogar einheimischen Frauen erlaubt, die wichtigen Positionen als sog. Public Relations Officer (PRO) zu besetzen, die zur Schaffung weiterer Arbeitsplätze ohnehin seit Dezember 2005 nur noch durch Einheimische besetzt werden dürfen.[12]

---

9 Ministerial Decision No. 41 of 2005 re. the regulation for allocation of jobs in the commercial sector; Ministerial Decision No. 42 of 2005 re. the regulation for allocation of jobs in the insurance sector; Ministerial Decision No. 43 of 2005 re. the allocation of jobs in the banking sector.

10 Ministerial Resolution No. 286 of 2006.

11 Ministerial Resolution No. 275 of 2006.

12 Ministerial Circular No. 5 of 2005 dated 26.2.2005; instruktiv hierzu auch der Artikel in den Gulf News vom 8.12.2006 im Internet unter: http://archive.gulfnews.com/articles/06/08/12/10059252.html (abgerufen am 23.05.2007).

Mit der Einrichtung der staatlichen Organisation Tanmia[13] im Jahre 1999 wird überdies auch aktiv an der Aus- und Weiterbildung sowie der Vermittlung von Arbeitsplätzen für lokale Staatsangehörige gearbeitet. Um Probleme mit Behörden zu vermeiden, empfiehlt es sich deshalb bei Einstellungen – auch wenn man den Voraussetzungen der neuen Erlasse von 2005 (noch) nicht unterliegt – Einheimische zu berücksichtigen. Weitere Emiratisierungsbestrebungen der VAE nach dem Beispiel der Nachbarländer[14] sind zu erwarten.

IV. Sozialrecht

1.

Beiträge zu Krankenversicherungen in Form von Abgaben des Arbeitgebers und des (ausländischen) Arbeitnehmers an staatliche Stellen nach deutschem Vorbild bestehen zumindest in Dubai und den nördlichen Emiraten den VAE (noch) nicht.[15] Stattdessen ist der Arbeitgeber dort derzeit nur verpflichtet, den Arbeitnehmer zumindest mit einer sog. *Health Card* zu versehen, die diesen berechtigt, medizinische Hilfe des Krankenhauses in Anspruch zu nehmen, das die entsprechende Karte ausgestellt hat[16]. Eine Health Card deckt allerdings – an deutschen Maßstäben gemessen – lediglich die notwendigste Grundversorgung ab. Mittlerweile sind auch – teilweise erhebliche – Zuzahlungen des Arbeitnehmers für verschiedene medizinische Leistungen verpflichtend geworden. Zusatzversicherungen zumindest für europäische Arbeitnehmer sind daher in jedem Fall anzuraten. Aus der aktuellen Tagespresse ist zu entnehmen, dass mit der Einführung einer verpflichtenden Krankenversicherung für alle ausländischen Arbeitnehmer in naher bis mittlerer Zukunft zu rechnen ist. Inwieweit dies die Etats der ausländischen Investoren belasten wird, bleibt abzuwarten.

Im Emirat Abu Dhabi hat sich diese Sachlage aufgrund neuer gesetzlicher Bestimmungen mittlerweile grundsätzlich geändert.[17] Danach ist der Arbeitgeber nunmehr verpflichtet, seine Arbeitnehmer bei einer staatlich lizenzierten Krankversicherung zumindest im Rahmen einer „Basic Health Insurance Policy" zu versichern. Ohne den Nachweis dieser Pflichtversicherung wird eine Arbeitserlaubnis nicht mehr erteilt. Der Versicherungsschutz erstreckt sich auf das Emirat Abu Dhabi, soll aber ein Basisverssorgungsvolumen von 250.000,00 AED pro Jahr nicht übersteigen. Eine zahnärztliche Versorgung – und viele andere medizinische Leistungen auch – sind derzeit noch ausgeschlossen. Für die Kosten

---

13 The National Human Resource Development and Employment Authority, zu finden unter http://www.tanmia.ae (abgerufen am 23.05.2007).

14 Hier ist insbesondere Saudi Arabien zu nennen.

15 Einheimische Arbeitnehmer genießen freie Heilsfürsorge durch den Staat.

16 Die Ermächtigungsgrundlage für die vom Arbeitgeber zu gewährende „Health Card" ergibt sich derzeit aus Art. 96 VAE-AG.

17 Gesetz Nr. 23 aus 2005 bzgl. Krankenversicherungen im Emirat Abu Dhabi und der mittlerweile dazu vorliegenden Durchführungsbestimmungen.

dieser Basis-Versorgung hat der Arbeitgeber – haftungsrechtlich vor einem Sponsor, sofern nicht Identität vorliegt – aufzukommen. Eine Belastung des Arbeitnehmers mit diesen Kosten ist ausgeschlossen.

2.
Eine gesetzliche Arbeitslosenversicherung für ausländische Arbeitnehmer besteht nicht. Die Frage einer solchen Versicherung stellt sich für den ausländischen Arbeitnehmer jedoch ohnehin nicht, da er bei Verlust seiner Beschäftigung – damit einher geht der Verlust seiner Aufenthaltsberechtigung, sofern nicht das Visum über eine Immobilie oder eine Selbständigkeit nachgewiesen wird – das Land verlassen muss.

3.
Ebenso existieren Rentenversicherungen für ausländische Arbeitskräfte nicht, da Arbeitserlaubnisse für Ausländer in aller Regel nur bis zu einem Alter von 60 Jahren ausgestellt werden (Ausnahmen sind möglich). Einheimische Arbeitnehmer, die in der privaten Wirtschaft beschäftigt sind, kommen, wie bereits seit längerem Angestellte im öffentlichen Dienst, seit September 1999 in den Genuss des nationalen „Pension and Social Securities Law“,[18] das sowohl die Alterssicherung des einheimischen Arbeitnehmers durch Rentenansprüche als auch dessen Absicherung bei Berufsunfähigkeit, Unfall und Tod nunmehr gesetzlich regelt. Insofern muss der Arbeitgeber Beiträge in Höhe von 15% des Nettolohns des inländischen Arbeitnehmers monatlich an eine staatliche Pensionskasse abführen, wovon allerdings zu Anreizzwecken derzeit noch 2,5% der Staat trägt. Weitere 5% hat der Arbeitnehmer selbst von seinem Gehalt zu entrichten.

V. Verschiedenes

Neben den Entwicklungen im Handels-, Wirtschafts-, Arbeits- und Sozialrecht sind in der jüngsten Vergangenheit weitere, nicht unwichtige Gesetzeswerke verabschiedet worden[19], so

- das sog. E-Commerce-Gesetz[20], das unter anderem Vorschriften zur elektronischen Signatur und „Online-Verträge“ enthält und damit den Bestrebungen zumindest von Dubai, eine „E-Nation mit E-Government“ zu werden, Rechnung trägt;

- das sog. Cyber Crime-Gesetz[21], das – ähnlich wie in Deutschland –, Datenzerstörung, Ausspähung und vor allem Kreditkartenbetrug unter Strafe stellt sowie

---

[18] Bundesgesetz Nr. 7 aus 1999 bzgl. Pensionen und sozialer Absicherung.
[19] Die Aufzählung ist – natürlich – nicht vollständig.
[20] Law No. 1 of 2006 re. Electronic Transactions and Commerce.
[21] Federal Law No. 2 of 2006 re. Cyber Crime.

- das wichtige Personalstatutsgesetz[22], das u.a. Regelungen zur Geschäftsfähigkeit sowie erstmalig detaillierte erb- und familienrechtliche Normen enthält.

Wichtig für den allgemeinen Geschäftsverkehr in den VAE ist überdies eine Änderung des Art. 401 des VAE-Strafgesetzbuches[23]. Art. 401 VAE-StGB regelte bislang die Strafbarkeit von Scheckvergehen in der Weise, dass vor allem jede Art von Nichtdeckung des Kontos bei Begebung und/oder Einlösung des Schecks strafbar war. Angesichts der Tatsache, dass ein Großteil des Zahlungsverkehrs in den VAE weiterhin über Schecks und vor allem über sog. „post dated cheques[24]“ abgewickelt wird, führte dies neben einer immens hohen Strafbarkeitsquote zu einer erheblichen Überlastung der lokalen Polizeidienststellen und Gerichte, da so jeder Gläubiger versuchte mit dem druck des Strafgesetzesbuches seine Schulden einzutreiben. Art. 401 VAE-StGB wurde nunmehr dahingehend geändert[25], dass bei Scheckvergehen der oben bezeichneten Art dann von Strafverfolgung und sogar von Strafvollzug abgesehen werden kann, wenn die Zahlung erbracht wird.

C. Internationale Abkommen/Steuerrecht

I. Internationale Abkommen

1.

Die VAE sind auf internationaler Ebene u.a. Mitglied des Golfkooperationsrates (Gulf Cooperation Council – GCC[26]), der Arabischen Liga, der Organisation Erdölexportierender Länder (OPEC) und der Welthandelsorganisation (WTO). Daneben gibt es wohl erhebliche Fortschritte bei den Verhandlungen zwischen dem GCC und der EU hinsichtlich eines – bereits seit 18 Jahren verhandelten – Free Trade Agreements. Ein Abschluss ist aber och nicht in Sicht. Das Wiener UN-Übereinkommen über Verträge über den internationalen Warenkauf vom 11.04.1980 (CISG) haben die VAE bislang nicht unterzeichnet. Weiterhin gehören die VAE aber dem Übereinkommen vom 18.03.1965 zur Beilegung von Investitionsstreitigkeiten zwischen Staaten und Angehörigen anderer Staaten sowie dem Übereinkommen vom 11.10.1985 zur Errichtung der Multilateralen Investitions-Garantie-Agentur (MIGA-Abkommen) an.

2.

Die VAE und Deutschland haben im Jahr 1995 ein Abkommen zur Vermeidung der Doppelbesteuerung (vgl. hierzu Punkt B. II.) sowie im Jahr 1997 einen Ver-

---

22 Federal Law No. 28 of 2005; näher hierzu *Krüger*, Grundzüge des Privatrechts der VAE, S. 101 ff in diesem Band.

23 Federal Law No.3 of 1987.

24 Vordatierte Schecks.

25 Durch Federal Law No. 34 of 2005.

26 Bestehend aus den VAE, Saudi Arabien, Oman, Bahrain, Kuwait und Qatar.

trag über die Förderung und den gegenseitigen Schutz von Kapitalanlagen unterzeichnet.

Allerdings besteht bislang zwischen den VAE und Deutschland kein bilaterales Abkommen über die gegenseitige Anerkennung und Vollstreckung von gerichtlichen Entscheidungen oder Schiedsgerichtssprüchen. Eine Anerkennung und Vollstreckung von ausländischen bzw. deutschen gerichtlichen und/oder schiedsgerichtlichen Entscheidungen in den VAE war deshalb bislang nur innerhalb der sehr engen Grenzen des emiratischen Zivilprozessrechts möglich. Danach ist – zumindest nach Auffassung der Kassationsgerichtshöfe der VAE – eine Anerkennung ausländischer Entscheidungen in den VAE nur dann möglich ist, wenn zwischen dem Staat, in dem das Urteil erlassen wurde, und den VAE ein bilateraler Staatsvertrag zur Anerkennung derartiger Entscheidungen besteht. Ein solches Abkommen zwischen der Bundesrepublik Deutschland und den VAE ist derzeit nicht im Gespräch.

Nach jahrelangen Vorbereitungen und nicht unerheblichen Bedenken sind die Vereinigten Arabischen Emirate aber nunmehr als 138. Staat dem New Yorker Übereinkommen vom 10.6.1958 über die Anerkennung und Vollstreckung ausländischer Schiedssprüche beigetreten. Das Ratifizierungsgesetz[27] ist mittlerweile in Kraft getreten. Damit ist nun die Rechtsgrundlage dafür geschaffen worden, dass in Zukunft im Ausland ergangene Schiedssprüche in den VAE anerkannt und vollstreckt werden können, sofern sie dort schiedsfähig sind und – u.a. – nicht gegen den „ordre public" verstoßen. Es bleibt jedoch abzuwarten, ob und wie sich diese neue Rechtslage in der Praxis durchsetzen wird. Die Anerkennung und Vollstreckung ausländischer Gerichtsurteile in den VAE ausgesprochen problematisch. Die Verbürgung der Gegenseitigkeit nach deutschem Recht ist nicht garantiert.

II. Steuerrecht

1.

Die VAE kennen kein bundeseinheitliches Steuerrecht. Die Steuergesetzgebung ist den einzelnen Emiraten vorbehalten. Die Gesetze der überwiegenden Mehrheit der Emirate sehen zwar die Erhebung von Steuern vor, in der Praxis werden die meisten dieser Vorschriften jedoch nicht angewandt. Grundsätzlich erheben die einzelnen Emirate keine Einkommensteuer für natürliche (inländische und ausländische) Personen. Die für juristische Personen bzw. Körperschaften gesetzlich vorgesehene Einkommen- bzw. Körperschaftsteuer wird bislang nur von Unternehmen, die unmittelbar in der Förderung und Verarbeitung von Öl, Gas und petrochemischen Produkten tätig sind, sowie von in- und ausländischen Banken erhoben. In den diversen Freihandelszonen der VAE garantiert die je-

---

[27] Verordnung Nr. 43/2006 wurde im VAE-Gesetzblatt Nr. 450 vom 28.6.2006 veröffentlicht.

weilige Emiratsregierung eine Steuerbefreiung von mindestens 15 bis hin zu 50 Jahren mit einer entsprechenden Verlängerungsoption.

II. Doppelbesteuerungsabkommen VAE – BRD

1.

Seit Juni 1996 (mit Wirkung vom 01.01.1992) gilt zwischen den VAE und der Bundesrepublik Deutschland ein sog. Doppelbesteuerungsabkommen[28](DBA) und zwar für 10 Jahre. Dieses DBA ist ein internationaler Vertrag, der die Besteuerung grenzüberschreitender Sachverhalte regeln soll. Es bindet die Vertragsstaaten nur hinsichtlich der Vermeidung von Doppelbesteuerung. Besteuerungsgrundlagen werden in einem DBA nicht geregelt, insoweit gilt nationales Steuerrecht.

Nach amtlicher Auskunft des Bundesministeriums der Finanzen vom 20. Februar 2006 sollte das DBA völlig überraschend nicht verlängert und deshalb nach Artikel 30 des DBA 10 Jahre nach seinem Inkrafttreten am 10. August 2006 außer Kraft treten. Nach Mitteilung des Bundesfinanzministeriums vom 22.6.2006 wurde das Doppelbesteuerungsabkommen zwischen der Bundesrepublik Deutschland und den Vereinigten Arabischen Emiraten nun doch verlängert. In einer Verhandlungsrunde mit den Vereinigten Arabischen Emiraten im Juni 2006 wurde vereinbart, das DBA um 2 Jahre bis zum 10. August 2008 zu verlängern. Der Delegation der VAE wurde seitens des Bundesfinanzministeriums jedoch unmissverständlich verdeutlicht, dass das DBA über die 2 Jahre in der vorliegenden Form nicht verlängert werden wird. Es ist allerdings beabsichtigt, zügig mit Neuverhandlungen zu einem neuen Doppelbesteuerungsabkommen zu beginnen.

Ob und mit welchem Inhalt ein neues Doppelbesteuerungsabkommen abgeschlossen werden wird, ist offen. Es mag spekuliert werden, dass die Nutzung der verschiedenen Freistellungsregelungen des DBA im Hinblick auf den Immobilienboom in den VAE nicht unwesentlich zu dieser doch überraschenden Entscheidung der deutschen Ministerien beigetragen hat. Noch im Jahr 2005 standen nach übereinstimmender Auskunft sowohl der deutschen als auch der emiratischen Behörden die Vorzeichen klar auf Verlängerung des DBA durch Austausch diplomatischer Noten.

Bis zum Ende des Jahres 2008 besteht deshalb für deutsche Investoren erst einmal wieder Planungsunsicherheit. Es ist daher in jedem Fall anzuraten, sich auf die Zeit danach vorzubereiten, wobei jedoch derzeit niemand weiß, ob überhaupt ein neues DBA abgeschlossen wird, und wenn doch, mit welchem Inhalt. Problematisch werden vor allem Immobilien(Fonds)-beteiligungen sowie Personen-

---

[28] Abkommen vom 9.4.1995 zur Vermeidung von Doppelbesteuerung auf dem Gebiet der Steuern vom Einkommen und vom Vermögen und zur Belebung der wirtschaftlichen Beziehungen.

gesellschaftsmodelle zu bewerten sein, die ihre Vorteile ausschließlich aus dem DBA ableiten. Die Ausschüttung von Dividenden aus einer Schachtelbeteiligung einer deutschen Kapitalgesellschaft an einer emiratischen Kapitalgesellschaft dürfte von dieser neuen Entwicklung allerdings vorerst unberührt bleiben, da sich diese Konstellation weiterhin auch nach nationalem Steuerrecht (§ 8 b KStG) richtet. Langfristige Lösungen über andere europäische Länder, die über ein DBA mit den VAE verfügen (Schweiz und Österreich), sollten im Einzelfall allerdings unter Berücksichtigung einer Besteuerung von Drittstaateneinkünfte (aber Transparenzgebot!) schon jetzt geprüft werden.

2.

Angesichts des am 10.8.2006 auslaufenden Doppelbesteuerungsabkommens ist gerade für Deutsche, die – häufig im Rahmen einer Entsendung – in den VAE Einkünfte aus unselbständiger Arbeit erzielen, von vitalem Interesse, ob diese Einkünfte insbesondere bei der Beibehaltung eines inländischen Wohnsitzes in Deutschland zu versteuern sind. Bei Vorlage eines DBA gibt es bei Einkommen aus unselbständiger Arbeit grundsätzlich zwei Konstellationen:

a. 183-Tage-Regelung

Für den Fall, dass ein in Deutschland ansässiger Arbeitgeber einen Mitarbeiter in die VAE entsendet, ist die sog. 183-Tage-Regelung zu beachten. Danach bleibt das Besteuerungsrecht für Löhne und Gehälter von Arbeitnehmern, die ihren Wohnsitz in Deutschland beibehalten, in Deutschland, wenn folgende Voraussetzungen gleichzeitig/kumulativ erfüllt sind:

- Der Arbeitnehmer darf sich in den VAE nicht länger als 183 Tage während eines Kalenderjahres aufhalten, und
- der Arbeitgeber (also das Unternehmen in Deutschland) darf in den VAE nicht ansässig sein und
- Löhne und Gehälter dürfen nicht zu Lasten einer Betriebsstätte in den VAE gehen.

b. Dienstvertrag in den VAE

Wenn unmittelbar ein Dienstvertrag zwischen einem Arbeitgeber (z.B. aktive Niederlassung bzw. Tochtergesellschaft des Arbeitgebers) in den VAE und einem in Deutschland ansässigen Arbeitnehmer abgeschlossen wird, spricht das DBA gleichwohl vom ersten Tag der Auslandstätigkeit an den VAE das Besteuerungsrecht zu. In Deutschland sind Löhne und Gehälter dann steuerfrei. Allerdings kommt der sog. Progressionsvorbehalt zur Anwendung. Ein durch den Arbeitnehmer zu erbringender schriftlicher Nachweis über eine Steuerbefreiung in den VAE, wie ursprünglich von § 50 d Abs. 8 EStG gefordert, ist nach Auskunft des Bundesfinanzministerium (BMF-Schreiben vom 21.7.2005) nicht mehr notwendig. Die Steuerbefreiung in den VAE wird durch die deutschen Steuerbehörden mittlerweile als bekannt vorausgesetzt.

Liegt kein DBA (mehr) vor, gilt grundsätzlich das Welteinkommensprinzip des § 1 EStG, wonach alle Einkommen, die weltweit erzielt werden, in Deutschland zu versteuern sind, sofern der Arbeitnehmer dort (noch) einen Wohnsitz/Aufenthaltsort unterhält. Das wird von den deutschen Steuerbehörden sehr eng gesehen. Seit dem Urteil des BFH vom 24.1.2001, wird die unbeschränkte Steuerpflicht in Deutschland bei Unterhaltung von 2 Wohnsitzen (Doppelwohnsitz) selbst dann nicht aufgehoben, wenn sich der Lebensmittelpunkt im Ausland befindet. Sofern das DBA nicht entsprechend verlängert oder erneuert wird, wird man deshalb, um einer Besteuerung zu entgehen, in Zukunft entweder seinen Wohnsitz in Deutschland komplett aufgeben müssen oder hoffen, dass die Einkünfte nach dem sog. Auslandstätigkeitserlass (ATE) von 1983, früher als Montageerlass bekannt, freigestellt werden. Der ATE begünstigt bestimmte Auslandstätigkeiten, wie z.B. die Planung, Errichtung, Wartung usw. von Fabriken, Bauwerken, ortsgebundenen Maschinen und ähnlichen Vorrichtungen sowie die Beratung ausländischer Auftraggeber im Hinblick auf solche Tätigkeiten.

D. Informationen zum Immobilien- und Mietrecht

I. Immobilienrecht

1.

Ursprünglich war der Erwerb von Grundstücks- und Wohnungseigentum in den VAE grundsätzlich nur emiratischen Staatsangehörigen vorbehalten. Im Laufe der Zeit wurden diese Rechte zum Teil auch auf Staatsbürger der übrigen Länder des Golfkooperationsrates ausgedehnt. Erst im Jahr 2000 zeichnete sich im Emirat Dubai eine gewisse Liberalisierung ab, als verkündet wurde, dass Ausländer Immobilien in bestimmten Projektzonen im Rahmen einer Langzeitmiete von 99 Jahren, dem sog. „Leasehold[29]“, erwerben können. Im Mai 2002 erfolgte dann der nächste wesentliche Schritt. Seine Hoheit, Sheikh Mohammed Bin Rashid Al Maktoum, zu diesem Zeitpunkt Kronprinz von Dubai und Verteidigungsminister der VAE, gab bekannt, dass es allen Ausländern erlaubt sein soll, in bestimmten Gebieten Immobilien als sog. „Freehold[30]“ zu erwerben.

Zunächst bezog sich diese Möglichkeit allein auf die von dem Projektentwickler (Developer) Nakheel geplante Insel „The Palm“. Bereits vorher geplante Objekte, die zuvor als „99-year Leasehold“ vergeben worden waren, insbesondere die Projekte Emirates Hills und Dubai Marina des Developers EMAAR, konnten jedoch im Nachhinein in Freehold umgewandelt werden. Derzeit sind nahezu alle Immobilienprojekte als Freehold ausgewiesen.

Die Nachfrage ist auch fünf Jahre nach Einführung der Möglichkeit des Immobilienerwerbs durch Ausländer auf Freehold-Basis ungebrochen. Auf der ande-

---

29 Ähnlich der deutschen Erbpacht.

30 Ähnlich dem deutschen Volleigentum an Immobilien.

ren Seite boomt der Sekundärmarkt (resale-market), auf dem durch den Weiterverkauf der teilweise noch nicht fertig gestellten Immobilien immer noch beträchtliche Gewinne erzielt werden können. Wegen der Unsicherheit bezogen auf die Verlängerung des DBA hat sich nach unseren Erfahrungen die Nachfrage aus Deutschland zumindest für gewerbliche Erwerber aber eher beruhigt.

Vorangetrieben durch die imposante Entwicklung in Dubai, haben mittlerweile fast alle anderen Emirate, wie Ras Al Khaimah (Al Hamra Village), Sharjah, Ajman (Al Naeemiya Towers) oder Umm Al Quwain, Freehold-Projekte entworfen und zum großen Teil lokale gesetzliche Grundlagen für den Immobilienerwerb für Ausländer geschaffen.

Auch in den umliegenden GCC-Staaten versucht man, der Entwicklung in Dubai nachzueifern: in Qatar beispielsweise entsteht vor der Küste Dohas die künstlich angelegte Insel Pearl of the Gulf. Bahrain bietet mit den Projekten Durrat Al Bahrain und Al Marsa Floating City ebenfalls den Erwerb von Freehold-Eigentum für alle Nationalitäten an. Gleiches gilt für das Projekt The Wave und The Blue City im Oman.

2.

In den VAE existierte bislang weder auf Bundesebene noch in einem der sieben Emirate ein in sich geschlossenes Grundstücksrecht (Land Law). Die Gesetze, insbesondere das VAE-ZGB, regeln nur fragmentarisch einzelne Aspekte des Immobiliarsachenrechts[31].

Die vorläufige Verfassung der VAE weist in ihrem Artikel 121 dem Bund die ausschließliche Gesetzgebungskompetenz auch bei Fragen des Grundeigentums und der Enteignung in öffentlichem Interesse zu. Die einzelnen Emirate sind mithin dem Wortlaut der Vorschrift nach nicht befugt, eigene, emiratsweit geltende Gesetze zu erlassen, wie es beispielsweise eine konkurrierende Gesetzgebungskompetenz erlauben würde (vgl. Artikel 122 der Verfassung). Trotz dieser eindeutigen Bestimmung regeln die einzelnen Emirate aber Angelegenheiten, die nach Artikel 120 und 121 der Verfassung ausschließlich der Kompetenz des föderalen Gesetzgebers unterliegen, und zwar in aller Regel in den Bereichen, für die bislang Bundesgesetze fehlen.

Mit dem lange erwarteten Immobiliengesetz für das Emirat Dubai[32] hat Dubai nunmehr die Grundlagen für eine Kodifikation des Immobilienrechts geschaffen. Die Grundaussagen des Gesetzes bestätigen die bisherige faktische Lage.

---

31 Z.B. materielle Regelungen zum Eigentumserwerb in den Art. 1262 ff VAE-ZGB.

32 Gesetz Nr. 7 aus 2006 über die Registrierung von Immobilien im Emirat Dubai; es umfasst 29 Artikel. In Abu Dhabi wurde das Abu Dhabi Law No. 19/2005 erlassen, wonach lediglich in sog. Investment Zones eine Art *„Surface Property"* erworben werden kann, ohne dass tatsächlich Volleigentum an Grund und Boden erworben wird.

Der Eigentumserwerb von Immobilien durch Ausländer ist in bestimmten gesondert ausgewiesenen Gebieten nunmehr ausdrücklich erlaubt und dieses Recht ist schriftlich fixiert worden.

Kernstück des Gesetzes ist dessen Artikel 4. Dieser bestimmt in Absatz 1 zunächst, dass Freehold lediglich von Staatsbürgern der VAE und Staatsbürgern der Mitgliedstaaten des Golfkooperationsrates sowie von juristischen Personen, die sich zu 100 % im Eigentum von Staatsbürgern der VAE oder des GCC befinden, erworben werden kann.

Eine (wichtige) Ausnahme von dieser Regelung trifft Absatz 2, demzufolge nach Zustimmung des Herrschers von Dubai auch andere Ausländer Eigentum an Immobilien in der Form des Freehold oder des 99-years Leasehold erwerben können. Der Eigentumserwerb ist jedoch auf bestimmte, gesondert ausgewiesene Gebiete beschränkt.[33] Gemäß Artikel 6 des Gesetzes ist das Dubai Lands Department[34] die alleinig zuständige Behörde für die Registrierung der in Artikel 4 des Gesetzes aufgeführten Rechte an Grundstücken; gemäß Artikel 7 des Gesetzes beinhaltet die Registrierung dieser Rechte beim Lands Department die Eigentumsvermutung für den Eingetragenen.
Mit diesen Regelungen ist die aus Artikel 1277 VAE-ZGB resultierende Rechtsunsicherheit in Bezug auf bereits bestehende Kaufverträge ausgeräumt worden. Artikel 1277 VAE-ZGB bestimmt, dass die Übertragung des Eigentums an einem Grundstück oder Rechten an einem Grundstück nur wirksam ist, sofern die Registrierung des Übergangs gemäß den besonderen gesetzlichen Bestimmungen vorgenommen worden ist. Bislang waren diese besonderen gesetzlichen Bestimmungen in Bezug auf die Registrierung von Grundstückseigentum für Ausländer nicht vorhanden bzw. wurde eine Registrierung nicht vorgenommen, so dass die zugrunde liegenden Kaufverträge, aufgrund der fehlenden Möglichkeit zur Eintragung, wohl zumindest als schwebend unwirksam anzusehen waren.

II. Mietrecht

Das Mietrecht der VAE ist im VAE-ZGB geregelt.[35] Es ist dem „ursprünglichen" deutschen Mietrecht nicht unähnlich, jedoch bei weitem noch nicht so detailliert ausgestaltet und durch die Rechtsprechung fortentwickelt.

Durch den massiven Zustrom von neuen Einwohnern ist es insbesondere in Dubai, aber auch den Nachbaremiraten wie Sharjah zu Engpässen bei Wohn- und Nutzraum gekommen. Das führte in den letzten Jahren fast flächendeckend zu extremen, teilweise schon wucherähnlichen Mieterhöhungen; Anstiege bis zu 80-120 % in einem Jahr waren keine Seltenheit. Durch den „Miethöheerlass"

---

33 Näher bezeichnet in Regulation No. 3 of 2006 re. Designation Ownership Areas for Expatriates.

34 Nach deutschem Verständnis das Grundbuchamt.

35 Art. 742-848 VAE-ZGB.

des Herrschers von Dubai vom 23.11.2005 wurde ein sog. „*rent cap*“ eingeführt, wonach Mieten (für Wohnraum und gewerblichen Raum) nur noch maximal 15% im Jahr steigen dürfen. Dieser auf 1 Jahr befristete erste Miethöheerlass ist im November 2006 durch eine weitere Verordnung des Herrschers abgelöst worden, der weitere Begrenzungen zur Beruhigung des Marktes vorsieht. Lokale Vermieter versuchen dies zu umgehen, indem sie (häufig aus angeblichem Eigenbedarf) kündigen und dann versuchen, neu, zu höheren Mieten zu vermieten; in diesen Fällen (und auch im Falle sonstiger Kündigungen und Streitigkeiten) kann der Mieter an das sog. Rent Committee[36] bei der Dubai Municipality wenden, das in solchen Fällen die Kündigung für unwirksam erklären kann oder zumindest die Kündigungsfrist deutlich verlängert, um dem Mieter die Möglichkeit zu geben, ein neues Mietobjekt zu finden, was derzeit schwierig genug ist.

Das Rent Committee ist im Emirat Dubai ausschließlich zuständig für alle Mietstreitigkeiten[37] und seine Entscheidungen sind nicht mit Rechtsmitteln angreifbar[38]. Es setzt sich zusammen aus lokalen Geschäftsleuten, Rechtsanwälten und Beamten. Durch die massive Zunahme von Mietstreitigkeiten kommt dem anfangs belächelten Rent Committee mittlerweile eine wichtige Bedeutung zu. Daneben werden dem Rent Committee aufgrund seiner gesetzlichen Zuständigkeit für alle „lease disputes“ durch den Kassationsgerichtshof des Emirates Dubai jedoch noch andere Aufgaben zugewiesen. Bereits im Jahr 1998 hatte dieser entschieden[39], dass das „Vermieten einer Gewerbeerlaubnis“ (Lease of a Trade Licence) in die Zuständigkeit des Rent Committees fällt; sicherlich eine etwas obskure Entscheidung. Weiter hat der höchste Gerichtshof von Dubai im Jahre 2002 entschieden[40], dass das Rent Committee auch zuständig sei für die Anerkennung und Vollstreckbarkeit eines Schiedsgerichtsurteils, das eine Mietstreitigkeit zum Gegenstand hat. Es bleibt abzuwarten, was das Rent Committee – trotz der drastisch zunehmenden Arbeitsmenge – in Zukunft noch alles zu entscheiden hat.

---

36 Durch den Herrscher von Dubai gem. Special Decree No. 2/1993 eingerichteter Schlichtungskörper zur Lösung und Entscheidung von Mietstreitigkeiten.

37 Art. 1 Special Decree No.2/1993. Andere Emirate verfügen über ähnliche Spruchkörper.

38 Art. 4 Special Decree No. 2/1993.

39 Kassationsgerichtshof Dubai, Urteil vom 26.12.1998, Nr. 210/98, in: United Arab Emirates Court of Cassation Judgements 1998-2003, von Richard Price and Essam Al Tamimi, S. 401-402

40 Kassationsgerichtshof Dubai, Urteil vom 23.6.2002, Nr. 193/2002, in: Legal Bulletin No. 38, Juni 2004 von Al Sharif Advocates & Legal Consultants.

E. Grundzüge des VAE-Gesellschaftsrechts/Frei(handels)zonen

I. Gesellschaftsrecht der VAE – Ein Überblick

1. Allgemeines

Das VAE-HGG weist in seiner Struktur Parallelen zu den Gesellschaftsgesetzen der übrigen GCC-Länder auf, die wohl größtenteils auf dem ägyptischen Recht beruhen. Neben Regelungen zur sog. „Civil Company" im VAE-ZGB[41] regelt das VAE-HGG abschließend über einen Numerus Clausus der Gesellschaftsformen die verschiedenen Möglichkeiten, in den VAE Handelsgesellschaften (Commercial Companies) zu gründen. Neben einem allgemeinem Teil[42], der u.a. Regelungen zur Form, Wirksamkeit, lokalen Beteiligung, Verschmelzung, Beendigung, Liquidation und der Gründung ausländischer Gesellschaften und Niederlassungen (Art. 313 ff. VAE-HGG) umfasst, gibt es einen Besonderen Teil, der gem. Art. 5 VAE-HGG die sieben möglichen Gesellschaftsformen aufnimmt. Dabei handelt es sich um folgende Rechtssubjekte:

1.1. Personenhandelsgesellschaften

1.1.1. General Partnership[43] (Art. 23-Art. 46 VAE-HGG)

Die General Partnership ist die Grundform der Personenhandelsgesellschaften nach dem VAE-HGG. Sie stellt die übliche Gesellschaftsform für den Einzelhandel und Handwerksbetriebe dar. Die General Partnership ist allerdings ausschließlich Staatsangehörigen der VAE vorbehalten, Art. 25 VAE-HGG.

1.1.2. Limited Partnership[44] (Art. 47-Art. 55 VAE-HGG)

Die Limited Partnership besteht aus einem oder mehreren Gesellschaftern (Komplementären), die den Gesellschaftsgläubigern unbeschränkt und gesamtschuldnerisch haften, Art. 47 VAE-HGG. Komplementäre können nur Staatsangehörige der VAE sein, Art. 48 VAE-HGG. Die übrigen Gesellschafter haften in Höhe ihrer Einlage (Kommanditisten), Art. 52 VAE-HGG. Die Geschäftsführung ist den Komplementären, d.h. VAE Staatsangehörigen vorbehalten, Art. 53 VAE-HGG. Ausländer können nur Kommanditisten sein. Eine GmbH & Co. KG ist dem emiratischen Gesellschaftsrecht bislang fremd.

1.1.3. Partnership Limited by Shares[45] (Art. 256-Art. 272 CCL)

Die Partnership Limited by Shares ist eine Kombination aus der Limited Partnership und der Shareholding Company. Während die Komplementäre gesamtschuldnerisch haften, sind die Anteile der Kommanditisten in begebare Geschäftsanteile aufgeteilt. Das erforderliche Mindestkapital beträgt AED

---

[41] Art. 654-709 VAE-ZGB; entspricht in etwa der deutschen BGB-Gesellschaft.

[42] Art.1-22 und Art. 273-328 VAE- HGG.

[43] Etwa vergleichbar mit deutscher OHG.

[44] Etwa vergleichbar mit deutscher KG.

[45] Etwa vergleichbar mit der deutschen KGaA.

500.000,00, Art. 260 Abs.3 VAE-HGG. Komplementäre und Geschäftsführer müssen Einheimische sein.

1.1.4. Joint Participation Company[46] (Art. 56-63 CCL)
Die Joint Participation Company, wenn auch wohl keine reine Personengesellschaft im deutschen Rechtssinne, ist die Beteiligung an einem Unternehmen oder Projekt eines der Gesellschafter, wobei der Gesellschaftsvertrag lediglich das Innenverhältnis zwischen den Parteien regelt, Art. 57 CCL. Es handelt sich eigentlich um die typische Form von Konsortium oder Arbeitsgemeinschaft, auch wenn dieser Gesellschaftstyp in den VAE oft zu längerfristigen Partnerschaften unter Gebrauch der Lizenz/Gewerbeerlaubnis eines, meistens des lokalen Partners, benutzt wird und der ausländische Investor dabei im und unter dem Namen des lokalen Gesellschafters im Geschäftsverkehr auftritt. Die Joint Participation Company bedarf keiner Gewerbeerlaubnis, Registrierung oder Offenlegung des Gesellschaftsvertrags. Sie ist als einzige Gesellschaft keine juristische Person. Im Außenverhältnis haftet jeder Gesellschafter selbständig gegenüber seinen Gläubigern, sofern er sich als solcher zu erkennen gibt. Sofern allerdings die oder auch nur einer der Gesellschafter im Außenverhältnis den Rechtsschein einer Haftungsgemeinschaft gesetzt haben, haften diese den Gläubigern der Joint Participation Company gesamtschuldnerisch mit ihrem gesamten privaten Vermögen, Art. 61 VAE-HGG. In Anlehnung an Art. 22 VAE-HGG muss jedoch auch hier der lokale Partner mindestens 51% der Gesellschaft halten.

1.2. Kapitalgesellschaften

1.2.1. Public Shareholding Company[47] (Art. 64-Art. 214 VAE-HGG)
Die Public Shareholding Company ist die gesetzlich vorgegebene Gesellschaftsform, sofern der Staat oder öffentliche Einrichtungen Anteile in einer solchen Gesellschaft halten, Art. 7 VAE-HGG. Das Mindestkapital beträgt AED 10.000.000,00, Art 67 VAE-HGG und die Haftung der Aktionäre ist auf den Wert ihrer Anteile beschränkt. Mindestens 10 Gründungsmitglieder sind erforderlich. Die Aktien werden öffentlich gehandelt, soweit möglich. Diese Rechtsform ist u.a. für Versicherungen und Banken vorgesehen. An der Börse der VAE werden Aktien lokaler Unternehmen gehandelt. Die Geschäftsführung einer Public Shareholding Company besteht aus einem „Board of Directors“ von mindestens drei und höchstens fünfzehn Mitgliedern, die in der Mehrzahl VAE-Staatsangehörige sein müssen. Der Vorsitzende des „Board of Directors“ kann ebenfalls nur ein VAE-Staatsangehöriger sein. Unabhängig davon müssen sich auch bei dieser Gesellschaft 51 % der Aktien/Anteile in der Hand von Einheimischen befinden.

---

[46] Etwa vergleichbar mit der deutschen Stillen Gesellschaft; dient in der Regel als Projektgesellschaft.

[47] Etwa vergleichbar mit der deutschen Aktiengesellschaft.

1.2.2. Private Shareholding Company[48] (Art. 215-Art. 217 VAE-HGG)
Bei der Private Shareholding Company werden die Aktien im Gegensatz zur Public Shareholding Company nicht öffentlich gehandelt. Das Mindestkapital beträgt AED 2.000.000,00, Art. 215 VAE-HGG. Es bedarf hier jedoch nur drei Gründungsgesellschafter. Ansonsten gelten für die Private Shareholding Company die gleichen Vorschriften wie für die Public Shareholding Company, was insbesondere auch das Management einer solchen geschlossenen Aktiengesellschaft betrifft. 51 % des Kapitals müssen sich hier ebenfalls in einheimischer Hand befinden.

1.2.3. Limited Liability Company[49] (Art. 218-Art. 255 VAE-HGG)
Die Limited Liability Company (LLC) als Gegenstück zur deutschen GmbH ist die in der Praxis am weitesten verbreitete Form eines Joint Ventures in den VAE, da der ausländische Investor – neben der oft erwünschten Haftungslimitierung – trotz seiner Minderheitsbeteiligung gleichwohl die Geschäftsführung selbständig übernehmen und somit den Betrieb des Unternehmens selbst kontrollieren kann.

Für alle Gesellschaftsformen gilt weiterhin das mittlerweile allseits bekannte lokale Mehrheitserfordernis, wonach ein Einheimischer oder ein zu 100% von Einheimischen gehaltene Gesellschaft mindestens 51% des Gesellschaftskapitals halten muss, Art. 22 VAE-HGG. Gesellschaftsverträge müssen in arabischer Sprache vor dem Gerichtsnotar in den VAE beurkundet werden; ansonsten sind sie unwirksam, Art. 8,11 VAE-HGG. Das gilt auch für Änderungen oder Zusätze. Sog. „Shareholder Agreements", die zwingend in den Gesellschaftsvertrag aufzunehmende Dinge abweichend regeln, sind deshalb mit Vorsicht zu genießen. Der komplette Ausschluss eines Gesellschafters von Gewinnen und/oder Verlusten ist unzulässig, Art. 18 VAE-HGG.

Der Gesellschaftszweck muss „*commercial*" und zulässig sei, Art.13 VAE-HGG. Hier erfolgen über die lokalen Registrierungs- und Lizenzierungsbehörden (in Dubai das Department of Economic Development – DED) teilweise erhebliche Einschnitte in die ansonsten so gepriesene Niederlassungsfreiheit. Das DED gibt mittlerweile in 10. Auflage einen Lizenzkatalog[50] heraus, an dem man sich orientieren kann; aber nicht alle dort aufgeführten Aktivitäten sind – insbesondere durch Ausländer – durchführbar, überdies abhängig von der zu wählenden Rechtsform und häufig von Qualifikationen der Gesellschafter und/oder der Geschäftsführer.

---

48 Etwa vergleichbar mit der deutschen kleinen AG.
49 Etwa vergleichbar mit der deutschen GmbH.
50 DED und Dubai Chamber of Commerce & Industry, Standard Classifications of Economic Activities, 10. Auflage 2006.

Ausländische Gesellschaften und/oder deren Zweigniederlassungen dürfen nur mit Sondergenehmigung des Wirtschaftsministeriums tätig werden, Art. 314, 315 VAE-HGG. Hierzu haben die VAE weitere Durchführungsvorschriften erlassen.

Für wirtschaftliche Aktivitäten, die keine Handels- oder Produktionstätigkeiten darstellen (diese unterliegen dem Numerus Clausus des VAE-HGG), bietet sich die Gründung eines freiberuflichen Unternehmens (Professional Firm bzw. Professional Company) an. Insoweit kommen vor allem Dienstleistungs- und Beratungstätigkeiten auf dem Gebiet der Architektur, Bauplanung, Medizin und Rechtsberatung sowie anderer akademischer und handwerklicher Berufe in Betracht. Solche freiberuflichen Unternehmen können als Professional Firm (Einzelfirma) oder als Professional Company (Civil Company nach dem VAE-ZGB gegründet werden. In aller Regel benötigen beide Niederlassungsformen einen sog. National Service Agent[51], für den die gleichen Grundsätze gelten wie bei Zweigniederlassungen (siehe Punkt D.I.2.). Ähnlich wie in Deutschland ist die Haftung der Gesellschafter unbeschränkt. Im Emirat Dubai kann aufgrund lokaler Verordnungen eine Professional Firm bzw. Professional Company direkt über das DED als zuständige Registrierungsbehörde gegründet werden. Gegebenenfalls sind zuvor Genehmigungen lokaler Fachbehörden einzuholen.

Professional Firms bzw. Professional Companies, die im technisch beratenden Bereich tätig sind, werden im Emirat Dubai als Engineering Firms qualifiziert und in vier Formen unterteilt: die Local Engineering Firm, die Associate Engineering Firm, die Expert Engineer Firm und das Foreign Engineering Branch Office eines ausländischen Architektur- oder Planungsbüros. Für sie gelten im Vergleich zu den Professional Firms und Professional Companies im Allgemeinen zum Teil spezielle Regelungen. Die Gesellschafter bzw. Geschäftsführer müssen beispielsweise über eine langjährige Berufserfahrung verfügen.

2. Repräsentanzbüro/Aktive Zweigniederlassung

a) Allgemeines

Zweigniederlassungen ausländischer Unternehmen[52] können in den VAE in verschiedenen Formen gegründet werden. Neben der klassischen Zweigniederlassung (Branch) kommt auch ein Repräsentanzbüro (Representative Office) in Betracht. Beiden Niederlassungsformen ist gemein, dass sie – rechtlich unselbständig – zu 100% im Eigentum der ausländischen Muttergesellschaft stehen. Im Gegensatz zu einem Joint Venture bzw. einer lokalen Gesellschaft benötigen diese Niederlassungen keinen lokalen Partner, sondern lediglich einen einheimischen sog. National Service Agent, der aber weder Teilhaber oder Angestellter

---

[51] Fälschlicherweise häufig Sponsor genannt.

[52] Rechtsgrundlage sind die Art. 313 ff. VAE-HGG und die Verordnung Nr. 69/1989 des Wirtschaftsministeriums in neuester Fassung.

ist, noch sonstige Mitspracherechte besitzt[53]. Sein Aufgabenbereich beschränkt sich auf die im notariell zu beurkundenden National Service Agent Agreement genannten Dienstleistungen, wie Unterzeichnung von Visumsanträgen und Lizenzformularen. Dafür erhält er eine Aufwandsentschädigung, die frei vereinbar ist. Die Registrierung einer solchen Zweigniederlassung erfolgt grundsätzlich auf föderaler Ebene durch das Ministerium für Wirtschaft mit anschließender Lizenzierung im Emirat des Sitzes der Niederlassung.

b) Aktive Zweigniederlassung in Form einer Branch

Ausländische Investoren können eigene Zweigniederlassungen (Branches) gründen, sofern die beabsichtigte Tätigkeit durch die jeweils zuständigen Bundes- und Emiratsbehörden genehmigt wird. Um die Gründung von Joint Venture-Gesellschaften in den VAE zu fördern und eine Umgehung des Prinzips der lokalen Beteiligung zu verhindern, hatten die Verwaltungsbehörden in den vergangenen Jahrzehnten die wirtschaftlichen Aktivitäten von Branches weitgehend eingeschränkt. Erlaubnisfähig waren nach allgemeiner Verwaltungspraxis der emiratischen Behörden im Wesentlichen nur noch Dienstleistungs- und Beratungstätigkeiten. Handels- und Produktionsaktivitäten dagegen erhielten grundsätzlich keine Genehmigungen mehr, sondern blieben lokalen Gesellschaften bzw. Joint Ventures vorbehalten. Diese starre Haltung ist jetzt aufgegeben worden. Nach neuer Praxis des Wirtschaftsministeriums können jetzt zumindest dann aktive Niederlassungen für Handelsaktivitäten gegründet und auch lizenziert werden, wenn die Muttergesellschaft Hersteller der zu vertreibenden Waren ist. Ob diese Regelung sich auch auf andere Bereiche ausweiten wird, bleibt abzuwarten. In jedem Fall bedeutet diesen einen weiteren Schritt nach vorn auf dem Weg der Liberalisierung der Handels- und Niederlassungsvorschriften.

c) Zweigniederlassung in Form eines Repräsentanzbüros (Representative Office)

Die Gründung eines Repräsentanzbüros ermöglicht dem ausländischen Unternehmen eine ständige Firmenvertretung vor Ort. Dem Repräsentanzbüro, das ebenso wie die Branch keine eigene Rechtspersönlichkeit besitzt, kommt nach dem Grundgedanken des Gesetzes keine aktive Funktion zu. Es ist ihm untersagt, eigene wirtschaftliche Aktivitäten zu entfalten, zu fakturieren und Erlöse aus Geschäftstätigkeiten zu vereinnahmen. Dennoch kann die Gründung eines Repräsentanzbüros eine wirtschaftlich sinnvolle Alternative zu einer Gesellschaftsgründung mit einem lokalen Partner oder ständigen Flugreisen darstellen. Zum einen gebieten es oft räumliche und zeitliche, aber auch kulturelle und soziale Gegebenheiten, dass das ausländische Unternehmen ständig vor Ort vertreten ist, um beispielsweise Handelsvertreter zu überwachen und zu unterstützen oder auf das sich laufend ändernde Marktgeschehen unmittelbar reagieren zu

---

[53] Nähere Ausführungen dazu bei *Krüger*, in: Rechtstips für Exporteure, a.a.O., S. 73 ff, und vertiefend zum Sponsor: *Krüger*, in: Handelsvertreterrecht, Broschüre des BFAI, Köln–Berlin 1993, S. 65 ff.

können. Zum anderen lassen sich durch ein Repräsentanzbüro die Märkte des Nahen und Mittleren Ostens sowie des indischen Subkontinents und der nordafrikanischen Länder bequem abdecken und betreuen.

Folgende Aufgaben können durch ein Repräsentanzbüro wahrgenommen werden[54]:

- Vermittlung von Verträgen zwischen lokalen Kunden und der ausländischen Gesellschaft,
- Marktbeobachtung,
- Erstellung von Projektstudien,
- Marketing und Werbung für die Produkte und Dienstleistungen des Unternehmens,
- Kundenberatung,
- Serviceleistungen,
- Beaufsichtigung von Handelsvertretern,
- Durchführung von Schulungen,
- Beobachtung öffentlicher Ausschreibungen etc.

3. Limited Liability Company als Vertriebs-/ Produktionsgesellschaft – Grundlagen

a) Allgemeines

Oft kommt eine bloße Repräsentanz in den VAE den Interessen des ausländischen Unternehmens nicht hinreichend entgegen, weil auch selbständige wirtschaftliche Aktivitäten angestrebt werden, wie beispielsweise direkte Vertriebstätigkeiten einschließlich Im- und Export der Produkte, Produktionsaktivitäten oder Teilnahme an öffentlichen Ausschreibungen oder anderen Großprojekten. In solchen Fällen kann es für den ausländischen Investor oft ratsam und unter Umständen sogar unumgänglich sein, eine Joint Venture-Gesellschaft vor Ort zu gründen. Trotz des bereits 1995 erfolgten WTO-Beitritts der VAE und entsprechender Verpflichtungserklärungen der VAE-Regierung können sich Ausländer und ausländische Unternehmen in den VAE derzeit weiterhin nur als Minderheitsgesellschafter an lokalen Gesellschaften beteiligen. Mindestens 51% des Gesellschaftskapitals sind zwingend einem Staatsangehörigen der VAE oder einer zu 100% in emiratischem Eigentum stehenden juristischen Person zu überlassen (s.o.).

Nach aktuellen Verlautbarungen des Wirtschaftsministerium der VAE ist jedoch damit zu rechnen, dass nunmehr noch im Jahr 2007[55] ein neues Gesellschaftsgesetz oder zumindest erhebliche Änderungen in Kraft treten sollen, die wohl wei-

---

[54] Vgl. auch die Definition zum Representative Office in den Standard Classification of Economic Activities des DED unter Lizenznummer 5110-06.

[55] Bereits im Jahr 2006 hatte die Wirtschaftsministerin der VAE diese Änderung für das Jahr 2006 angekündigt.

terhin eine maximal 49%-ige Minderheitsbeteiligung eines ausländischen Investors an einer lokalen Gesellschaft festschreiben werden, hiervon aber in verschiedenen Bereichen Ausnahmen zulassen soll. Nach Verlautbarungen eines Unterstaatsekretärs des VAE-Wirtschaftsministeriums im September 2006 soll es sich dabei vor allem um die Bereiche Medizin, Umwelt, Erziehung, Bau und Information Technology (IT) handeln. Der abschließende Text des Gesetzes und dessen Umsetzung bleibt jedoch abzuwarten[56].

Sofern der ausländische Investor um eine Minderheitsbeteiligung an einem lokalen Unternehmen nicht herumkommt, bestehen jedoch verschiedene vertragliche Gestaltungsmöglichkeiten, um den beherrschenden Einfluss des lokalen Mehrheitsgesellschafters weitestgehend zu kompensieren. Von den sieben Gesellschaftsformen (s.o.), die das emiratische Gesellschaftsrecht vorsieht, bietet sich insbesondere die Limited Liability Company an.

b) Limited Liability Company (LLC)
(1)
Aufgrund der Haftungsbegrenzung der Gesellschafter auf die erbrachte Stammeinlage stellt die mit der deutschen GmbH vergleichbare LLC eine häufig gewählte Gesellschaftsform ausländischer Investoren in den VAE dar. Allerdings wird der ausländische Gesellschafter dabei nach zwingendem Gesellschaftsrecht der VAE stets in die Rolle des Minderheitsgesellschafters gedrängt. Er muss daher versuchen, seine Interessen durch entsprechende Abfassung des Gesellschaftsvertrags zu wahren, um sich so seine Einflussnahmemöglichkeiten zu sichern. Von der Anteilsverteilung abweichende Gewinn- und Verlustregelungen sowie eine Übertragung der gesamten Geschäftsführung auf den ausländischen Partner gekoppelt mit Sperrminoritäten in den entsprechenden gesellschaftsrechtlichen Gremien können helfen, die übermächtige Stellung des einheimischen Partners zu egalisieren. Werden zudem Nebenvereinbarungen der Gesellschafter (sog. Sponsorverträge oder auch Side bzw. Partners' Agreements) zur Gleichstellung der Parteien oder zur kompletten Ausschaltung des lokalen Gesellschafters getroffen, erhält der lokale „sleeping partner" im Gegenzug in aller Regel eine vertraglich vereinbarte Haftungsfreistellung sowie eine gewisse Pauschalvergütung. Trotz verschiedener Verbotsregelungen im VAE-HGG (Art. 322.1 und 323 VAE-HGG) sind solche Nebenvereinbarungen zwar üblich, nach dem Gesetz (Art. 11 VAE-HGG) aber zumindest gegenüber Dritten unwirksam[57]. Die Durchsetzbarkeit im Innenverhältnis erschien aber in gewissen Fällen

---

56 In Saudi Arabien erfolgt eine solche Öffnung für Ausländer über die sog. Negative List.

57 Anders dann, wenn der Dritte um diese Vereinbarungen weiß; so entschiedenen vom Kassationsgerichtshof Dubai Nr. 16/97 vom 6.7.1997 und Nr. 90/99 vom 22.5.1999; so auch der Abu Dhabi Supreme Court mit Urteil vom 10.2.2001, Nr. 270/2002.

möglich, sofern die Gerichte diese Nebenvereinbarung als den wirklichen Willen der Gesellschafter anerkannten[58].

(2)
Ein neues Gesetz, das sog. „Antisponsoring Law“[59], das im November 2004 bundesweit verabschiedet worden ist und nach einer Übergangsfrist von 3 Jahren ab dem 1.11.2007 in Kraft treten soll, verbietet gerade diese Nebenabsprachen, sofern sie auf eine Umgehung der inländischen Mehrheitsbeteiligung hinauslaufen. In den Artikeln 3 ff. des o.g. Gesetzes droht dieses sowohl dem lokalen als auch dem ausländischen Partner empfindliche Geldstrafen und im Wiederholungsfall sogar Haft an. Im Fall der Festsetzung der Strafe ordnet das Gesetz nach Verbüßung der Strafe und Zahlung der Strafgebühren die Deportation des ausländischen Partners an. Die administrative Folge eines entsprechenden Urteils ist die Löschung der Gesellschaft sowie die Anordnung eines Gewerbeverbots für den einheimischen Partner von zwei bis zu fünf Jahren. Konkrete Ausführungsvorschriften liegen allerdings noch nicht vor. Das Gesetz sollte jedoch ernst genommen werden.

Zum gegenwärtigen Zeitpunkt, in dem die Tagespresse in regelmäßigen Abständen von einer bevorstehenden Lockerung der lokalen Mehrheitserfordernisse berichtet, muss das Gesetz als Anachronismus eingeordnet werden. Dies ändert jedoch nichts an dessen Wirksamkeit und der Möglichkeit seiner Durchsetzung nach Ablauf der „Schonfrist“. Bei der Erstellung entsprechender Gesellschaftsverträge ist daher bereits zum gegenwärtigen Zeitpunkt auf die sich aus dem Gesetz ergebende Situation einzugehen, so dass beide Partner im Zeitpunkt des Wirksamwerdens des Gesetzes vor Überraschungen geschützt sind. Bestehende Verträge sollten rechtzeitig überprüft und ggfls. abgeändert werden.

(3)
Das Stammkapital einer LLC beträgt grundsätzlich AED 150.000,00, Art. 227 VAE-HGG. Im Emirat Dubai sind jedoch gemäß ständiger Praxis des DED AED 300.000,00 erforderlich. Gesellschafter der LLC können natürliche oder juristische Personen sein. Eine Ein-Mann-LLC ist unzulässig. Die LLC muss vielmehr mindestens zwei Gesellschafter haben. Ihre Anzahl darf jedoch 50 nicht überschreiten. Der Antrag auf Genehmigung und Registrierung einer LLC ist bei der jeweils zuständigen Emiratsbehörde zu stellen (in Dubai dem DED). Der Unternehmensgegenstand ist genau zu definieren, da er den zu genehmigenden Tätigkeitsbereich bestimmt. Bis auf das Verbot der Tätigkeit im Bank-, Geldanlage- und Versicherungswesen bestehen grundsätzlich keine Restriktio-

---

[58] So der Kassationsgerichtshof Dubai in seinen Urteilen vom 21.4.1996, Nr. 331/05 und vom 1.5.1999, Nr. 7699 sowie vom 22.10.2000, Nr. 247/2000 und 30.9.2001, Nr. 190/2001.

[59] Gesetz Nr. 17 aus 2004 vom 1.11.2004, veröffentlicht in der UAE Official Gazette Nr. 422.

nen hinsichtlich des erlaubten Geschäftsfelds einer LLC[60]. Eine Überprüfung der gewünschten Tätigkeit ist deshalb im Vorfeld der Antragstellung dringend anzuraten.

(4)
Sofern es sich bei der angestrebten Tätigkeit des Unternehmens um industrielle Produktion handelt, ist zuvor die Genehmigung der Industriebehörde im Finanz- und Industrieministerium einzuholen. Industrieunternehmen genießen im Gegensatz zu reinen Handelsunternehmen gewisse finanzielle Vergünstigungen und Freistellungen, wie zum Beispiel subventionierte Strom- und Wassertarife, Ausrüstungen und Rohstoffe, Zollschutz, Exportsubventionen, Finanzierungshilfen sowie eine bevorzugte Berücksichtigung bei Ausschreibungen.

II. Frei(handels)zonen in den VAE

1. Gründungsanreize in den Freihandelszonen der VAE

Mittlerweile befindet sich in jedem Emirat der VAE – mit Ausnahme Abu Dhabis – zumindest eine richtige Freihandelszone. Neben denen in den Emiraten Sharjah (Hamriyah Free Zone und Sharjah International Airport Free Zone), Ajman (Ajman Free Zone), Fujairah (Fujairah Free Zone), Ras Al-Khaimah (Ras Al-Khaimah Free Trade Zone) und Umm Al-Quwain (Ahmed Bin Rashid Free Zone) bestehen insbesondere im Emirat Dubai eine Vielzahl verschiedener Freihandelszonen. Diese stellen eine attraktive Variante zu einer Niederlassung/Gesellschaft direkt in den VAE dar. In den Freihandelszonen kommen zentrale Lagerhaltung für die Region oder Fertigung zu günstigen Konditionen in Betracht. Die Freihandelszonen bieten im Wesentlichen folgende Investitionsanreize:

- 100% Kapital- und Gewinnrepatriierung
- Zollbefreiung
- Keine Währungsrestriktion
- Keine Körperschaftsteuern für einen garantierten Zeitraum zwischen 15 und 50 Jahren mit Verlängerungsoption
- Keine Einkommensteuer
- Geringe Personal- und Energieversorgungskosten (steigen derzeit)
- Angemessene Pacht- und Mietzinsen (steigen derzeit)
- Hochentwickelte Infrastruktur

Obwohl die in den Freihandelszonen gegründeten Niederlassungen oder Gesellschaften trotz ihrer Lage auf dem Staatsgebiet der VAE nicht als emiratische Unternehmen im Rechtssinne betrachtet werden, haben viele ausländische Unternehmen diese Möglichkeit in Anspruch genommen, um sich regionale Stand-

---

[60] Die Praxis des DED und auch der anderen Emirate – in Abu Dhabi der Municipality sowie seit Neuestem dem DOPE (Department of Planing and Economy) – weicht davon jedoch vielfach ab.

ortvorteile zu sichern und auch ohne lokalen Partner relativ einfach auf dem hiesigen Markt Präsenz zeigen zu können. Zu beachten ist allerdings, dass die in den Freihandelszonen gegründeten Niederlassungen aufgrund ihrer rechtlichen Qualifizierung als ausländische Gesellschaften zum Export in die VAE entweder einen Handelsvertreter, eine Vertriebsgesellschaft oder einen (End-) Abnehmer benötigen, der über eine entsprechende Einfuhrgenehmigung verfügt. Auch eine Teilnahme an öffentlichen Ausschreibungen ist nicht ohne weiteres möglich.

In einer Freihandelszone können Unternehmen in den Bereichen Handel, industrielle Produktion und Dienstleistungen tätig werden. Hierfür werden dementsprechende Lizenzen seitens der jeweiligen Free Zone-Behörden ausgegeben, die ähnlich wie im übrigen Staatsgebiet auf der Basis von jährlichen Mietverträgen jedes Jahr erneuert werden müssen.

Insbesondere im Emirat Dubai entstehen fast „täglich" neue Freizonen, die in aller Regel bestimmten fachlichen Ausrichtungen gewidmet sind („sog. Cluster-Bildung"). Es ist aber zu berücksichtigen, dass in fast allen Freizonen derzeit das Platzangebot dem Ansturm der Investoren nicht mehr gewachsen ist. In vielen Freizonen gibt es deshalb Wartelisten, obwohl die zuständigen Behörden alles versuchen, in kurzer Zeit ausreichenden Büro- und Lagerraum zu schaffen. Der ausländische Investor ist deshalb gut beraten, wenn er insbesondere – auch im Hinblick auf eine zukünftige Erweiterung seines Geschäftes – neben dem Lizenz- auch das Platzangebot sorgfältig prüft und vor allem in seine zeitlichen Überlegungen mit einbezieht. Oft kann ein – zumindest zeitweises – Ausweichen in ein nördliches Emirat empfehlenswert sein. Daneben bieten einige Freizonen sog. „Dummy Lizenzen" oder „Temporary Licences" an, mit denen dann außerhalb der Freizonen, solange tätig sein kann, bis die Freizone neuen Platz geschaffen hat.

Im Emirat Abu Dhabi gibt es – wohl eher aus politischen Erwägungen – immer noch keine Freizonen, obwohl schon nach der Jahrtausendwende die Saadiyat Free Zone fertig geplant und der Öffentlichkeit vorgestellt worden war. Mittlerweile – nach dem Tod des langjährigen Präsidenten der VAE, Seiner Hoheit Sheikh Zayed bin Sultan Al Nahyan – gibt es jedoch ernsthafte Bestrebungen zumindest an diese Entwicklung Dubais den Anschluss nicht zu verlieren. Es sind deshalb spezielle Sonderwirtschaftszonen, so genannte „Industrial Areas" (ICAD), in Planung und Umsetzung, in denen in etwa vergleichbare Anreize geschaffen werden sollen, wie in den Freizonen der anderen Emirate. Daneben wird jetzt am Abu Dhabi Airport eine Airport Free Zone eröffnet, die wohl zum ersten Mal das Erfolgsmuster der dubaianischen Freizonen kopieren wird.

2. Gesellschafts-/und Niederlassungsformen in den Freihandelszonen

Der ausländische Investor kann entweder eine Zweigniederlassung oder – abweichend von der gesetzlichen Lage in den VAE – eine zu 100% im ausländischen Eigentum stehende Gesellschaft gründen, die gänzlich ohne lokale Beteiligung auskommt. Die Freizonen können hierzu abweichend von den ansonsten geltenden Rechtsvorschriften in den VAE eigene Reglungen schaffen, wovon fleißig Gebrauch gemacht worden ist. Ermächtigungsnorm ist der erst 1998 eingefügt Art. 2 Nr.2 VAE-HGG, wonach das VAE-HGG auf Freizonengesellschaften dann nicht anwendbar ist, wenn die Freizonenbehörden spezielle Regelungen vorsehen.

a) Zweigniederlassung/Branch in einer Freihandelszone

Sofern eine Repräsentanz ohne eigene Rechtspersönlichkeit im Markt etabliert werden soll, empfiehlt sich die Gründung einer Branch. Der Einzahlung eines Gründungskapitals bedarf es nicht. Die Freizonenbehörde fordert in der Regel lediglich die Vorlage geeigneter Referenzschreiben, die die Liquidität der gründenden Muttergesellschaft widerspiegeln. Bei geplanter Umstrukturierung kann die Zweigniederlassung regelmäßig problemlos in ein FZE, FZLLC oder eine FZCO umgewandelt werden. Für die Gründung einer Zweigniederlassung ist die Bestellung eines National Service Agent oder eines sonstigen Sponsors, wie es innerhalb des Staatsgebiets erforderlich ist, entbehrlich, da, soweit dies gesetzlich vorgeschrieben ist, die Freizonenbehörde diese Aufgabe wahrnimmt. Die Muttergesellschaft ist in vollem Umfang für die wirtschaftlichen Tätigkeiten der Zweigniederlassung haftbar. Dies ist der Freizonenbehörde in der Regel schriftlich und in notariell beglaubigter Form vor Gründung zuzusichern. Aufgrund der fehlenden rechtlichen Selbständigkeit kann eine Zweigniederlassung selbst keine weiteren Unternehmen oder eine weitere Branch im Staatsgebiet gründen. Darüber hinaus ist es der Zweigniederlassung nicht möglich, Gesellschafter einer anderen VAE-Gesellschaft zu werden. Gleichwohl kann sie die gleichen Lizenzen wie ein FZE, eine FZLLC oder eine FZCO erwerben.

b) Free Zone Establishment/Free Zone Company/Free Zone-LLC

(1)

Im Gegensatz zur Zweigniederlassung ist das Free Zone Establishment (FZE) nach dem Willen der lokalen Gesetzgeber eine eigenständige juristische Person, auch wenn nach dem Gesellschaftsgesetz der VAE eine Ein-Personen-Gesellschaft grundsätzlich nicht vorgesehen ist. Die Haftung des Alleingesellschafters soll auf das erbrachte Gesellschaftskapital der FZE begrenzt sein. Angesichts eines erst kürzlich bekannt gewordenen Urteils des Kassationsgerichtshofes des Emirats Dubai[61] sollte im Vorfeld genau geprüft werden, ob die in Betracht kommende Freihandelszone auch tatsächlich über entsprechende explizite Regelungen hinsichtlich einer eigenen Rechtspersönlichkeit mit Haftungslimitierung verfügt, um eine Inanspruchnahme des Alleingesellschafters ggfls. auch neben der FZE auszuschließen. Die Höhe des Stammkapitals variiert in den verschiedenen Freihandelszonen. In den wohl bekanntesten Freihandelszonen der

---

[61] Urteil Nr. 131 aus 2004 bzgl. eines FZE in der Freizone TECOM, veröffentlicht in englischer Sprache in The Judicial Codex, Vol. 2, No.1, Januar 2006.

VAE, der Jebel Ali Free Zone sowie der Dubai Airport Free Zone, beträgt das Stammkapital mindestens AED 1.000.000,00.

(2)
Während bis Ende 1999 in sämtlichen Freihandelszonen der VAE Gesellschaften nur in Form einer Ein-Mann-Gesellschaft (FZE) gegründet werden konnten, ist es nunmehr schon seit einiger Zeit möglich, dass eine Gesellschaft auch direkt durch zwei bis fünf Gesellschafter gegründet werden kann. Das Mindestgesellschaftskapital dieser sog. Free Zone Company (FZCO) beträgt in den vorgenannten Freihandelszonen AED 500.000,00. Da die einzelnen Anteile jedoch mindestens AED 100.000,00 oder ein Vielfaches davon betragen müssen und sie nicht teilbar sind, beläuft sich das Gesellschaftskapital bei zwei Gesellschaftern mit gleichen Anteilen zwangsläufig auf mindestens AED 600.000,00.

(3)
In den neueren Freihandelszonen in Dubai[62] werden die Begriffe FZE und FZCO nicht mehr verwendet. In – richtiger – Anlehnung an das VAE-HGG können dort nun – neben Zweigniederlassungen – sog. Free Zone Limited Liability Companies (FZLLCs) gegründet werden und zwar als Ein- oder Mehrpersonen-Gesellschaften. Die verschiedenen Freizonen haben insoweit meistens eigene Regelungen für die Struktur und die Verwaltung solcher Gesellschaften entwickelt, die – neben Musterverträgen – in aller Regel verbindlich, teilweise aber ergänzbar sind. Sofern nichts Abweichendes bestimmt ist, beträgt das Gesellschaftskapital mindestens 300.000 AED.[63]

c) Offshore-Gesellschaft
In Anlehnung an die klassischen Offshore-Gebiete, wie beispielsweise die British Virgin Islands, Cayman Islands und die Kanalinsel Jersey, besteht mit Wirkung vom 15.01.2003 in der Jebel Ali Free Zone[64] die Möglichkeit, eine Offshore-Gesellschaft zu gründen. Verwaltet werden diese Gesellschaften von der zuständigen Freizonenbehörde. Wie alle Offshore-Gesetzgebungen zeichnen sich auch die hiesigen Bestimmungen zur Regelung der Offshore-Gesellschaften[65] als sehr investorfreundlich aus.

Neben der im Normalfall sehr kurzer Gründungsdauer von nur ein bis zwei Wochen besteht eine garantierte vollständige Steuerbefreiung für die VAE. Zudem sind die für die Gründung und spätere Lizenzerneuerung aufzuwendenden Kosten im Vergleich zu Gründungen in den Emiraten und Freihandelszonen insge-

---

[62] Teilweise aber noch in den Freizonen der nördlichen Emirate.

[63] Sofern es sich bei der FZLLC um eine Ein-Mann-Gesellschaft handelt, sei auf die Ausführungen zur FZE zur Inanspruchnahme des Gesellschafters neben der Gesellschaft verwiesen.

[64] Mittlerweile auch in der Ras Al Khaimah Free Trade Zone.

[65] Sog. JAFZ Offshore Companies Regulations 2003.

samt geringer. Die Höhe des Mindestgesellschaftskapitals stellen zumindest die Offshore Companies Regulations 2003 in das Benehmen der Gesellschaft. Mietkosten für Büroräume entfallen, sofern sich der Investor entschließt, kein eigenes Büro der Offshore-Gesellschaft in der Jebel Ali Free Zone zu unterhalten. In diesem Fall ist jedoch ein bei der Jebel Ali Free Zone Authority registrierter Ansprechpartner der Offshore-Gesellschaft zu benennen, ein sog. Registered Agent, dessen Anschrift als Geschäftsadresse der Offshore-Gesellschaft dient. Dieser Agent, der entweder ein in Dubai oder der Jebel Ali Free Zone ansässiger Rechtsanwalt oder Wirtschaftsprüfer sein muss, enthält entsprechend seines im konkreten Einzelfall festgelegten Tätigkeitsumfang eine Vergütung, die frei verhandelbar ist.

Die einer Offshore-Gesellschaft erlaubten Tätigkeiten sind eingeschränkt. Insbesondere ist es untersagt, ohne entsprechende, zusätzlich bei den zuständigen Behörden erworbene Lizenz mit einer in den VAE ansässigen Person Geschäfte zu tätigen. Das Halten von Immobilien durch Offshore-Gesellschaften ist zwar grundsätzlich ebenfalls verboten. Es besteht jedoch eine behördliche Ausnahmegenehmigung für eine Reihe von explizit benannten Immobilienobjekten. Daher kann vor allem vor dem Hintergrund des jetzt in bestimmten Grenzen auch Ausländern offenstehenden Immobilienmarkts das Gründen einer Offshore-Gesellschaft von Interesse sein.

3. Dubai International Financial Center

Eines der neuesten und auch wohl erfolgreichsten Projekte der Regierung des Emirats Dubai ist das Dubai International Financial Centre (DIFC), das am 16.02.2002 ins Leben gerufen wurde. Ziel ist es, dass sich das DIFC neben Tokio, Hongkong, Singapur, Frankfurt, London und New York zu einem weltweit anerkannten Finanzplatz entwickelt und damit den indischen Subkontinent, Zentral- und Westasien sowie Afrika an das weltumspannende Netz internationaler Finanzmärkte anschließt. Seit September 2004 ist das DIFC operativ und aktiv tätig.

Der entscheidende Unterschied zu den anderen Freizonen der VAE ist, dass aufgrund einer Verfassungsänderung im Jahr 2003[66] und daran anschließender Bundesgesetze[67] der Grundstein dafür gelegt wurde, die Gründung der DIFC als Finanzfreizone mit vollständig selbständiger und von den VAE unabhängiger

---

66 Änderung der Verfassung (Art. 121 der VAEV) durch das Constitutional Amendment No.1/2003, veröffentlicht auf der Web Page des DIFC: http://www.difc.ae/laws_regulations/laws/enacted_laws.html (abgerufen am 23.05.2007).

67 Federal Law No. 8/2004 re. Financial Free Zones und Federal Decree No. 35/2004, ebenfalls veröffentlicht auf der Webpage des DIFC: http://www.difc.ae/laws_regulations/laws/enacted_laws.html (abgerufen am 23.05.2007).

Gesetzgebung[68] und Gerichtsbarkeit schaffen zu können.
Die folgenden sechs Bereiche stellen den Aktivitätskern des DIFC dar:

- Banking Services (Investment Banking, Corporate banking, Private Banking,)
- Capital Markets (Equity, Debt Instruments, Derivatives; Commodity trading)
- Asset Management & Fund Registration (Fund Registration & Fund Management & Fund Administration)
- Rückversicherung
- Islamic Finance
- Back Office.

In dem öffentlichen Register der DIFC[69] kann eine beeindruckende Liste der bereits lizenzierten Unternehmen eingesehen werden. Um internationale Qualität zu gewährleisten sind die Aufnahmebedingungen[70] besonders streng und umfassend. Eine Vielzahl von Gesellschaftsformen, die mit dem VAE-HGG nicht mehr viel zu tun haben, sind in Anlehnung an die großen Finanzmärkte dieser Welt und deren Erfordernisse geschaffen worden[71]. Es bleibt abzuwarten, wie sich die DIFC im Konzert der Großen behaupten wird.

F. Ergebnis

Grundsätzlich bietet sich dem ausländischen Geschäftsmann in den VAE auch weiterhin ein für arabische Verhältnisse investorfreundliches juristisches Umfeld, das sich vor allem durch internationale Einflüsse weiter verbessert. Die bisher vorliegenden gesetzlichen Kodifikationen bieten eine gewisse Grundsicherheit; weiterhin bestehende protektionistische Besonderheiten sind aber trotz anstehender und durchaus erfreulicher gesetzlicher Änderungen stets zu beachten. Angesichts der Vielfalt der wirtschaftlichen Betätigungsmöglichkeiten sollten bei aller Euphorie – neben der wichtigen Partner- und Standortwahl – die juristischen „Hausaufgaben“ gemacht und das im Vorfeld richtige „Set Up“ sorgfältig geprüft und ausgewählt werden.

---

68 Alle bislang veröffentlichten Gesetze können abgerufen werden unter: http://www.difc.ae/laws_regulations/laws/enacted_laws.html (abgerufen am 23.05.2007).

69 Einzusehen unter: http://www.difc.ae/registers/companies/index.html (abgerufen am 23.05.2007).

70 Die genauen Vorgaben können ebenfalls auf der Homepage des DIFC eingesehen werden: http://www.difc.ae/operating/registration/ (abgerufen am 23.05.2007); daneben sind weitere Informationen erhältlich – in englischer Sprache – in: Setting Up in the DIFC, von Al Tamimi, Auflage 1-2006, oder es kann – kostenfrei – die Broschüre von PriceWaterhouse Coopers auf der Homepage des DIFC heruntergeladen werden unter http://www.difc.ae/operating (abgerufen am 23.05.2007).

71 siehe die Übersicht unter http://www.difc.ae/operating/check_lists/ (abgerufen am 23.05.2007).

LEIPZIGER BEITRÄGE ZUR ORIENTFORSCHUNG

Herausgegeben von Hans-Georg Ebert
Begründet von Günter Barthel

Band 1 Lutz Knörnschild: Zur Geschichte der Nilwassernutzung in der ägyptischen Landwirtschaft von den Anfängen bis zur Gegenwart. 1993.

Band 2 Henner Fürtig / Rolf Müller-Syring (Hrsg.): Ursachen gewaltförmiger Konflikte in der Golfregion. Internationale und zwischenstaatliche Faktoren. 1993.

Band 3 Ingelore Goldmann (Hrsg.): Beiträge zur Fachdidaktik Arabisch. Didaktische und methodische Probleme des modernen Arabischunterrrichts. 1993.

Band 4 Roland Kühnel: Die sprachliche Situation an Hochschulen des Maghreb und die offizielle Sprachpolitik – Eine soziolinguistische Untersuchung. 1995.

Band 5 Henk Knaupe / Ulrich G. Wurzel: Aufbruch in der Wüste. Die Neuen Städte in Ägypten. 1995.

Band 6 Wolfgang Reuschel: Aspekt und Tempus in der Sprache des Korans. 1996.

Band 7 Hans-Georg Ebert: Das Personalstatut arabischer Länder. Problemfelder, Methoden, Perspektiven. Ein Beitrag zum Diskurs über Theorie und Praxis des Islamischen Rechts. 1996.

Band 8 Uwe Pfullmann: Politische Strategien Ibn Sa^{c}ūds beim Aufbau des dritten saudischen Staates. Eine historische Studie unter besonderer Berücksichtigung deutschen Archivmaterials. 1996.

Band 9 Hans-Georg Ebert (Hrsg.): Beiträge zum Islamischen Recht. 2000.

Band 10 Anja Wünsch: Innenansichten ökonomischer Restrukturierung. Wirkungen und Wirksamkeit der Strukturanpassung in Jordanien, 1989-1999. 2001.

Band 11 Thoralf Hanstein: Islamisches Recht und Nationales Recht. Teil 1 und 2. Eine Untersuchung zum Einfluß des Islamischen Rechts auf die Entwicklung des modernen Familienrechts am Beispiel Indonesiens. 2002.

Band 12 Hans-Georg Ebert / Thoralf Hanstein (Hrsg.): Beiträge zum Islamischen Recht II. 2003.

Band 13 Hans-Georg Ebert / Thoralf Hanstein (Hrsg.): Beiträge zum Islamischen Recht III. 2003.

Band 14 Hans-Georg Ebert: Das Erbrecht arabischer Länder. 2004.

Band 15 Silvia Tellenbach / Thoralf Hanstein (Hrsg.): Beiträge zum Islamischen Recht IV. 2004.

Band 16 Almut Hinz: Die Sanktionen gegen Libyen. Sanktionen im modernen Völkerrecht und in der Staatenpraxis sowie ihre Anwendung am Beispiel Libyen. 2005.

Band 17 Hüseyin Demir: Die osmanischen Medresen. Das Bildungswesen und seine historischen Wurzeln im Osmanischen Reich von 1331–1600. 2005.

Band 18 Sebastian Maisel: Das Gewohnheitsrecht der Beduinen. Der Stellenwert von Urf in den Rechtsvorstellungen tribaler Gruppen im Norden der Arabischen Halbinsel. 2006.

Band 19 Irene Schneider / Thoralf Hanstein (Hrsg.): Beiträge zum Islamischen Recht V. 2006.

Band 20 Anja Wehler-Schöck: Ehrenmorde in Jordanien. Ursachen und mögliche Gegenstrategien. 2007.

Band 21 Hans-Georg Ebert / Thoralf Hanstein (Hrsg.): Beiträge zum Islamischen Recht VI.

www.peterlang.de

Hassan Siahpoosh

Das Familien- und Erbrecht im Iran

Frankfurt am Main, Berlin, Bern, Bruxelles, New York, Oxford, Wien, 2006.
206 S.
Internationalrechtliche Studien. Herausgegeben von Ulrich Magnus. Bd. 42
ISBN 978-3-631-54714-4 · br. € 39.–*

Die Arbeit zeichnet den Gang der iranischen Rechtsentwicklung im letzten Jahrhundert nach und untersucht die Hintergründe des iranischen Familien-Erbrechts zusammen mit Grundzügen der Dogmatik der iranischen Rechtswissenschaft. Sehr detailliert und anschaulich analysiert der Autor dabei insbesondere die Auswirkungen der Eheschließung. In diesem Zusammenhang besitzen vor allem die Ausführungen zur Mahr (Morgengabe) große praktische Relevanz, da deren kollisionsrechtliche Einordnung deutsche Gerichte häufig vor Probleme stellt. Ebenfalls für die Praxis sehr bedeutsam sind die hilfreichen Ausführungen des Autors zum Unterhaltsanspruch während bestehender Ehe.

Aus dem Inhalt: Bedeutung und Wichtigkeit der Ehe · Verwandtschaft · Heirat · Verlöbnis · Wirkung und Folgen der Eheschließung · Anfechtung des Ehevertrages (Annullierung) · Scheidung (Verstoßung) · Scheidung auf Antrag des Ehemannes · Scheidung auf Antrag der Ehefrau · Scheidungsfolgen · Erbschaft

FSC
www.fsc.org
MIX
Papier | Fördert
gute Waldnutzung
FSC® C083411

Kolibri 360 GmbH
Ferdinand-Jühlke-Straße 7
99095 Erfurt, Deutschland
produktsicherheit@kolibri360.de

Druck:
CPI Druckdienstleistungen GmbH
im Auftrag der
Kolibri 360 GmbH
Ferdinand-Jühlke-Str. 7
99095 Erfurt